미래를 준비하는
학교교육 탐색과 시사점

김 진 철

학이당

길 없는 길을 찾는 미래 교육의 여정

참으로 험난한 길을 걸어왔고, 또 걸어가고 있습니다. 곧 끝날 것 같기는 하지만 아직은 낙관하기는 어려운 상황입니다. 수시로 날아오는 재난문자에 가슴 졸이고, 바로 옆에서 확진자가 나왔다는 소식에 공포에 떨기도 하고, 마스크를 사기 위해 길게 늘어선 줄을 보며 탄식하는가 하면, 또 대면 영업을 할 수 없음에 힘들어하는 학교현장을 보면서 안타깝기도 했습니다.

코로나19는 학교에도 큰 변화를 가져왔습니다. 최초 온라인 개학, 원격수업, 현장체험학습 취소, 해외교류 무산, 거기에 비대면 연수, 개인적으로는 공직 경험 34년 만에 처음으로 경험하는 재택근무 등 적응하기 어려운 상황을 잘 헤치며 이겨내고 있습니다. 우리 교직원들의 역량을 확인하는 기회가 되기도 했습니다. 하지만 멈춤으로써 또 달릴 수 있다는 평범한 진리를 확인하기도 했습니다. 그동안 바쁘다는 핑계로 얼마나 귀중한 것들을 놓치고 허둥대며 지내왔던가? 일할 수 있고 지인들과 거리낌 없이 만날 수 있는 행복 등 평범한 일상의 고마움 들을 놓치고 살아왔다는 생각이 듭니다. 멈추니 비로소 보이는 역설의 경험입니다.

교육부에서도 코로나 이후 미래교육의 전환을 위한 정책과제들을 선정하고 유·초·중등교육, 고등·평생교육, 그리고 기반구축 등 영역별로 추진하기 위한 촘촘한 노력들이 진행되고 있습니다. 이런 논의 과정에서 필자는 학교현장에서 관리자 실행경험과 교육청과 교육부에서 교육행정 경험을 하면서 연구하고 기획했던 글들을 모아 크게 『학생의 긍정심리와 성장』, 『교육과정의 혁신 시사점』, 그리고 『교육혁신 정책 고찰』의 영역으로 의견을 제시했습니다. 게재된 학술논문은 가급적 학회지 편집양식을 준수하려고 했음을 밝혀 둡니다. 미래를 향해서 나아가야 하는 우리의 학교교육! 정답이 없다고들 하지만 필자의 담론이 새로운 길을 개척하는 데 조금이라도 도움이 되기를 기원합니다. 그동안 연구 과제를 수행하면서 참여했던 학생들, 현장 선생님, 그리고 연구에 많은 조언과 동참해 주신 목포대학교 장봉석 교수와 동신대학교 윤소희 교수님께 감사드립니다. 한편, 멀리 떨어져 있어도 항상 응원해 준 나의 아내 송형주, 교육의 길로 처음 나서는 나의 딸 김윤정 선생님께 이 책을 바칩니다.

2020년 12월 31일

차례

머리말 길 없는 길을 찾는 미래 교육의 여정 3

PART 1 학생의 긍정심리와 성장 . 5

자기주도 학습과 진로개발역량의 관계에서 학교만족과 부모대화의 매개효과와 학교 유형의 조절효과 7
일반고 학생의 자기주도 학습능력과 자아존중 및 관계적응 간 종단적 인과관계 31
일반 고등학생의 진로성숙도와 그릿 간의 종단적 인과관계 및 결정변인 53
고등학생의 희망 군집유형별 학습전략의 차이 83
방학, 공부 잘하는 비법은 95

PART 2 교육과정의 다양성과 특성화 시사점 . 99

중학교 3학년 학생들의 진로 공동교육과정 참여가 진로성숙도에 미치는 효과 분석 101
「캠퍼스형공동교육과정」을 통하여 학생중심교육의 희망을 본다 127
YISS(용산국제고등학교) 교육과정과 고교학점제 시사점 129
고등학교 공교육과 IB DP의 비판적 고찰 135
일반고 교육과정의 혁신방향 145
고등학교 교과중심 학교의 이해 155
캐나다 온타리아주 오타와-칼튼 교육청 Ridgemont High school 교육과정과 고교학점제의 시사점 모색 171

PART 3 교육혁신 정책 고찰 . 187

교육심리 측면에서 바라본 교육혁신의 조망 189
학생이 지각하는 학습자중심 수업방법과 민주시민의식의 관계 195
고등학교 교사의 그릿과 직무스트레스 대응행동 간의 관계 215
기초학력진단평가 정책 고찰 227
교사들이 인식하는 갈등 유형과 대응 방법 분석 241
학교 조직에서의 교사 갈등에 대한 영향 요인 분석 261

학생의 긍정심리와 성장

자기주도 학습과 진로개발역량의 관계에서 학교만족과 부모대화의 매개효과와 학교유형의 조절효과: 일반 고등학교와 특성화 고등학교를 중심으로[1]

< 요 약 >

본 연구는 한국직업능력개발원의 진로교육 현황조사 2019년도 총 7,526명(일반 고등학교 6,041명, 특성화 고등학교 1,485명)의 자료를 활용하여 자기주도 학습과 진로개발역량의 관계에서 학교만족과 부모대화의 매개효과 및 학교특성의 조절효과를 검증하였다. 연구결과, 일반 고등학교와 특성화 고등학교 모두 독립변인을 토대로 네 집단으로 분류되었는데 특성화 고등학교가 일반 고등학교보다 균등하게 적재되었으며, 일반 고등학교에서는 '학교만족 높음(SH)'과 특성화 고등학교에서는 '부모대화와 학교만족 높음(PSH)'이 다르게 분류되었다. 군집유형에 따른 진로개발역량의 하위변인의 차이에서 일반고는 모두 통계적으로 유의미한 차이가 있으며 'AH'집단이 가장 높았고, 다음으로 'SH'집단이 높았다. 하지만 특성화 고등학교의 경우는 진로탐색은 통계적으로 유의미한 차이가 없었으며, 나머지 하위변인에서 'AH'집단이 가장 높았고, 다음으로 'PSH'집단이 높았다. 자기주도 학습과 진로개발역량 간의 관계에서 학교만족과 부모대화의 다중매개효과는 통계적으로 유의하였다. 그리고 양 집단의 모든 경로에서 경로계수는 긍정적으로 영향을 주었으며, 일반 고등학교와 특성화 고등학교의 경로차이는 자기주도 학습이 학교만족에 미치는 영향에서 통계적으로 유의한 차이가 있었는데, 특성화 고등학교가 일반 고등학교보다 높았다. 나머지 경로 차이에서는 통계적으로 유의하지 않았다.

Ⅰ. 서론

최근 사물인터넷(Internet of Things)이 개입한 산업융합구조, 인구고령화 및 인구감소 등

1) 2020년 한국직업능력개발원 초·중등 진로교육 현황조사 데이터를 활용한 제2회 우수논문 공모전 제출 논문

으로 노동시장 환경이 빠르게 변화하면서 학생의 진로교육이 더욱 중시되었다. 이에 미래교육에서 강조되는 평생학습사회에서는 자율적인 학습동기를 가지고 꾸준한 학습을 통하여 자신에 맞는 진로를 스스로 찾는 능력이 중요하다. 포스트 코로나 시대에 교육의 변화방향성에 대하여 교육부장관은 학습자의 삶을 핵심으로 보고 평생교육까지 이어지는 교육시스템 전환이 필요하다고 설파하면서 개개인의 학생이 행복하게 삶을 영위할 수 있도록 하고 싶은 일을 체험하고 직업으로 연결 지으며, 성인이 된 이후에는 다른 직업을 자유롭게 선택하고 이에 따른 개인 역량을 강화하는 기회를 갖도록 해야 한다고 강조하였다. 따라서 학습자의 삶을 중심 교육이 되기 위해서는 교육과정의 다양성이 보장되어 학생의 선택권을 넓혀줘야 하며, 학생의 진로와 적성 등을 고려한 교육과정의 다양성 속에서 온·오프라인을 통합하여 운영하거나 마을교육공동체와 협업하는 등 교수학습방식에서도 창의적인 도전이 필요함을 주장하였다. 이는 학생들의 진로교육 목표를 논함에 있어 진로개발역량을 주목해야 함을 의미한다. 국가교육과정에서도 '자기관리 역량'으로 명시되고 교육부(2016)가 지속적으로 진로교육을 활성화하기 위한 '제 2차 진로교육 5개년 기본 계획(2016년~2020)'속에도 진로개발역량이 담겨져 있다.

특히 고등학교는 성인기에 들어서는 직전 단계로서 미래 진로 방향을 결정하는 결정적 시기로써, 고등학교 교육과정의 혁신 방향도 학생 맞춤형 진로교육에 있다. 초 · 중학교 때까지 경험한 진로성숙을 토대로 고등학생들은 교육과정 선택권이 확대되고, 진로탐색 프로그램 운영이 활성화되며, 진로설계 지도를 폭 넓게 실시된다면 성인기의 행복한 진로진학이 될 것으로 기대된다. 구체적으로 교육부도 2013년부터 '일반고 살리기'를 교육정책의 목표로 설정하고 학생 진로맞춤형 교육 및 수업의 질을 제고하기 위하여 지속적으로 지원하고 있으며(김진철 외, 2016), 2020년부터 마이스터고를 시작으로 실시하고 일반고로 확대하는 고교학점제도 학생들은 맞춤형 진로(직업)를 고려한 프로그램의 제공을 가장 중시하고 있다(김진철, 2018). 이런 정책들은 고등학생이면 누구나 개인의 진로개발과 선택이 이루어지는 중요한 시기라는 점을 반영한 것이다. 이상과 교육정책들은 학교유형과 상관없이 고등학생이면 스스로 미래사회에 유연하게 대처하기 위한 방법으로서 진로개발역량의 함양이 중요함을 말해준다.

진로개발역량(career development competency)은 크게 진로개발과 역량의 용어가 합성되었다. 기존 진로교육의 목표이었던 진로발달이나 진로성숙 차원 이상으로 미래사회의 빠른 직업 환경에 능동적으로 대응하는 능력으로서 개발이 필요하며(임효신, 정철영, 2015), 자신의 삶의 지향에 의거하여 진로 및 직업선택이 이루어지고 실제로 구현되도록 준비하고 노력 과정에서 필요한 지식, 기술, 가치와 성향을 포괄하는 개념(고재성, 2010)으로서 역량을 강조한다. 종합해 보면, 진로개발역량은 자신의 미래진로에 대하여 체계적인 정보탐색, 적절한 진로선택, 그리고 효과적인 진로준비와 관리에서 필요한 능력이라고 볼 수 있다(임효신, 정철영, 2015).

최근 진로교육의 목표가 학생의 진로개발역량의 증진으로 변화됨에 따라서 관련연구들도 급격하게 증가하였다. 특히, 진로개발역량의 구성요인에 대한 탐색에서 진성희와 성은모(2017)는 청소년을 대상으로 진로설계, 여가활용, 개척정신으로, 임효신과 정철영(2015)은 자기관리, 진로정보 탐색 및 활용, 진로설계 및 관리 등으로 보고했다. 따라서 진로개발역량은 자기이해, 진로탐색, 직업세계이해, 진로준비 및 적응 등을 위한 능력으로 볼 수 있으며, 이런 수행은 주로 학교에서 제공하는 진로관련 학습이나 활동을 통하여 함양하고 있다(김규태, 2019).

진로개발역량의 개인특성과 관련하여, 고재성(2010)은 전문계 고등학생은 학년이 올라갈수록 진로개발역량이 증가하고, 성희진 외(2012)는 진로개발역량의 성차는 없으며, 남수정(2011)은 진로개발역량의 자기이해와 합리적 의사결정에서 일반고 학생이 전문계 고등학생보다 높음을 보고했다. 학교 현장에서 실시하는 진로교육 활동에 대한 선행연구를 보면, 학습동기, 자기주도 학습(최윤정, 김지은, 2012) 심리변인들과의 관계위주로 진행되었다. 따라서 고등학생들의 진로개발역량에 영향을 미치는 체계적인 변인들이 설정하여 진행된 연구는 부족한 편이다. 또한, 일반 고등학교와 특성화 고등학교 등 학교유형에 따라서 진로교육의 목적과 방향이 다르기 때문에 진로개발 교육의 양상이 다를 수 있다.

이에 본 연구는 개인차원에서 자기주도 학습, 학교변인으로서 학교만족, 가정변인으로서 부모대화가 고등학생의 진로개발역량에 미치는 영향을 탐색하고자 하였다. 우선, 학업심리변인으로서 자기주도 학습은 진로탐색역량에 대한 성취기준이 되는 변인으로서 고등학생이 주도성을 가지고 진로개발에서 역량을 발휘할 수 있다. 임효현(2020)은 자기주도 학습이 높으면 높은 수준의 진로개발역량 집단에 속함을 밝혔고, 정주영 등(2016)도 종단연구에서 자기주도 학습은 진로성숙도에 긍정적인 영향을 미친다는 밝혔다. 학교변인으로서 학교만족은 친구와 교사와의 대인관계와 학교의 진로교육의 만족도로 구성되었다. 대인관계의 역량과 학교적응은 진로탐색과 자기이해, 진로준비 등에서도 긍정적으로 영향을 줄 것으로 예측할 수 있다. 만일 학생이 학교에서의 즐거움과 긍정적인 정서가 형성되면 유연하고 다양한 사고와 행동을 가능하게 함으로서(Fredrickson & Branigan, 2005) 자기 및 진로탐색을 적극적이고 다양하게 진행할 수 있음을 의미한다.

이 밖에도 진로개발역량은 가정변인으로서 부모와의 대화와도 깊은 관련이 있다. 임효현(2020)은 부모와 학과나 학교선택에 대하여 대화를 많이 할수록 높은 진로개발역량 집단에 속할 확률이 높다고 주장하였고, 김소라와 문승태(2017)는 학생의 흥미와 적성, 학교와 학과 선택 등에 대한 대화는 진로개발역량에 긍정적인 설명력이 있음을 보고했다.

이상과 같은 선행연구들을 토대로 본 연구는 학업심리 변인으로서 자기주도 학습이 진로개발역량과의 관계에서 학교만족과 부모대화의 매개효과를 알아보고, 이와 같은 연구모형이 일반 고등학교와 특성화 고등학교 간의 차이를 검증하였다. 이는 교육환경이 다른 학교유형에서 제공하는 정책이 어떻게 나타나는지를 확인하는 계기가 되기 때문이다.

연구 자료는 국가승인 통계치를 군집분석(cluster analysis), 다변량분산분석(multivariate analysis of variance), 다중매개모형분석(multiple mediator model analysis), 다중집단분석(multiple group analysis)을 통하여 검증하였다.

본 연구의 결과는 우리나라 고등학교 유형별(일반 고등학교와 특성화 고등학교) 진로교육 실정을 고려하여 진로교육을 실천함에 있어서 교육과정 혁신의 방향에 시사점을 제공할 것으로 기대한다.

위 연구 목적에 따른 구체적인 연구문제는 아래와 같다.

연구문제 1) 학교유형에 따라서 자기주도 학습, 학교만족도, 부모대화를 으로 군집분류의 양상은 차이가 있는가? 그리고 군집별 진로개발역량의 하위변인은 차이가 있는가?

연구문제 2) 자기주도 학습은 진로개발역량과에 영향을 미치는가? 그리고 자기주도 학습과 진로개발역량의 관계에서 학교만족과 부모대화는 매개효과를 갖는가?

연구문제 3) 일반 고등학교와 특성화 고등학교 간의 경로 차이가 존재하는가? 경로 차가 존재하면 어떤 잠재변인 간에서 존재하는가?

Ⅱ. 이론적 배경

1. 진로개발역량

진로개발역량의 개념에 대해 탐색한 선행연구 결과를 분석한 결과, 대표적으로 언급되는 정의로써 김재희와 장현진(2018)은 직업이나 학업과 관련하여 미래를 준비하고 대비하는 지식, 기술, 태도를 의미한다고 설명하였다.

한편, 교육부(2016)가 제시한 학교 진로교육 목표와 성취기준에서 진로개발역량은 네 영역으로 구분되어 있다. 첫째, 자아이해와 사회성은 자아개념을 긍정적으로 형성하고, 각 개인이 타인과의 관계를 적절하게 맺고 효과적으로 소통하는 능력을 의미한다. 둘째, 직업이해는 직업과 일의 의미, 중요성과 직업세계의 지속적인 변화와 다양성을 이해하는 능력이다. 셋째, 진로 탐색은 학생 자신의 진로와 관련한 직업정보와 교육기회를 적극적으로 활용하고 탐색하는 능력이다. 마지막으로 진로설계와 준비는 학생 자신의 진로를 자기 주도적이며 창의적으로 설계함과 동시에 계획을 수립하고 체계적으로 준비하는 능력으로 정의된다.

최근 진로교육의 목표를 논의할 때 진로개발역량이 많은 주목을 받고 있다. 미래교육에서 강조되는 평생학습사회에서는 학습자 개개인이 자기주도적인 학습동기를 가지고 꾸준한 학습을 통하여 학생 자신의 진로를 찾는 능력이 중요하기 때문이다. 이러한 상황은 2015 개정교육과정에서도 나타나는데 구체적으로 자기관리 역량으로 명시되었으며, 교육부가 지속적으로 진로교육의 효과를 극대화하기 위한 제2차 진로교육 5개년 기본 계획에도 포함되어 있는 실정이다.

2. 진로개발역량과 관련 변인의 관계

선행연구에 따르면 진로개발역량은 다양한 변인들과 관계가 있는 것으로 나타났다. 이 중 본 연구에서 논의되는 자기주도 학습, 부모대화와 진로개발역량과의 관계를 중심으로 살펴보면 다음과 같다.

첫째, 자기주도 학습은 진로개발역량에 정적 영향을 주는 변인으로 확인되었다. 자기주도 학습의 정의와 관련하여 Zimmerman(1990)은 초인지적, 동기적, 행동적 측면에서 각 개인이 학습에 주도적으로 참여하는 것으로 설명한다. 학습목표 달성을 위해 학생 스스로 인지와 행동을 점검하고, 그 과정을 체계적으로 수정하는 등의 학습활동을 의미한다. 한편, Corno(1989)는 학습자가 학습내용의 연합 망을 주도적으로 점검하고, 그것을 개선시키기 위해 스스로 노력하는 학습자의 자발적 노력이라고 설명한다. 위와 같은 견해를 종합하면 학습자가 주어진 정보와 기술을 자신의 인지 수준과 학습 성향에 부합하도록 적절하게 변환시켜 재구성하고 주도적으로 성취도 향상을 기대하는 학습으로 정의될 수 있다.

선행연구에서는 진로개발역량이 자기주도 학습과 연관되어 논의되어 왔다. 대표적으로 정은이(2016)는 학생들의 자기주도 학습 수준이 높을수록 진로개발역량이 높게 나타나고 있음을 설명하였다. 그리고 이에 대한 원인으로써 자기주도적인 학습자는 학습활동에 따른 결과물을 활용하는데 능동적이며, 이러한 과정들을 통해 자신의 미래와 삶에 대해 주체적으로 대응하는 등의 바람직한 진로발달이 이루어지기 때문이라고 분석하였다. 최윤정과 김지은(2012) 역시 진로발달과 관련된 변인으로써 자아개념과 진로성숙도가 청소년기 학생들의 자기주도 학습 태도와 정적인 관계를 형성하는 것으로 보고한 바 있다. Zimmerman과 Martinez-Pons(1990) 역시 자기주도 학습 능력은 학생들의 진로와 관련된 동기 형성과 태도와 정적 관계를 보인다고 설명하였다.

둘째, 부모대화와 진로개발역량에 대한 선행연구를 분석한 결과, 두 변인 역시 정적 관계를 형성하고 있는 것으로 나타났다. 인간은 출생 이후 성인기까지 대부분 부모와 함께 생활하며, 그들의 언어와 행동을 모방하며 사회화되어 간다. 따라서 청소년의 진로개발에 있어 부모는 밀접한 영향을 수 있으며, 이러한 특징은 오히려 청소년기 또래집단의 영향력보다 더 크게 나타날 수 있다고 보고된 바 있다(Howard et al., 2009).

부모는 여러 측면에서 청소년기 학생들이 진로에 영향을 줄 수 있다. 대표적으로 부모 자녀의 적절한 의사소통과 상호작용을 통해 자녀의 자기효능감과 진로결정능력이 향상될 수 있음은 다양한 연구를 통해 보고되고 있다(최수정, 정철영, 2007; 임지영, 2008). 김희수 외(2005)는 부모와 자녀의 대화와 의사소통을 통한 친밀성 형성은 진로결정과 관련된 효능감에 대해 긍정적인 역할을 하는 것으로 설명한 바 있다. 이 때 부모와 자녀의 역기능적 상호작용과 소통 방식은 진로결정뿐만 아니라 진로정체감 형성에 대해서 부적 영향을 주는 것도 밝혀졌다.

셋째, 학교만족과 진로개발역량에 대한 관계를 분석한 선행연구에서도 두 변인간의 긍정적 결과가 보고되는 것으로 나타났다. 이 연구에서의 학교만족은 대인관계(친구, 선생님과의 관계 등)와 학교진로활동(꿈, 희망직업, 흥미·적성알기, 미래 계획 활동 등)으로 구분되어 측정되었다.

대인관계 관련 변인과 진로개발역량에서 살펴보면, 임효진(2013)은 특성화고 여학생의 학교만족도와 진로준비행동은 통계적으로 유의한 관계를 보이는 것으로 나타났다. 구체적으로 대인관계와 정보수집 활동의 관계가 가장 밀접한 관련성을 보였다. 김유미와 이혜미(2019) 역시 학생들의 대인관계역량과 진로개발역량은 통계적으로 유의한 정적 상관을 보였으며, 대인관계역량이 진로개발역량을 예측하는 예측변인으로 역할하고 있음을 밝혔다.

학교진로활동에 대한 만족과 관련하여, 장현진(2018)은 중학생의 진로교육 활동 참여가 진로개발역량 향상에서 효과를 보였을 뿐 아니라 학습태도 향상에도 긍정적인 효과가 있음을 보고하였다. 이와 함께 진로교육 활동 참여 여부 자체보다 참여 학생 만족도가 진로개발역량에 미치는 영향력이 더 높은 것으로 나타났다. 이러한 결과를 토대로 학교 진로교육 활동의 양적 확대뿐만 아니라 내용과 운영의 질적 수준이 상대적으로 더 중요한 변인임을 발견하였다.

Ⅲ. 연구방법

1. 연구대상

본 연구는 「진로교육법」 제6조(진로교육 현황조사)에 의해서 매년 교육부 주관으로 한국직업능력개발원이 실시했던 2016년~2019년 초·중등 진로교육 현황조사 데이터 중에서 2019년도 자료를 활용하였다. 표본추출은 전국 시·도별 층화, 각 층에서 1차 추출단위(PSU; primary sampling unit)로 학교추출, 2차 추출단위로 학급추출 등 2단계 집락추출을 했다. 모집단 학교와 학생은 1,714개교, 463,578명이었고 최종 표집학교는 280개교, 학생 7,052명이었다. 본 연구에서는 불완전한 응답을 제외하고 총 7,526명(일반 고등학교 6,041명, 특성화 고등학교 1,485명)의 자료를 분석하였다.

2. 변인 특성

본 연구의 진로개발역량은 총 21개 문항으로 구성되었다. 하위변인으로 자기이해와 사회성(6문항), 직업이해(5문항), 진로탐색(5문항), 진로설계와 준비(5문항)로 구성하였다. 진로개발역량의 신뢰도계수(Cronbach's α)는 .956이었다. 자기주도 학습은 총 5개 문항으로 5단계 급간 평균을 산출했고 신뢰도계수는 .902이었다. 학교 만족은 총 2문항으로 5단계 급간 평균을 산출하여 활용하였고 신뢰도계수는 .897이었고, 부모 대화는 총 4문항으로 5단계 급간 평균을 산출하였고 신뢰도계수는 .894이었다. 변인들에 대한 설명은 <표 1>과 같다.

<표 1> 변인 내용 및 처리

변인	내용	변인처리
자기주도 학습	1. 공부할 때 먼저 무엇부터 할까 스스로 계획을 세운다.	- 1점(전혀 그렇지 않다)~5점(매우 그렇다)
	2. 공부하다가 모르는 것이 나오면 여러 가지 방법을 사용해서 알아낸다.	
	3. 나에게 가장 효과적인 학습 방법을 생각하며 공부한다.	
	4. 숙제나 해야 할 일은 어렵더라도 해 결하려고 한다.	
	5. 내가 공부한 것의 결과를 보고 학습 방법이나 계획을 스스로 수정한다.	
학교만족	1. 대인관계(친구, 선생님과의 관계 등)	- 1점(매우 불만족)~5점(매우 만족)
	2. 학교진로활동(꿈, 희망직업, 흥미·적성알기, 미래 계획 활동 등)	
부모대화	1. 학교생활(친구 관계, 선생님과의 관계 등)	- 1점(두 달에 1회 이하. 2점(월 1-2회), 3점(주 1회), 4점(주 2-3회), 5점(거의 매일)
	2. 나의 흥미와 적성, 희망 직업(꿈)	
	3. 학교 및 학과 선택	
	4. 공부(학습)와 성적	
진로개발역량 – 자기이해와 사회성	1. 나는 스스로를 소중한 존재라고 생각한다.	- 1점(전혀 그렇지 않다)~5점(매우 그렇다)
	2. 나는 자기관리(시간, 돈, 건강관리) 방법을 알고 있다.	
	3. 나는 내가 무엇을 좋아하는지 알고 있다.	
	4. 나는 내가 무엇을 잘하는지 알고 있다.	

변인		내용	변인처리
진로 개발 역량	자기 이해와 사회성	5. 나는 원만한 대인관계(친구, 가족 등)를 위해 노력하고 있다.	- 1점(전혀 그 렇 지 않다)~5점 (매우 그렇다)
		6. 나는 여러 상황(대화, 발표, 토론 등)에 맞게 나의 의견을 표현할 수 있다.	
	직업 이해	7. 나는 새로운 직업이나 진로를 개척한 사람들의 사례를 알고 있다.	
		8. 나는 일과 직업세계가 어떻게 변화되어 왔는지 알고 있다.	
		9. 나는 내가 원하는(관심 있는) 직업에서 필요한 직업윤리에 대하여 설명할 수 있다.	
		10. 나는 직업을 통해 사회활동을 하는 것이 중요하다고 생각한다.	
		11. 나는 우리 사회에서 흔히 볼 수 있는 직업에 대한 편견과 고정관념을 설명할 수 있다.	
	진로 탐색	12. 나는 고등학교 졸업 이후에 진학할 수 있는 여러 가지 고등교육기관의 종류를 설명할 수 있다.	
		13. 나는 원하는 대학이나 전공학과의 정보에 대하여 여러 가지 방법으로 탐색할 수 있다.	
		14. 나는 희망(관심) 직업의 정보를 여러 가지 방법을 통하여 탐색할 수 있다.	
	진로 설계와 준비도	15 나는 고등학교 졸업 이후에 진학할 수 있는 여러 가지 고등교육기관의 종류를 설명할 수 있다.	
		16. 나는 원하는 대학이나 전공학과의 정보에 대하여 여러 가지 방법으로 탐색할 수 있다.	
		17. 나는 나의 특성과 환경을 고려하여 장기적인 진로계획을 세울 수 있다.	
		18. 나는 고등학교 졸업 이후의 내 진로(대학진학, 취업, 창업 등)에 대한 계획이 있다.	

3. 분석 방법

자료의 분석은 SPSS 22.0, AMOS 21.0 프로그램으로 시행했다. 결측치는 완전정보최대우도법(FIM: Full Information Maximum Likelihood)으로 모형을 추정을 했으며, 적합도 지수(goodness-of-fit index)는 χ^2값, RMSEA(Root Mean Square Error of Approximation), 상대적합도지수인 TLI(Tucker Lewis Index), CFI(Comparative Fit Index) 등을 종합적으로 고려해서 결정하였다. 일반적으로 TLI, CFI .90 이상, RMSEA .08이하면 수용할 만한 모형 적합성을 갖는다(Hu & Bentler, 1999).

우선 변인들의 기술통계를 산출했고, 학교유형별 자기주도 학습, 학교만족도, 부모대화 변인을 토대로 군집분류의 양상의 차이를 알아보기 위하여 일반고와 특성화고별로 군집분석(cluster analysis)을 하였다. 군집분석은 여러 변인으로 학생들의 집단을 분류하는 분석이다. 그리고 가 있는가? 그리고 군집별 진로개발역량의 하위변인에 차이 검증은 다변량분산분석(multivariate analysis of variance), 일원변량분석(one-way ANOVA, Scheff□ 사후검증으로 확인하였다. 그리고 자기주도 학습과 진로개발역량의 관계에서 매개효과 검증은 다중매개모형분석(multiple mediator model analysis)으로 확인했다. 매개효과의 통계적인 유의성은 부트스트래핑(Bootstrapping)으로 검증하였다. 다중집단분석(multiple group analysis)으로 일반고와 특성화고의 경로의 차이를 검증하였다. 다중집단분석을 실시하기 전에 다중집단 확인적 요인분석으로 측정동일성 검정을 선행하였다. 본 연구의 모형은 [그림 1]과 같다.

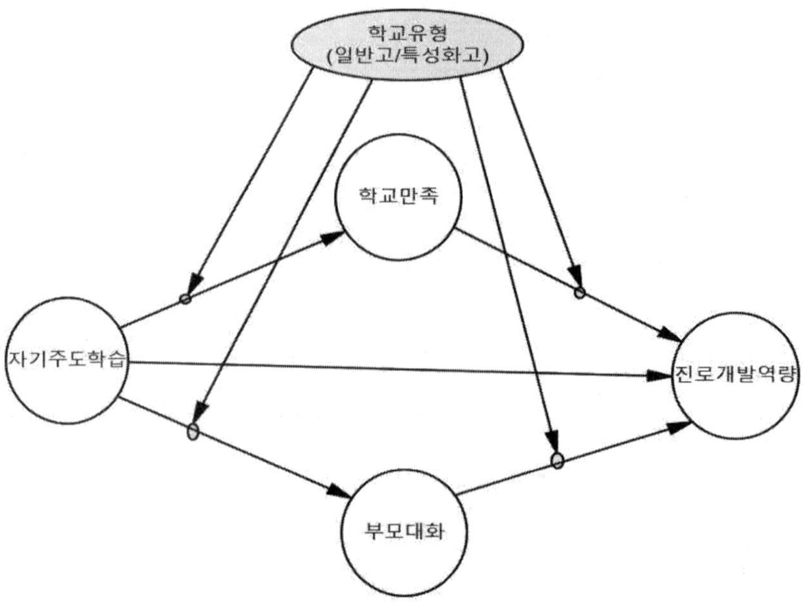

[그림 1] 자기주도 학습과 진로개발역량의 관계에서 학교만족과 부모대화는 매개효과와 학교유형별 조절효과 모형

Ⅳ. 연구 결과

1. 기술통계 및 상관관계

본 연구변인들의 기술통계 및 상관관계는 <표 2>와 같다. 우선, 자기주도 학습, 학교만족, 부모대화, 진로개발역량 간의 상관관계에서 일반 고등학교의 진로개발역량은 와 특성화 고등학교 모두 진로개발역량은 자기주도 학습과 통계적으로 유의미한 강한 상관을 갖고, 학교만족과 부모대화와는 약한 상관을 보였다. 그리고 자료의 연구변인 전체의 왜도(skewness)에서는 일반 고등학교와 특성화 고등학교 모두 부적 분포를 이루고 있고, 일반 고등학교의 첨도에서는 부모대화와 진로개발역량이 부적 분포를 이루고 있고, 특성화 고등학교에서는 자기주도 학습을 제외한 나머지 모두 부적 분포를 보이나 왜도 절대값 2이하와 첨도 절대값 7이하(홍세희, 2000)로서 모형분석에 있어서 다변량 정규분포 가정을 충족하였다.

〈표 2〉 연구 변인의 기술통계 및 상관관계

변인		1	2	3	4
자기주도 학습		-	.357**	.301**	.640**
학교만족		.340**	-	.232**	.485**
부모대화		.341**	.262**	-	.377**
진로개발역량		.644**	.467**	.404**	-
일반고 (n=6,041)	M	18.33	7.89	13.99	81.82
	SD	4.27	1.76	4.26	15.41
	왜도	-.299	-.757	-.278	-.261
	첨도	.111	.665	-.706	-.019
특성화고 (n=1,485)	M	17.83	7.84	13.45	79.74
	SD	4.45	1.81	4.60	16.06
	왜도	-.248	-.633	-.222	-.165
	첨도	.174	-.131	-.828	-.087

** p<.01

※ 하단은 일반 고등학교 상관행렬이고, 상단은 특성화 고등학교 상관행렬임

2. 학교유형별 군집집단과 진로개발역량의 차이

일반 고등학교와 특성화 고등학교의 군집별 진로개발역량의 차이를 알아보기 위하여 다변량분산분석(MANOVA)을 실시하였다. 우선 일반 고등학교 네 집단의 공분산 행렬의 BOX 동일성 검증에서 가정을 충족하지 못함으로써[F(30, 70758658)=20.68], Pillai의 트레이스를 적용하여 분석모형의 유의성은 <표 3>과 같았다. Pillai의 트레이스= .330, F(12, 18108)= 186.426, p<.001, 부분 에타제곱= .110으로서 일반 고등학교의 군집별 진로개발역량의 차이가 있었다. 특성화 고등학교 역시 네 집단의 공분산 행렬의 BOX 동일성 검증에서 가정을 충족하지 않아서[F(30, 5846635)=8.276], Pillai의 트레이스를 적용하여 분석모형의 유의성을 판단하였다. Pillai의 트레이스= .359, F(12, 4440)= 50.308, p<.001, 부분 에타제곱= .110으로서 특성화 고등학교의 군집별 진로개발역량은 차이가 있었다.

<표 3> 다변량 Pillai의 트레이스 검증

학교유형	효과	값	F	가설 자유도	오차 자유도	유의확률	부분에타제곱
일반 고등학교	Pillai의 트레이스	.330	186.426	12	18108	.000	.110
특성화 고등학교	Pillai의 트레이스	.359	50.308	12	4440	.000	.120

학교유형별 자기주도 학습, 학교만족도, 부모대화를 표준화점수를 기준으로 군집분류의 양상을 확인하기 위하여 군집분석을 했다. 먼저 군집개수를 판단하기 위하여 계층적 군집분석(Hierarchical cluster analysis)을 실시한 결과 4개 군집이 적합하였다. 이후에 4개 군집수를 지정하여 K-평균 군집분석(K-mean cluster analysis)을 수행하였다. 학교특성별 군집분석의 양상은 <표 4>, <표 5>와 같다. 일반 고등학교의 경우 군집1에 24.9%, 군집2에 35.4%, 군집3에 18.4%, 군집4에 21.3%가 할당되었고, 특성화 고등학교는 군집1에 24.6%, 군집2는 26.3%, 군집3은 26.5%, 군집4에 22.6%가 할당되었다. 특성화 고등학교가 일반 고등학교보다 더 균등하게 적재되었다. 군집분석의 결과를 바탕으로, 일반 고등학교의 군집2와 특성화 고등학교의 군집3은 '모두 높음(AH)', 일반 고등학교 군집3과 특성화 고등학교의 군

집4는 ‘모두 낮음(AL)’, 일반 고등학교 군집4와 특성화 고등학교 군집1은 ‘부모대화 높음(PH)’로 명명했다. 하지만 일반 고등학교의 군집1은 ‘학교만족 높음(SH)’이었고, 특성화 고등학교의 군집2는 ‘부모대화와 학교만족 높음(PSH)’으로 명명했다.

〈표 4〉 일반 고등학교의 군집별 표준점수 평균과 차이(N= 6,041명)

변인	군집1(n=1,506)	군집2(n=2,136)	군집3(n=1,109)	군집4(n=1,290)
자기주도 학습	−.22241	.83029	−.32130	−.83894
부모대화	−1.00128	.78143	−.66491	.44665
학교만족	.29736	.70168	−1.41887	−.28921

〈표 5〉 특성화 고등학교의 군집별 표준점수 평균과 차이(N= 1,485명)

구분	군집1(n=365)	군집2(n=391)	군집3(n=394)	군집4(n=335)
자기주도 학습	−.37167	−.42200	1.08461	−.37814
부모대화	.21324	.16243	.78929	−1.35021
학교만족	−1.11931	.56727	.78214	−.36243

학교유형별 군집유형에 따른 진로개발역량의 차이를 확인하기 위하여 일원변량분석과 사후분석 결과는 <표 6>, <표 7>과 같다. 일반 고등학교의 경우, 모든 하위변인에서 ‘AH’집단이 가장 높았고, 다음으로 ‘SH’집단이 높았다. 자기이해 및 사회성과 직업이해는 ‘PH’집단이 ‘AL’집단보다 높았으나, 진로탐색과 진로설계준비는 ‘PH’집단이 ‘AL’집단 간에는 차이가 없었다. 특성화 고등학교의 경우, 자기이해 및 사회성, 직업이해와 진로설계준비에서 집단별 차이가 있었으나 진로탐색은 통계적으로 유의미한 차이가 없었다. 차이가 있는 하위변인에서는 ‘AH’집단이 가장 높았고, 다음으로 ‘PSH’집단이 높았다. 자기이해 및 사회성과 직업이해는 역시 일반 고등학교와 같이 진로탐색과 진로설계준비는 ‘PH’집단과 ‘AL’집단 간에는 통계적으로 유의미한 차이가 없었다.

〈표 6〉 일반고의 군집별 진로개발역량의 표준점수 평균 차이 검증

구분	SH(n=1,506)	AH(n=2,136)	AL(n=1,109)	PH(n=1,290)	F	부분에타제곱	사후분석
자기이해사회성	−.14	.65	−.65	−.40	56.226***	.270	군집2>1>4>3
직업이해	−.23	.66	−.54	−.38	11.715***	.253	군집2>1>4>3
진로탐색	−.21	.66	−.51	−.43	4.973**	.255	군집2>1>3,4
진로설계준비도	−.22	.66	−.54	−.43	7.258***	.257	군집2>1>3,4

*** $p<.001$, ** $p<.01$

※ SH : 학교만족 높음, AH : 모두 높음, AL : 모두 낮음, PH : 부모대화 높음

〈표 7〉 특성화고의 군집별 진로개발역량의 표준점수 평균 차이 검증

구분	PH(n=365)	PSH(n=391)	AH(n=394)	AL(n=335)	F	부분에타제곱	사후분석
자기이해사회성	−.48	.03	.80	−.46	35.295***	.274	군집3>2>1,4
직업이해	−.38	−.03	.82	−.50	7.654***	.272	군집3>2>1,4
진로탐색	−.36	−.11	.88	−.50	.785	.296	
진로설계준비도	−.39	−.10	.86	−.47	3.146*	.285	군집3>2>1,4

*** $p<.001$, ** $p<.01$, * $p<.05$

※ PH : 부모대화 높음, PSH : 부모대화와 학교만족 높음, AH : 모두 높음, AL : 모두 낮음

3. 자기주도학습과 진로개발역량과의 관계에서 학교만족과 부모대화의 매개효과

1) 측정모형 검증

본 연구의 설정모형에 대한 검증에 앞서 자기주도 학습, 학교 만족, 부모대화, 진로개발역량 등 네 개의 잠재변인과 각각의 측정변인 간의 관계를 확인하였다. 확인적 요인분석(CFA, confirmatory factor analysis)으로 측정모형을 검증한 결과, 모형적합도 지수에서 표본 크기에 민감하게 반응하는 χ^2값이 4347.007(p<.001)로 유의했지만 증분적합지수 TLI(Tucker Lewis Index)=.938, CFI(Comparative Fit Index)=951이었고, RMSEA(Root Mean Square Error of Approximation)=.057로서 측정모형은 대체로 만족할 만한 수준이었다. TLI와 CFI 값은 .90 이상, RMSEA 값은 .06 이하이면 대체로 우수한 모형이다(홍세희, 2000; Hu & Bentler, 1999). 확인적 요인분석의 결과, 각 잠재변인에 대한 측정변인들의 일치성인 집중타당성을 보면 모든 잠재변인에서 측정변인으로 가는 표준화된 요인적재량이 .50(우종필, 2012) 이상으로 나타나므로 양호한 집중타당성을 보이고 있었다. 그리고 자기주도 학습, 학교 만족, 부모대화, 진로개발역량의 잠재변인에서 측정변인으로 이르는 경로는 <표 8> 처럼 .001 수준에서 모두 유의하였다.

<표 8> 측정모형의 적합도 검증

잠재변인	측정변인	Estimate		S.E.	C.R.
		B	β		
자기주도 학습	주도성1	1	0.793		
	주도성2	0.961	0.826	0.011	84.378***
	주도성3	1.043	0.869	0.012	90.235***
	주도성4	0.936	0.802	0.012	81.156***
	주도성5	1.043	0.863	0.012	89.425***
학교만족	만족도1	1	0.761		
	만족도2	1.279	0.898	0.027	47.303***

잠재변인	측정변인	Estimate		S.E.	C.R.
		B	β		
부모대화	대화1	1	0.65		
	대화2	1.481	0.899	0.022	68.366***
	대화3	1.554	0.921	0.022	69.16***
	대화4	1.23	0.753	0.021	59.836***
진로개발역량	자기이해사회성	1	0.79		
	직업이해	0.979	0.861	0.011	90.76***
	진로탐색	1.071	0.933	0.011	101.461***
	진로설계준비도	1.074	0.929	0.011	100.816***

*** p<.001

2) 다중매개모형 효과

본 연구는 자기주도 학습과 진로개발역량과의 관계에서 학교만족과 부모대화의 다중매개모형을 검증하기 위하여 팬텀변인(Phantom variable)을 만들어 진행하였다. 팬텀변인은 일종의 유령변인이라고도 하는데 모형적합도와 각 추정치에 영향을 주지 않고, 각 매개변인의 매개효과를 확인할 수 있다.

우선, 다중매개모형의 적합도 지수 χ^2값이 4,529.284(p<.001)로 유의하지만 TLI=.936, CFI-.949, RMSEA=.058 으로서 모형 적합도를 수용할 만 하였다. 잠재변인 간 경로 결과는 <표 9>와 같다. 모든 잠재변인 간의 경로들은 p<.001 수준에서 유의하였다. 이를 통하여 자기주도 학습과 진로개발역량 간의 관계에서 매개효과가 있을 것으로 유추할 수 있으며, 매개효과를 부트스트래핑 분석을 통하여 확인하였다(Shrout & Bolger, 2002). 부트스트래핑 분석결과, 자기주도 학습에서 진로개발역량으로 가는 경로에서의 표준화 간접효과의 p값이 .004이므로 매개효과는 유의하였다.

〈표 9〉 변인 간 경로계수의 유의성 검증

경로			Estimate	S.E.	C.R.
진로개발역량	<--	자기주도 학습	2.415	0.048	50.686***
학교만족	<--	자기주도 학습	0.33	0.011	29.804***
진로개발역량	<--	학교만족	1.355	0.055	24.818***
부모대화	<--	자기주도 학습	0.386	0.013	29.542***
진로개발역량	<--	부모대화	0.665	0.037	17.975***

다음으로, 팬텀변인을 활용한 다중매개모형을 만들어 각각 매개효과를 확인하였다. 팬텀변인을 포함한 다중매개모형의 χ^2값은 4,810.504(p<.001)로 유의했으나 TLI=.939, CFI-.950, RMSEA=.80 으로서 종합적으로 모형적합도를 수용하였다. 자기주도 학습과 진로개발역량 간의 관계에서 학교만족과 부모대화의 다중매개효과는 팬텀변인을 활용한 부트스트래핑(Bias Correted Bootsrtapping) 검증 결과는 〈표 10〉과 같다. 학교만족의 매개효과는 95% 신뢰구간에서 .388에서 .510 값으로 0을 포함하지 않아서 p<.005 수준에서 통계적 유의성이 있고,. 부모대화의 매개효과 역시 95% 신뢰구간에서 .218에서 .292 값으로 0을 포함하지 않아서 p <.005 수준에서 통계적으로 유의하였다.

〈표 10〉 자기주도 학습과 진로개발역량 간의 관계에서 다중매개효과 검증 결과

경로	Estimate	S.E.	95% 신뢰구간
자기주도 학습→학교만족→진로개발역량	.447	.030	.388~.510
자기주도 학습→부모대화→진로개발역량	.257	.018	.218~.292

4. 일반 고등학교와 특성화 고등학교의 조절효과

1) 다중집단의 측정동일성 검정

조절효과는 독립변인들이 종속변인들에 대하여 영향을 통계적으로 유의미하게 조절하는 것을 확인하는 분석이다. 본 연구에서는 일반고와 특성화고의 조절효과를 확인하기 위하여 다중집단분석으로 확인하였다.

우선, 다중집단 확인적 요인분석으로 측정동일성 검정을 하였다(Byrne, 2009). 측정동일성은 집단 간 측정 문항이 동일한지를 파악하는 검증으로 본 연구에서는 모든 제약이 없는 무제약 모형으로 형태동일성(Unconstrained), 잠재변인과 측정변인 간 요인계수를 제약한 요인계수 동일성(Measurement weights), 잠재변인의 분산과 공분산을 제약한 요인계수와 공분산 동일성(Structural covariance), 측정모형에서 측정오차의 분산과 공분산을 제약한 요인계수, 공분산, 오차분산 동일성(Measurement residuals)을 확인하였다. 다중집단의 확인적 요인분석의 결과는 <표 11>과 같다.

측정동일성 검정결과, 무제약 모형과 제약모형들의 적합도 비교에서 χ^2 값이 통계적으로 유의하였으나 TLI, CFI, RMSEA 값들이 적합도 지수들의 변화를 보면 모두 적합도 기준에 부합하여 일반고와 특성화고 집단 간 측정동일성을 확인되어 다중집단의 경로분석 조건에 부합하였다.

〈표 11〉 다중집단 확인적 요인분석에서의 측정동일성 검증 결과

모형	χ^2(df)	p	$\triangle\chi^2$	△df	TLI	CFI	RMSEA
무제약 모형	4529.284(170)	.000			.936	.949	.058
모형1	4564.817(181)	.000	35.533	11	.940	.948	.057
모형2	4748.833(202)	.000	184.016	21	.944	.946	.055
모형3	4853.501(220)	.000	104.668	18	.948	.945	.054

※ 모형1 : 요인계수 동일성 모형
모형2 : 요인계수와 공분산 동일성 모형
모형3 : 요인계수, 공분산, 오차분산 동일성 모형

2) 다중집단의 경로분석

집단 간 교차점 값이 절대값 1.96보다 크거나 작으면 95% 신뢰수준에서 유의한 차이가 있고, 절대값 2.58보다 크거나 작으면 99% 신뢰수준에서 유의한 차이가 있으며, 절대값 3.29보다 크거나 작으면 99.9% 신뢰수준에서 유의한 차이가 있다(히든그레이스, 2018). 일반고와 특성화고의 경로분석 결과는 <표 12>와 같다. 일반 고등학교와 특성화 고등학교의 모든 영향력의 방향은 긍정적이었다. 일반 고등학교의 자기주도 학습은 진로개발역량에 유의한 영향을 주고(β=.540, p<.001), 특성화 고등학교의 자기주도 학습 또한 진로개발역량에 유의한 영향을 주었다(β=.534, p<.001). 일반 고등학교의 자기주도 학습은 학교만족에도 유의한 영향을 주고(β=.399, p<.001), 특성화 고등학교 또한 자기주도 학습은 학교만족에 유의한 영향을 주었다(β=.406, p<.001). 그리고 일반 고등학교의 학교만족은 진로개발역량에 유의한 영향을 주었고(β=.250, p<.001), 특성화 고등학교도 학교만족은 진로개발역량에 유의한 영향을 주었다(β=.255, p<.001). 또한, 일반 고등학교의 자기주도 학습은 부모대화에 유의한 영향을 주고(β=.365, p<.001), 특성화 고등학교 역시 자기주도 학습은 부모대화에 유의한 영향을 주었다(β=.323, p<.001). 이 밖에도 일반 고등학교의 부모대화는 진로개발역량에 유의한 영향을 미치고(β=.165, p<.001), 특성화 고등학교 역시 부모대화는 진로개발역량에 유의한 영향을 미쳤다(β=.165, p<.001). 위와 같은 경로계수와 관련하여, 일반 고등학교와 특성화 고등학교의 경로차이는 자기주도 학습이 학교만족에 미치는 영향에서 통계적으로 유의한 차이가 있었는데, 특성화 고등학교가 일반 고등학교보다 높았다. 나머지 경로 차이에서는 통계적으로 유의하지 않았다.

〈표 12〉 학교유형별 경로분석 결과

경로	일반 고등학교			특성화 고등학교			집단 간 경로차이
	B	β	S.E.	B	β	S.E.	
자기주도 학습→진로개발역량	2.365***	.540	.062	1.249***	.534	.117	−0.191
자기주도 학습→학교만족	.341***	.399	.014	.363***	.406	.028	7.684
학교만족→진로개발역량	1.282***	.250	.062	1.249***	.255	.117	−0.253
자기주도 학습→부모대화	.330***	.365	.013	.326***	.323	.029	−0.125
부모대화→진로개발역량	.804***	.165	.054	.714***	.165	.094	−0.83

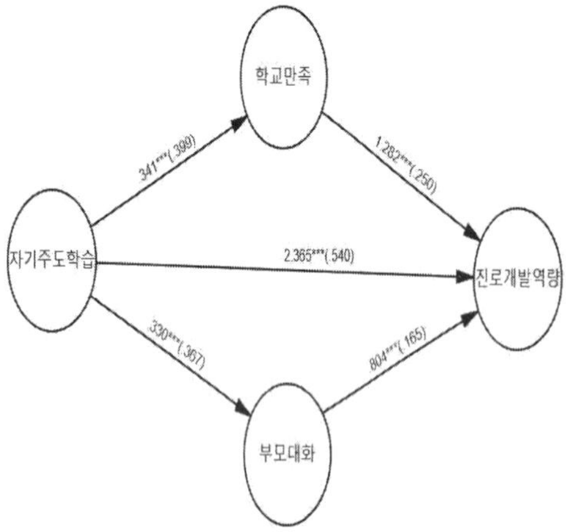

〈표 1〉 일반고 경로계수

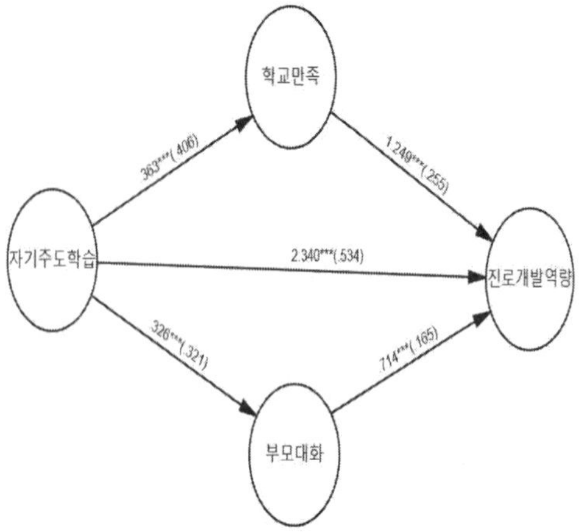

〈표 1〉 특성화고 경로계수

V. 논의

본 연구는 한국직업능력개발원이 2016년~2019년 초ㆍ중등 진로교육 현황조사 데이터 중에서 2019년도 자료를 활용하여 자기주도 학습과 진로개발역량과 관계에서 학교만족과 부모대화의 매개효과를 알아보고, 일반 고등학교와 특성화 고등학교 간의 차이를 알아보기 위하여 실시하였다. 연구 결과를 중심으로 논의를 하면 다음과 같다.

우선, 일반 고등학교와 특성화 고등학교별로 자기주도 학습, 학교만족도, 부모대화를 표준화점수를 기준으로 군집분류의 양상을 확인한 결과, 각 4개 군집이 적합했다. 할당 인원비율을 기준으로 보면 특성화 고등학교가 일반 고등학교보다 더 균등하게 적재되었다. 두 집단 모두 '모두 높음(AH)', '모두 낮음(AL)'은 동일했으나 일반 고등학교는 '부모대화 높음(PH)'과 특성화 고등학교는 '부모대화와 학교만족 높음(PSH)'으로 분류되었다. 그리고 학교유형에 따라서 군집별 진로개발역량의 하위변인 차이에서 'AH'집단이 가장 높고, 다음으로 'SH'집단이 높은 것은 동일하였다. 이는 학교유형과 무관하게 학교만족이 부모대화보다 진로개발역량과 관련이 많음을 시사한다. 하지만 일반 고등학교와는 달리, 특성화 고등학교의 경우, 군집별 진로탐색은 통계적으로 유의미한 차이가 없었다. 이는 특성화 고등학교의 진로탐색에서 개인 학습변인이 자기주도 학습이나 학교변인으로서 학교만족, 가정변인으로서 부모대화 등이 영향을 주지 못하고 있음을 보여준다.

다음으로, 자기주도 학습과 진로개발역량과의 관계에서 학교만족과 부모대화의 매개효과를 확인하였다. 자기주도 학습은 진로개발역량에 직접영향을 주고, 학교만족 부모대화를 통해서도 긍정적으로 영향을 주는 부분매개효과이었다. 이는 고등학교의 진로개발역량에 있어서 일반 고등학교와 특성화 고등학교 모두 학교만족(친구와 교사 관계성, 학교진로교육)을 높이고 학부모와의 적극적인 대화가 마련되는 프로그램이 상승효과를 낼 수 있음을 시사한다. 특히, 이런 연구모형에 대한 일반 고등학교와 특성화 고등학교의 조절효과를 보면, 대부분 경로 차이는 통계적으로 유의하지 않았으나 자기주도 학습이 학교만족에 미치는 영향에서 특성화 고등학교가 일반 고등학교보다 높았다.

우리나라의 고등학교 교육과정의 혁신방향은 학교유형과 관계없이 학생들이 자신의 진로를 자기 주도적으로 개발하는 역량을 강화하는 방향에 방점을 두고 있다. 고교학점제 역시 학생들의 자기맞춤형 진로를 위하여 다양한 과목을 개설하고 학생들이 선택하는 것을 핵심으로 한다. 하지만 고교학점제의 실시 준비단계에 있는 현 시점에서 보면, 일반 고등학교나 특성화 고등학교 역시 과목선택의 자기주도성만 의존해서는 안 된다, 부모와의 활발한 대화, 학교진로교육의 만족도를 높일 수 있도록 교사의 지원, 관계성을 통한 진로지도 등이 교육과정에 입체적으로 반영되어야 한다.

Ⅵ. 결론

본 연구의 목적은 자기주도 학습과 진로개발역량과의 관계에서 학교만족과 부모대화의 매개효과를 알아보고, 일반 고등학교와 특성화 고등학교의 조절효과를 분석하는 데 있다. 분석결과, 결론은 다음과 같다.

첫째, 학교유형별 자기주도 학습, 학교만족도, 부모대화를 표준화점수를 기준으로 군집유형은 일반고와 특성화고 모두 4개 군집수가 적절하며, 일반 고등학교에서는 '학교만족 높음

(SH)', 특성화 고등학교에서는 '부모대화와 학교만족 높음(PSH)'이 다르게 분류되었다.

진로개발역량의 하위변인차이에서 일반고는 '모두 높음(AH)'집단이 가장 높았고, 특성화 고등학교의 경우, 진로탐색은 군집별 유의미한 차이가 없었다.

다음으로, 자기주도 학습과 진로개발역량과의 관계에서 학교만족과 부모대화는 부분매개효과를 확인하였다. 그리고 학교유형의 조절효과에서는 자기주도 학습이 학교만족에 미치는 영향에서 통계적으로 유의한 차이가 있었는데, 특성화 고등학교가 일반 고등학교보다 높았다. 나머지 경로 차이에서는 통계적으로 유의하지 않았다.

본 연구는 고등학생의 자기주도 학습, 학교만족, 부모대화를 기준으로 군집화 과정을 통하여 학교유형에 따라서 자료 분포를 비교함으로서 다른 교육과정에서의 진로개발역량의 차이를 탐색할 수 있었다. 특히, 자료가 비교적 많아 군집출현이 어려움에도 불구하고 비교적 군집특성에 맞는 변별을 확인할 수 있었다. 하지만 한 시점의 자료만으로 변화의 양상을 살펴볼 수 없었다. 차후에 종단연구를 통하여 학교유형별 변화의 추이와 추가적인 정보의 확인으로 학교유형별 진로개발역량의 함양을 위한 교육과정의 시사점을 제공할 필요가 있다.

참고문헌

고재성 (2010). 전문계 고교생의 진로개발역량과 관련변인. 진로교육연구, 23(1), 1-19.

교육부 (2016). 제2차 진로교육 5개년(2016~2020) 기본계획 발표.

김규태 (2019). 고등학생이 인식하는 학업적 그릿과 진로개발역량 관계에서 학습전략 수준의 조절효과. 디지털융복합연구, 17(6), 27-33.

김소라, 문승태 (2017). 고등학생 진로개발역량에 있어서의 부모의 역할. 진로교육연구, 30(4), 27-48.

김유미, 이혜미(2019). 초등학생의 진로개발역량에 대한 예측변인 분석: 대인관계역량, 생애학습역량 및 생활관리역량을 중심으로. 학습자중심교과교육연구, 19(24), 627-646.

김재희, 장현진(2018).고등학생의 창업교육활동 참여가 진로개발역량에 미치는 영향. 한국창업학회지, 13(2), 218-242.

김진철 (2018). 「세종형고교학점제」 도입 방안 연구. 교육정책연구 2018-02. 세종특별자치시교육청.

김진철, 하동희, 정서영 (2016). 일반고 역량강화 사업 운영 실태 분석. 정책진단 2016-1, 경기도교육연구원.

김희수, 홍성훈, 윤은종 (2005). 청소년이 지각한 부모-자녀간의 의사소통과 자기효능감 및 진로결정과의 관계. 한국청소년연구, 16(2), 37-65.

남수정 (2011). 고교생의 진로교육의 현황 및 진로역량과 관계 연구. 청소년학연구, 18(11), 283-304.

성희진, 나승일 (2012). 대학 졸업예정자의 경력개발역량과 경력탐색행동 및 대학 경력개발지원의 관계. 농업교육과 인적자원개발, 44(1), 83-108.

인효인 (2020). 중고등학생의 진로개발역량 잠재프로파일 분류와 예측요인. 상담학 연구, 21(2), 35-58.

임지영 (2008). 부모의 권위감과 양육행동이 청소년의 자율성에 미치는 영향: 중국과 미국 청소년을 중심으로. 한국생활과학회지, 17(6), 1115-1124.

임효신, 정철영 (2015). 중학생 진로개발역량 검사 도구 개발. 진로교육연구, 28(4), 107-137.

임효진(2013). 상업 · 정보계열 특성화고 여학생의 학교만족도, 진로결정 효능감, 진로준비행동의 상관관계분석. 숙명여자대학교 여성인적자원개발대학원 석사학위논문.

장현진(2018). 학교 진로교육 활동 참여와 만족도가 중학생의 진로개발역량, 학습동기 및 자기주도학습에 미치는 영향. 진로교육연구, 31(1), 21-42.

정은이 (2016). 대학생의 자기 주도성과 대학 적응의 관계에서 다양성 수용도 및 진로 역량의 매개효과. 교육방법연구, 30(4), 651-679.

정은이 (2018). 대학생의 그릿 군집 유형에 따른 일상적 창의성과 진로결정자기효능감 차이 연구. 학습자중심교과교육연구, 18(21), 1-26.

정주영, 이인수, 박균열, 이수진 (2016). 자기주도 학습능력과 진로성숙도 간 자기회귀교차지연효과검증: 서울지역 중·고등학생을 중심으로. 직업교육연 구, 35(4), 89-107.

진성희, 성은모 (2017). 청소년 진로개발역량 측정도구 개발 및 타당화 연구. 진로육연구, 30(1), 67-90.

최수정, 정철영 (2007). 전문계 고등학교 학생의 진로결정 몰입과 가족변인에 관한 구조방정식 모형. 농업교육과 인적자원개발, 39(2), 161-183.

최윤정, 김지은 (2012). 중고등학생의 진로발달 관련 변인 및 진로교육 경험과 자기주도학습 태도와의 관계. 아시아교육연구, 13(2), 81-106.

히든그레이스 (2018). 한 번에 통과하는 논문 : AMOS 구조방정식 활용과 SPSS 고급분석. 서울: 한빛아카데미.

Corno, L. (1989). Self-regulated learning: A volitional analysis. In B. Zimmerman & D. Schunk (Eds.), Self regulated learning and academic achievement (p.111-142). New York: Springer-Verlag.

Fredrickson, B. L., & Branigan, C. (2005). Positive emotions broaden the scope of attention and thought-action repertoires. Cognition & Emotion, 19(3), 313-332.

Howard, K. A. S., Ferrari, L., Nota, L., Solberg, V. S. H., Soresi, S. (2009). The relation of cultural context and social relationships to career development on middle school. Journal of Vocational Behavior, 75(2), 100-108.

Hu, L., & Bentler, P. (1999). Cutoff criteria for fit indexes in covariance structure analysis: Conventional criteria versus new alternatives. Structural Equation Modeling: A Multidisciplinary Journal, 6(1), 1-55.

Turner, S. L., & Lapan, R. T. (2013). Promotion of career awareness, development, and school success in children and adolescents. In S. D. Brown & R. W. Lent (Eds.), Career development and counseling: Putting theory and research to work (2nd ed., pp. 539-564). Hoboken, NJ: Wiley.

Zimmerman, B. J. (1990). Self-regulated learning and academic achievement: An overview. Educational Psychologist, 25, 3-17.

Zimmerman, B. J., & Martinez-Pons, M. (1990). Student differences in self-regulated learning: Relating grade, sex, and giftedness to self-efficacy and strategy use. Journal of Educational Psychology, 80, 51-59.

일반고 학생의 자기주도 학습능력과 자아존중 및 관계적응 간 종단적 인과관계[1)]

< 요 약 >

이 연구는 일반고 학생의 자기주도 학습능력과 자아존중 및 관계적응 간 종단적 인과관계를 분석하기 위해 실시되었다. 설정된 연구문제는 다음과 같다. 첫째, 일반고 학생들의 자기주도 학습능력, 자아존중, 관계적응에서 시간의 흐름에 따른 안정성은 어떠한가? 둘째, 일반고 학생들의 자기주도 학습능력, 자아존중, 관계적응의 상호 인과관계는 시간의 흐름에 따라서 어떻게 나타나는가? 연구를 위해 부산교육종단연구의 1차(2017년)년도부터 3차(2019년)년도 일반 고등학생의 자료를 활용하였다. 자료 분석을 위해 SPSS 21.0과 Amos 21.0 프로그램을 사용하였으며, 기술통계, 상관관계, 자기회귀교차지연 분석을 각각 실시하였다. 연구 결과는 다음과 같다. 첫째, 시간흐름에 따라서 잠재변인들은 안정적 관계를 갖고 있었다. 관계적응이 가장 안정적이고, 자아존중, 자기주도 학습능력 순이었다. 둘째, 자기주도 학습능력, 자아존중, 관계적응 변인 간 상호예언을 의미하는 교차지연효과 계수들을 분석한 결과, 자기주도 학습능력과 자아존중은 상호인과관계의 예측변인이 아닌 것으로 판단된다. 그러나 자아존중과 관계적응 변인은 상호인과관계에 의한 영향변인임을 확인할 수 있었다. 마지막으로 관계적응이 자기주도 학습능력에 미치는 인과적 영향력을 갖는 변인임을 추측할 수 있었다.

주제어 : 자기주도학습, 자아존중, 관계적응, 종단연구, 자기회귀교차지연모형

I. 서론

코로나19로 인해 학교의 정상적인 학사일정 운영과 대면수업이 불가능해지는 초유의 상황

1) 2020년 부산교육종단연구 학술대회 발표 논문

에서 교육부는 2020년 4월 9일부터 학습의 대안으로 원격수업을 실시한다고 발표했다(교육부, 2020.3.31일자 보도자료). 이러한 상황에서 학원과 과외 의존도가 큰 학생일수록 스스로 학습습관 형성이 부족하여 원격수업에 대한 어려움을 많이 겪는 것으로 나타났다(박춘성, 김진철, 2016).

미래교육이 추구하는 궁극적 목적은 학생 스스로 자신에게 필요한 정보와 지식을 선택, 습득, 조직하고 나아가 지식을 창출할 수 있는 능력을 높이는 것이다. 이는 교수학습 효과성 측면에서 자기주도성(self-directiveness)이며, 학습상황에서는 자기주도 학습(Self-Directed Learning)과 연계된다. 대학입시의 학생부종합전형에서도 학습자의 자기주도성은 학습자가 구비해야 하는 필수역량으로 인식되고 있다.

자기주도 학습능력은 학습자들이 자신을 학습과정에서 책임 및 관리 주체라고 인식하고, 학습주도권을 가지고 학습목표의 설정, 효율적인 학습전략의 적용, 그리고 학습결과를 평가하는 일련의 과정이다(Knowles, 1975). 자기주도 학습능력의 역량이 중요시 되는 맥락은 다음과 같다.

첫째, OECD는 성공적 삶과 유연한 사회건설을 위하여 상호작용 도구사용(use tools interactively), 이질 집단 내 상호작용(interact in heterogeneous)과 함께 자율적 행동(act autonomously)을 핵심역량(key competencies)으로 제시하였다(OECD, 2003). 한국교육과정평가원(2012)의 연구에서도 자기주도 학습능력에는 문제해결력, 비판적, 창의적 사고력, 기초학습 능력, 정보 활용 능력, 의사소통 능력이 중요하게 작용하고 있음을 밝혔다. 많은 학자들은 미래사회는 평생교육 중심체제가 되고 자기주도 학습능력이 핵심역량으로 기능할 것으로 보고 있다.

둘째, 사교육을 통한 선행학습의 역기능에 대한 성찰이 필요하다. 자기주도 학습은 심리학적 발달과정을 거치는데, 인간은 성숙해지면서 통제와 의존에서 독립하므로 점차적으로 자기주도적으로 성장한다(오상철, 이문복, 2009). 하지만 국내 모든 계층에 걸쳐 사교육비 부담은 매우 크며 학년이 올라갈수록 사교육비 의존율은 높아지고 있다. 2019년 초중고 사교육비조사 결과를 보면 1인당 월평균 사교육비와 증가율에서 특히 고등학교가 초등이나 중학교보다 높게 나타났다(교육부, 2020.3.11일자 보도자료). 이는 대학입시를 목전에 둔 고등학생이 사교육에 가장 크게 의존하고 있음을 보여준다. 하지만 성기선과 김준엽(2010)은 사교육 투입시간과 성취와는 비례관계가 아님을 보고하면서 사교육은 스스로 학습시간을 확보하지 못하고 수동적이고 타율적인 학습을 강요받아 교과 즐거움이 떨어진다고 지적하였다. 이러한 상황에서 자기주도 학습능력은 학습자의 학습태도, 학습동기, 적극적인 문제해결력에 영향을 줌으로써 학업성취의 예언변인이 된다(윤정선, 박부진, 2014). 사교육과 선행학습의 역효과의 대안으로써 공교육에서 학습자의 자기주도 학습능력을 함양하는 것이 중요하다.

셋째, 21세기 교육환경의 변화 및 4차 산업사회와 관련하여, 인터넷, 스마트폰과 같은 매체의 일반화로 개별적 교육환경이 구축되어 학생들은 수동학습보다 자기주도 학습에 관심을 갖고 적응해 갈 수 있다. 폭발적으로 증가하는 지식 양을 과거 학습법으로는 해결이 불가능한 상황에서 유능한 학습자는 수시로 자기학습을 계획, 점검, 및 평가하는 자기주도성이 우수한 사람이다.

이 밖에도 최근 교육부가 2019년부터 5년 동안 고교학점제, 교육과정의 다양화, 온라인 공동교육과정, 고교교육 특별지구 선정 등 일반고 교육역량을 강화를 통하여 단위학교에서도 교수-학습과정에서 학생의 맞춤형 자기주도 학습능력의 차별적 적용을 강조하고 있다.

자기주도 학습능력은 그동안 교육학자들을 중심으로 인지, 동기, 행동 중심적 차원에서 활발히 연구되었다. 인지 중심 연구는 학습과정에서 자기 주도적으로 인지전략(시연, 정교화, 조직화), 메타인지전략을 효율적으로 사용하고 있음을 확인하였고 동기중심의 연구는 학습자의 학습동기, 자기효능감, 성취가치 등과 관련성이 있음을 밝혔다. 행동중심 연구는 학습자의 기간관리, 행동통제 등이 자기주도 학습능력의 행동으로 지속시키는 기능을 한다고 밝혔다. 따라서 자기주도 학습은 학습계획에서부터 평가까지 학습의 전 과정에서 학습자의 인지, 정의, 행동적 측면을 종합적으로 접근한 복합적인 이해가 필요하다(오상철, 이문복, 2009, Zimmerman, 2000).

그러나 자기주도 학습능력의 이론적 타당성에도 불구하고 고등학생을 대상으로 자기주도 학습능력에 대한 결정변인을 복합적으로 투입한 연구는 부족한 실정이다. 일반 고등학생들의 자기주도 학습능력을 함양시키는 대책을 모색하기 위해서는 학생들의 자기주도 학습능력에 대한 발달 양상을 먼저 이해해야 한다. 따라서 본 연구에서는 학생들의 자기주도 학습능력이 개인과 환경과의 상호작용을 통하여 형성된다고 전제하고, 부산광역시 종단자료를 활용하여 일반고 학생의 자기주도 학습능력, 자아존중 및 관계적응 변인 간의 종단적 변화 패턴을 자기회귀교차지연모형(autoregressive cross-lagged modeling)을 적용하여 검증하고자 하였다. 본 연구결과는 자기주도 학습역량, 자아존중 및 관계적응을 포함하는 일반고 교육과정 혁신 정책의 방향과 실천적 교육목표 설정에 중요한 시사점을 줄 것이다. 본 연구의 필요성을 충족하기 위한 연구문제는 다음과 같다.

첫째, 일반고 학생들의 자기주도 학습능력, 자아존중, 관계적응에서 시간의 흐름에 따른 안정성은 어떠한가?

둘째, 일반고 학생들의 자기주도 학습능력, 자아존중, 관계적응의 상호 인과관계는 시간의 흐름에 따라서 어떻게 나타나는가?

Ⅱ. 선행연구 고찰

1. 자기주도 학습능력

자기주도 학습은 Houle과 Tough를 중심으로 1960년대 후반 북미의 성인 교육 분야에서 등장하였다. 학교교육과 관련하여, 현정숙(1999)은 자기주도 학습과 관련한 요인들을 학습자 요인, 상황요인, 환경요인 간의 상호작용으로 보았다. 학습자요인은 학습자의 지적능력, 상황요인은 학습전략의 수립을 위한 학습 조력자와의 상호작용, 환경요인으로는 자기주도 학습이 가능한 시설 및 환경, 자료 활용의 다양화, 그리고 허용적인 교실분위기 등이 포함되었다. 또한, 정미경(2003)은 동기(자기효능감, 내재적 가치, 목표지향성, 시험불안), 인지(정교화, 점검, 시연), 행동(시간과 공부조절, 노력조절, 학습행동 조절)의 차원에서 자기주도 검사를 개발하였다. 이후, 이진영과 정제영(2019)은 중학생의 성별, 스스로 공부시간, 여가 및 취미활동 시간, 교외 봉사활동 여부, 부모의 양육행동, 사교육 참여, 학급 내 임원 활동 여부, 교사의 사기 및 열의 인식, 교사의 수업능력 인식, 학습자 중심 수업 방법, 교우관계 변인 등이 자기주도 학습능력에 긍정적인 영향을 준다고 보고했다. 이런 맥락에서 고등학생의 자기주도 학습능력에 대한 특성의 규명은 학습자 개인요인과 상황요인이 복합적으로 포함되어 연구되어야 함을 암시해준다.

이 연구에서는 선행연구 분석 결과를 토대로 자기주도 학습능력을 학습자 스스로 자신의 학습수요를 파악하고, 적합한 학습목표를 설정하고, 적절한 학습전략을 사용하여 학습을 수행하는 능력이라고 정의하였다. 그리고 자기주도 학습능력 변인과 정의적 영역의 자아존중, 학교환경의 관계적응의 상호작용을 분석하는 것으로 연구 모형을 설정하였다. 학습자는 개인과 환경과의 상호작용을 통하여 자기주도 학습능력을 도모하기 때문이다.

한편, 중·고등학생의 자기주도 학습능력의 발달과 관련하여, 정주영 외(2016)는 중학교 1학년부터 6년 동안 시간경로에 따라 통계적으로 유의한 정적 관계를 보고하였다. 중학교 1학년→중학교 2학년 경로에서 표준화 계수 값이 가장 낮고, 일반고 1학년→일반고 2학년 경로에서 가장 높았다.

2. 자아존중과 자기주도 학습능력

자아존중은 개인 자신이 누구인가에 대한 평가를 전제한 정의적 반응이다. 일반적으로 자아개념과 혼용하여 사용하기도 하는데, 자아개념이 자신이 누구인가에 대한 가치신념이라면, 자신의 가치와 능력을 긍정적으로 평가하는 자아존중이 높다고 할 수 있다(오수현, 2010). 즉, 자아개념에 대한 평가부분이 강조된다. 자신의 목표성취나 과제 성공으로 자신이 가치가 있다고 평가하는 것이다. 자기주도 학습과 관련하여 Knowles(1975)는 자기주도 학습능력이 높은 학생은 자아에 대한 이러한 긍정적인 관점을 갖는다고 설명하였다. 자아개념은 자기주도 학습능력과 정적 관계가 있고(최윤정, 김지은, 2012), 대학생의 자아존중이 자기주도 학습에 직접적으로 영향을 주며(정지은, 정철영, 2015), 중고등학생들의 자아존중은 자기주도 학습 능력에 많은 영향을 미쳤다(김지선, 김지영, 2015; 이진령 외, 2017). 또한 자아존중의 발달궤적은 크게 잘 변화되지 않는 속성을 갖는 연속성 가설(Cole et al., 2001)과 변화가 심하다는 변동가설(Harter, 1990)이 존재하였다. 자아존중은 타 변인들과 상호관계 속에서 영향을 주고받는 관계임에도 불구하고 주로 변인의 원인으로만 간주되어온 경향이 있다(정익중, 2007). 따라서 본 연구에서 종단 측면으로 자아개념과 자기주도 학습능력이 인과성을 더 탐색해볼 필요가 있다고 보았다.

3. 관계적응과 자기주도 학습능력

인간의 적응은 개인과 다양한 사회적 환경과의 상호의존적 과정을 의미한다(Lazarus,

1977). 일반고 학생들이 학교환경과 여건에서 자신의 욕구가 잘 충족되고 조절되어 개인의 성장문제에 잘 대처하면 적응을 잘한다고 말할 수 있다. 따라서 일반고에서의 관계적응은 학생들과 학교생활 환경과의 상호작용에 의해 영향을 받는다. 학교에서의 학습자의 적응은 관계성을 통하여 표출되는데, 학생과 교사는 학교생활에서 가장 많은 영향력을 미치는 대상이다. 학년이 변경됨에 따라 학생과 교사의 환경이 바뀌게 되면서 상호작용은 지속적으로 진행된다. 이처럼 일반 고등학생은 관계성을 형성하고 유지하는 과정에서 성격 등의 내적 요소뿐 아니라 외적인 환경에 의해서 영향을 받기 때문에 이는 학생과 교사와의 발달 경향을 통하여 알 수 있다(Jerome et al., 2008). 선행연구를 보면 학생의 관계성 발달궤적도 크게 안정성과 변화의 주장이 있다. 예컨대, 초등학교 저학년의 경우 교사가 바뀌어도 안정적 관계를 형성한다는 결과(Howes & Hamilton, 1992)가 있는가 하면, 초등학교에서 중학교로 성장하면 중학교의 물리적, 심리적 환경이 변화되어 학생과 교사와의 친밀한 관계 형성이 지속되지 못한다는 주장도 있다(Harter, 1996). 국내에서는 정병삼(2011)이 초등학교 4학년부터 5년 동안 교사와 학생 관계의 발달이 곡선형 형태의 감소세를 보인다고 보고했다. 이들 이론들을 보면, 일반고 학생들의 관계성 발달궤적은 대체로 안정성을 가지면서 개인차가 있을 것으로 예측할 수 있다.

한편, 자기주도 학습자는 학습 과정에서 홀로 형성되는 것이 아니며, 학습자원 활용을 위해 학생과 교사의 협력 및 도움 형성이 중요하다. 이와 같은 관계성 변인과 관련하여, 고교 학교생활 적응도가 높을수록 자기주도 학습 수준이 높고, 학교생활 적응 하위요인들 중 교우관계가 자기주도 학습에 대하여 가장 높은 설명력을 지니며(한상훈, 2006), 자기주도 학습은 관계성(교사-학생관계 및 또래관계)과 정적상관을 갖는다(안도희, 김유리, 2014). 이상과 같이, 학생들이 학교활동에서 발생할 수 있는 갈등을 해결하고 적극적이고 능동적으로 미래 생활을 준비하도록 학교생활적응이 긍정적 역할을 한다는 측면에서 학생의 자기주도 학습능력이 높으면 학교생활적응도 높을 것이라고 추론할 수 있다(정은이, 2020). 본 연구의 관계적응은 학생과 교사와의 관계이다.

4. 자아존중과 관계적응

고등학생의 건강한 삶을 유지하는데 있어서 긍정적인 자아존중을 갖게 하는 것은 무엇보다도 중요하다. 고등학생의 자아존중감은 주위 사람들과의 지속적인 상호작용을 통하여 순환적인 과정을 거쳐 형성된다(최윤선, 2001). 특히 고등학생들은 학교에서 교과 및 비교과 활동 과정을 통하여 중요한 타인과의 관계에 영향을 많이 받는데, 선행연구들 또한 대부분 자아존중과 학교생활에서의 관계적응은 긍정적인 상관관계를 보이는 것으로 나타났다(정명숙, 2015; 정주원, 2014; Kaplan, 1977). 최근 수시입학이 강조되면서 교사관계가 매우 중요하게 생각되고 있으므로 학생의 자아발달과 대인관계 효과에서 매우 긍정적인 요소이므로 (Hamachek, 1972), 교사의 태도가 학생의 자아존중에 유의미한 영향을 주게 되고(오수현, 2010), 고등학생의 자아존중과 교사의 지각은 유의한 상관관계가 있는 것으로 나타났다(이희망, 2016). 이상과 같이 자아존중과 학생 및 교사와의 관계적응은 긍정적인 관계가 있을 것으로 추정할 수 있다.

Ⅲ. 연구방법

1. 연구대상

이 연구는 부산교육종단연구(BELS: Busan Education Longitudinal Study)의 1차(2017년)~3차(2019년)년도 일반 고등학생의 자료를 활용하였다. 자료는 2단계 층화군집표집(cluster sampling with stratification) 방법으로 추적조사를 통해서 수집하였다. 자료의 결측치는 완전제거(listwise deletion)방식으로 제거하여 최종적으로 일반 고등학교 41개교 2,262명이며 남자 1,185명(약 52.4%)와 여자 1.077(47.6%)의 자료를 분석하였다.

2. 분석변인 및 코딩방법

본 연구는 부산교육종단연구 패널 자료 문항 중에서 연구변인은 인지적 요인으로 자기주도 학습능력, 정의적 영역으로서 자아존중, 학교환경 요인으로서 관계적응을 투입하였다. 변인의 각 하위영역 문항들의 신뢰도 범위는 모두 .81이상으로 나타났다. 연구모형 분석에 사용한 변인들과 코딩처리에 대한 설명은 <표 1>과 같다.

〈표1〉 연구변인 및 코딩 처리

변인	문항	코딩처리	신뢰도
자기주도 학습능력	나는 내가 필요한 정보를 찾는 방법을 알고 있다.	5단계 급간 평균 산출	α=.81(1차) α=.82(2차) α=.84(3차)
	나는 사물에 관해 호기심을 갖고 있다.		
	나는 내가 무엇을 배우고 싶은지 안다.		
	내 공부의 최종적인 책임은 내가 진다.		
	지금 공부가 잘 되고 있는지 아닌지를 판단할 수 있다.		
	지금 공부 하는 내용 중 부족한 부분을 언제 보충해야 할지 알고 있다.		
자아존중	가치 있는 사람이라고 생각한다.	5단계 급간 평균 산출	α=.84(1차) α=.86(2차) α=.85(3차)
	좋은 성품을 가졌다고 생각한다.		
	대부분 사람들처럼 일을 잘 할 수 있다.		
관계적응	학교친구들과 있을 때 마음이 편하다.	5단계 급간 평균 산출	α=.89(1차) α=.88(2차) α=.90(3차)
	나와 함께 놀아줄 학교 친구가 있다.		
	친구들로부터 많은 것을 배운다.		
	친구들에게 내가 원하는 것을 솔직히 말한다.		
	반 친구가 이야기할 때 귀담아 듣는다.		
	선생님들은 나에게 잘해주시려고 노력한다.		
	선생님들은 나에게 많은 관심이 있다.		
	선생님들과 편하게 대화할 수 있다.		

3. 자료분석

연구문제를 해결을 위하여 분석방법은 SPSS 21.0과 Amos 21.0 프로그램을 사용하였다. 우선, 본 연구의 관계적응 변인은 학생 5문항, 교사 3문항 등 총 8문항으로 구성되었는데,

측정변인이 많아서 다변량 정규성의 가정 충족, 모형 적합지수 값을 기대하기 위해 학생과 교사별 전체 문항 묶기(item parceling)를 실시했다. 측정변인이 많으면 모형의 기각확률이 크게 증가하기 때문이다(Russell, Kahn, Spoth, & Altmaier, 1998).

다음으로, 변인들의 기술통계와 상관분석을 실시하여 자료를 검토하였다.

또한, 일반고 고 1부터 고 3까지의 자기주도 학습능력과 자아존중 및 관계적응 간의 종단적인 상호인과관계를 확인하기 위해서 자기회귀교차지연모형(autoregressive cross-lagged modeling)을 분석하였다. 자기회귀교차지연모형은 특정 시점 값(t) 값이 그 전 시점(t-1)의 값에 의해서 설명되는 자기회귀모형(autoregressive model)을 다변량 모형으로 확장시켜 변인 간의 상호 지연효과(cross-lagged effect)를 추정한다(Kenneth, Wood, Wood, & Raskin, 1996). 자기회귀교차지연모형은 시간적 선행성이 고려되고, 독립변인과 종속변인들의 이전의 관계를 통제한 후, 효과를 추정하므로 변인들 간 쌍방향적 인과관계를 검증할 수 있다(Curran, 2000). 이는 잠재변수가 시간에 따라서 변화하지 않는 측정 불변성이 가정되기 때문이다(홍세희 외, 2007). 종단자료에서 자주 발생되는 결측치의 문제해결을 위하여 모형 추정방법으로 완전최대우도법(full information maximum likelihood, FIML)을 적용했다(Enders & Bandalos, 2001). 모형적합도 지수에서 표본크기에 민감하게 반응하는 χ^2값은 참고만 하고, 모형간명성을 기준으로 TLI(Tucker Lewis Index), CFI(Comparative Fit Index), RMSEA(Root Mean Square Error of Approximation)을 살펴보았다. TLI, CFI 값이 .90 이상, RMSEA 값이 .06 이하면 일반적으로 우수한 모형이다(홍세희, 2000; Hu & Bentler, 1999). 최적의 자기회귀 교차지연모형의 결정은 측정동일성(metric invariance), 경로동일성(path invariance), 오차 공분산동일성(error covariance invariance)의 순서대로 확인했다(김계수, 송태민, 2012). 경쟁모형을 보면, 종단자료를 활용할 경우 오차항 사이의 공분산이 허용되기 때문에 모형2~모형4는 측정변인의 오차 간 상관을 설정하였다(Pitts, West, & Tein, 1996). 모형 간 비교는 차이($\triangle\chi^2$)검증을 참고하였고, 표집 크기에 민감하지 않은 CFI 차이검증을 함께 활용하였다. CFI 차이(△CFI)는 .01 이상의 값 차이가 나타나지 않을 경우 동일성이 성립한다고 가정된다(Cheung & Rensvold, 2002). 본 연구에서 설정한 경쟁모형 16개 자기회귀교차지연의 모형은 [그림 2], 표는 <표 2>와 같다.

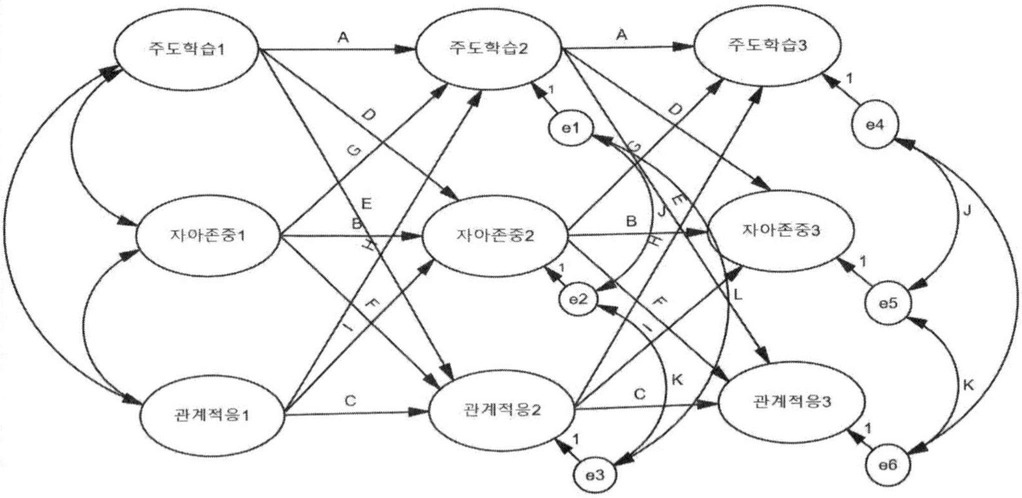

주: 측정변인, 측정변인 간 오차상관은 생략함

[그림1] 자기주도 학습능력과 자아존중 및 관계적응 간 자기회귀교차지연모형

〈표 2〉 연구변인들 간 자기회귀지연효과 모형 검증을 위한 경쟁모형

모형	동일화 제약 경쟁모형
[모형1]	측정변인의 오차 간 모든 공분산을 제외한 기본모형
[모형2]	[모형1] + 자기주도 학습능력의 측정변인에 대한 요인적 재치(Factor Loading)를 시점별로 동일하게 제약한 모형
[모형3]	[모형2] + 자아존중의 측정변인에 대한 요인 적재치(Factor Loading)을 시점별로 동일하게 제약한 모형
[모형4]	[모형3] + 추가해서 관계적응의 요인적재치(Factor Loading)을 시점별로 동일하게 제약한 모형
[모형5]	[모형4] + 자기주도 학습능력의 자기회귀계수(A)에 대하여 동일성을 제약한 모형
[모형6]	[모형5] + 자아존중의 자기회귀계수(B)에 대하여 동일성을 제약한 모형
[모형7]	[모형6] + 관계적응의 자기회귀계수(C)에 대하여 동일성을 제약한 모형
[모형8]	[모형7] + 자아존중에 대한 자기주도 학습능력의 자기회귀계수(D)에 대하여 동일성을 제약한 모형
[모형9]	[모형8] + 관계적응에 대한 자기주도 학습능력의 자기회귀계수(E)에 대하여 동일성을 제약한 모형

모형	동일화 제약 경쟁모형
[모형10]	[모형9] + 관계적응에 대한 자아존중의 자기회귀계수(F)에 대하여 동일성을 제약한 모형
[모형11]	[모형10] + 자기주도 학습능력에 대한 자아존중의 자기 회귀계수(G)에 대하여 동일성을 제약한 모형
[모형12]	[모형11] + 자기주도 학습능력에 대한 관계적응의 자기회귀계수(H)에 대하여 동일성을 제약한 모형
[모형13]	[모형12] + 자아존중에 대한 관계적응의 자기회귀계수(I)에 대하여 동일성을 제약한 모형
[모형14]	[모형13] + 자기주도 학습능력과 자아존중 간의 오차 공분산(J)에 대하여 동일성을 제약한 모형
[모형15]	[모형14] + 자아존중과 관계적응 간의 오차 공분산(K)에 대하여 동일성을 제약한 모형
[모형16]	[모형15] + 자기주도 학습능력과 관계적응 간의 오차 공분산(L)에 대하여 동일성을 제약한 모형

Ⅳ. 결과 및 논의

1. 결과

가. 기술통계 및 상관분석

본 연구에서 분석한 측정변인들의 기술통계는 <표 3>과 같다. 자기주도 학습능력과 자아존중의 3년 간(2016~2018)의 자료에서 2차 시점의 평균이 가장 높고 1차 시점의 평균이 가장 낮았다. 자기주도 학습능력과 자아존중 변인 모두 2차 시점이 가장 높고 3차 시점과 1차 시점 순이었다. 하지만 관계적응에서는 1차 시점의 평균이 가장 높고 2차 시점과 3차 시점의 순서였다. 즉, 자기주도 학습능력과 자아존중은 증가하다 감소하고, 관계적응은 지속적으로 감소하는 양상을 보였다. 본 연구 자료의 왜도(skewness)는 −.681에서 −.224까지 부적 분포하였고, 첨도(kurtosis) 역시 −.277에서 1.516까지 분포하고 있어 모형분석에 필요한 정규성 조건인 왜도 절대 값 2이하, 첨도 절대 값 7이하를 충족하여(홍세희, 2000) 자료의 변환은 하지 않았다.

〈표 3〉 측정변인의 기술통계

측정변인	1차 시점 (2017년)				2차 시점 (2018년)				3차 시점 (2019년)			
	M	SD	왜도	첨도	M	SD	왜도	첨도	M	SD	왜도	첨도
자기주도 학습능력	23.51	3.67	−.449	1.152	23.81	3.57	−.274	.627	23.75	3.69	−.289	.611
자아존중	12.30	2.21	−.498	−.234	12.41	2.24	−.617	.001	12.34	2.29	−.681	.320
관계적응	15.91	2.59	−.224	−.046	15.60	2.67	−.415	.622	15.52	2.77	−.173	−.260

측정변인 간 상관관계는 〈표 4〉와 같다. 분석결과, 자기주도 학습능력, 자아존중 및 관계적응의 세 시점 상관 가능한 모든 경우에서 .01수준의 통계적으로 유의미한 정적 상관을 보였다. 특히, 각 시점의 측정변인들은 이전, 이후 시점의 동일한 변인과 타 변인들과도 유의한 상관관계를 보이고 있었다. 또한, 연구변인 간, 그리고 타 연구변인들 간의 상관이 학년별로 상관의 정도가 다소 다르게 표출되었다. 따라서 연구변인들 간 시간흐름에 따른 인과관계의 양상이 다소 다를 것이라고 추정할 수 있다.

〈표 4〉 측정변인의 상관관계

변인	s1	s2	s3	e1	e2	e3	a1	a2	a3
s1	1								
s2	.564**	1							
s3	.508**	.527**	1						
e1	.478**	.352**	.361**	1					
e2	.342**	.440**	.379**	.609**	1				
e3	.318**	.351**	.509**	.537**	.617**	1			
a1	.445**	.344**	.338**	.486**	.403**	.357**	1		
a2	.324**	.427**	.393**	.379**	.511**	.418**	.524**	1	
a3	.298**	.301**	.455**	.353**	.420**	.497**	.477**	.574**	1

** $p<.01$

* s: 자기주도 학습능력, e: 자아존중, a: 관계적응(숫자는 시점 의미)

나. 연구변인 간 종단효과 검증 결과

연구모형의 동일성 검증은 단계적으로 기본모형(모형1)의 적합성을 확인하면서 [모형2]부터 [모형4]까지 측정동일성 검증으로 시간흐름에 따른 잠재변인의 개념이 동일한지를 알아보았다. [모형5]부터 [모형13]까지 경로동일성 검증으로 한 시점의 잠재변인이 다른 시점에서의 잠재변인에 미치는 영향이 시간흐름에 따라서 일정하게 진행되는지를 확인하였다. 자기회귀 계수가 시점별 동일한지는 [모형5]부터 [모형7]까지이고 [모형8]부터 [모형13]까지는 잠재변인 간 교차회귀 계수가 시간흐름에 따라서 동일한지를 검증한 것이다. 끝으로 오차공분산 동일성 검증은 [모형14]부터 [모형16]까지이다. 이는 잠재변인들의 오차항 간 공변량이 시간흐름에 따라서 동일한지를 검증한 것이다.

분석한 결과를 정리하면 <표 5>와 같다. 경쟁모형의 비교는 χ^2 값을 참고하였고, 표본 크기에 영향을 덜 받는 TLI(Tucker-Lewis Index)와 CFI(Comparative Fit Index), 및 RMSEA(Root Mean Error of Approximation) 값을 종합적으로 판단하여 해석했다. TLI 및 CFI 값이 .90이상이면 좋은 적합도를 해석하고 RMSEA 값은 .05보다 작을수록 좋은 적합도이다(Hu & Bentler, 1999). 특히, CFI 값이 이전 모델보다 .01을 초과하여 감소하지 않으면 동등화 제약은 기각되지 않고(Cheoung & Rensvold, 2002), 본 연구의 모형별 통제 결과에서 기본모형과 [모형 2]와 [모형 2]와 [모형 3]의 $\triangle\chi^2$값이 통계적으로 유의하였으나 TLI, CFI, RMSEA 값을 종합적으로 판단하여 시간흐름에 따른 측정동일성이 충족되었다고 판단하였다. 그리고 자기주도 학습능력, 자아존중과 관계적응의 자기회귀계수의 동일성을 검증한 [모형 4]와 [모형 5] 역시 $\triangle\chi^2$값의 통계적 유의성에도 불구하고 TLI, CFI, RMSEA 적합도 지수를 고려하여 시간흐름에 따른 측정동일 시간흐름에 따라 안정적이라고 판단했고, 잠재변인들 간의 교차지연 효과를 비교한 [모형 7]과 [모형 8]과 [모형 8]과 [모형 9], [모형 11]과 [모형 12] 또한 $\triangle\chi^2$값의 통계적으로 유의했으나 TLI, CFI, RMSEA 적합도 지수가 양호하여 시간흐름별 동일하다고 볼 수 있다. 이 밖에도 모형의 간명성을 토대로 오차공분산을 동일하게 통제한 [모형 13]과 [모형 14], [모형 14]와 [모형 15] 간의 $\triangle\chi^2$값이 통계적으로 유의미한 차이가 있었으나 TLI, CFI, RMSEA 적합도 지수 등이 나빠지지 않아서 [모형 16]을 최종적으로 결정하였다.

〈표 5〉 자기주도 학습능력과 자아존중 및 관계 적응 간의 인과관계 분석 결과

모형	χ^2(df)	$\triangle\chi^2$	△df	TLI	CFI	RMSEA
[모형1]	865.816(270)			.974	.972	.030
[모형2]	944.513(276)	78.697	6	.967	.976	.034
[모형3]	948.943(280)	4.43	4	.967	.976	.034
[모형4]	949.682(282)	.739	2	.968	.976	.033
[모형5]	958.224(283)	8.542	1	.967	.976	.034
[모형6]	959.029(284)	.805	1	.967	.976	.033
[모형7]	959.552(285)	.523	1	.968	.976	.033
[모형8]	967.261(286)	7.699	1	.967	.975	.034
[모형9]	971.562(287)	4.301	1	.967	.975	.033
[모형10]	971.628(288)	.066	1	.967	.975	.033
[모형11]	971.643(289)	.015	1	.968	.975	.033
[모형12]	975.724(290)	4.081	1	.968	.975	.033
[모형13]	975.741(291)	.017	1	.968	.975	.033
[모형14]	980.675(292)	4.934	1	.968	.975	.033
[모형15]	983.089(293)	2.414	1	.968	.975	.033
[모형16]	984.047(294)	.958	1	.968	.975	.033

다. 최종 모형의 구조계수 추정

본 연구에서 최종모형으로 결정된 [모형 16]을 통하여 자기주도 학습능력과 자아존중 및 관계적응 간 상호 인과관계에 따른 종단변화의 구조계수를 추정하였으며 그 결과는 다음 〈표 6〉, [그림 3]과 같다.

먼저, 시간흐름에 따라서 잠재변인들은 안정적 관계를 갖고 있었다. 하지만 안정성을 의미하는 자기회귀계수에서는 크기가 상대적 차이가 있으므로 안정성의 정도에서는 차이가 있었다. 즉, 관계적응이 가장 안정적이고(β' s= .615, .613, $p<.001$), 다음으로 자아존중(β' s= .518, .528, $p<.001$)이고 자기주도 학습능력(β' s= .483, .464 $p<.001$) 순서이었다. 그리고 자아존중의 학년별 안정성은 시간흐름에 따라서 상대적으로 다소 높아지고 있었지만 자기주도 학습능력과 관계적응은 시간흐름에 따라서 상대적으로 낮아지는 경향성이

있었다.

다음으로, 자기주도 학습능력, 자아존중, 관계적응 변인 간 상호예언을 의미하는 교차지연 효과 계수들을 보면 인과관계의 패턴에 차이가 존재하였다. 구체적으로 보면, 이전 시점의 자기주도 학습능력은 다음 시점의 자아존중과 관계적응에 대하여 모두 통계적 영향이 없었다. 그리고 이전 시점의 자아존중은 다음 시점의 자기주도 학습능력을 통계적으로 유의한 예측력이 없었다. 즉, 자기주도 학습능력과 자아존중은 상호인과관계의 예측변인이 아니었다. 하지만 이전 시점의 자아존중은 다음 시점의 관계적응을 정적으로 유의하게 영향을 주었다(β' s= .142, .138, p<.001). 또한, 이전 시점의 관계적응은 다음 시점의 자아존중을 정적으로 유의하게 예측했다(β' s= .208, .213, p<.001). 따라서 자아존중과 관계적응 변인은 상호인과관계에 의한 영향변인이었다. 한편, 이전 시점의 자기주도 학습능력이 다음 시점의 관계적응을 유의하게 예측하지 못했지만 이전 시점의 관계적응은 다음 시점의 자기주도 학습능력을 정적으로 예측하는 변인이었다(β' s= .169, .173, p<.001). 즉, 관계적응이 자기주도 학습능력에 미치는 인과적 영향력을 갖는 변인임을 추측할 수 있다.

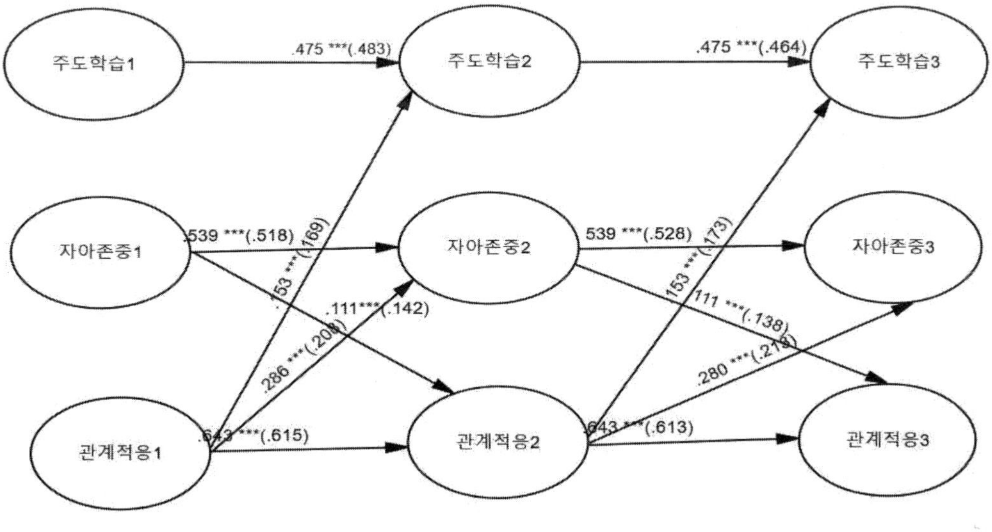

주: 측정모형의 요인부하량과 오차공분산 생략했고, 통계적으로 유의하지 않은 경로는 생략함. ( )은 표준화 계수. *** p<.001

[그림 3] 자기회귀교차지연 최종 모형 구조계수

〈표 6〉 최종모형의 구조계수 추정치 결과

경로	비표준화 계수(b)	표준오차	표준화 계수(β)
자기주도 학습능력2 ← 자기주도 학습능력1	.475***	.024	.483
자아존중2 ← 자기주도 학습능력1	.000	.031	.000
관계적응2 ← 자기주도 학습능력1	−.012	.030	−.011
자아존중2 ← 자아존중1	.539***	.026	.528
자기주도 학습능력2 ← 자아존중1	.031	.019	.047
관계적응2 ← 자아존중1	.111***	.026	.142
관계적응2 ← 관계적응1	.643***	.046	.613
자기주도 학습능력2 ← 관계적응1	.153***	.032	.169
자아존중2 ← 관계적응1	.286***	.043	.208
자기주도 학습능력3 ← 자기주도 학습능력2	.475***	.024	.464
자아존중3 ← 자기주도 학습능력2	.000	.031	.000
관계적응3 ← 자기주도 학습능력2	−.012	.030	−.010
자아존중3 ← 자아존중2	.539***	.026	.528
자기주도 학습능력3 ← 자아존중2	.031	.019	.046
관계적응3 ← 자아존중2	.111***	.026	.138
관계적응3 ← 관계적응2	.642***	.046	.613
자기주도 학습능력3 ← 관계적응2	.153***	.032	.173
자아존중3 ← 관계적응2	.286***	.043	.213

2. 논의

본 연구의 자기주도 학습능력, 자아존중 및 관계적응 등의 변인들은 일반 고등학생이 학교 교육과정에서 개인의 성장과 밀접하게 관련된 심리적 변인들이다. 특히 자기주도 학습능력은 학생의 인지, 정의 및 환경의 상호작용으로 형성된다는 전제로 정의적 영역의 자아존중, 학교 환경의 관계적응 등과 함께 시간흐름에 따라서 종단적인 변화의 안정성을 살펴보고 변인 들이 상호인과 관계의 방향성을 분석하였다. 연구문제의 결과에 앞서 연구변인들 간의 상관관계를 보면, 3개 학년 동안 모든 변인 간 상관이 중간(.298~.609) 정도로써 통계적으로 유의하였다. 본 연구결과는 자아개념과 자기주도 학습능력과 정적상관을 주장한 최윤정과 김지은(2012), 자기주도 학습은 관계성(교사-학생관계 및 또래관계)과 정적상관을 보고한 안도희와 김유리(2014), 자아존중과 학교생활에서의 관계적응은 긍정적 상관관계를 갖는다고 보고한 정주원(2014)과 정명숙(2015)의 연구와 같은 결과이었다. 하지만 이는 변인 간의 상관을 의미할 뿐 구체적으로 인과관계를 의미한 것이 아니고 모두 횡적 연구에 바탕을 둔 것이다. 본 연구에서는 연구변인들의 종단적인 발달과 상호인과관계를 다음과 같이 논의하였다.

먼저, 연구문제 1번을 해결하기 위하여 연구모형을 설정하여 동일성(측정, 경로, 오차공분산) 검증을 거친 후 모형의 간명성을 고려한 최종 모형을 선정하였다. 이를 위해 자기주도 학습능력과 자아존중 및 관계적응은 시간흐름에 따라 안정성을 확인했다. 자기주도 학습능력과 관계적응은 표준화 계수 값이 낮아지고, 자아존중의 표준화 계수 값이 증가했다. 종합적으로 자기주도 학습능력, 자아존중, 관계적응 모두 종단발달 과정에서 연속성(continuity)을 갖고 있었다.

구체적으로 자기주도 학습능력의 안정성 결과는 서울지역 일반고 학생의 1, 2학년의 성장의 안정성을 보고한 정주영 외(2016)의 주장과 일치하고, 경기 고등학생을 대상으로 다층자료 분석을 통하여 자기주도 학습능력이 낮아짐을 보고한 박춘성과 김진철(2016)의 결과와도 일치한다.

자아존중 변인 역시 학년별 안정성을 확인하였다. 특히, 시간흐름에 따라서 표준화계수 값의 증가는 자아존중 변인이 상대적으로 안정적이며 변화정도가 낮은 편이라고 보고한 Cole 등(2001), 정익중(2006)과 같은 결과이다. 그러나 중학교 2학년부터 고교 1학년까지 선형변화 모형을 보고한 정익중(2007)의 결과와는 차이가 있다. 따라서 자아존중 변인이 급격하게 변화하는 않는 특성을 갖는다하더라고 학령에 따라서 변동가설과 연속성 가설에 대한 연구는 더 필요하다.

관계성 변인의 발달궤적 역시 안정성을 보이고 있는데, 이는 관계성 변인의 안정성을 주장한 Howes & Hamilton(1992)의 설명과 동일하다. 그러나 초등학교 4학년부터 중학교 2학년까지 완만하게 감소하다 후반에 급격하게 감소 경향을 보인다고 보고한 정병삼(2011)의 결과와는 다소 다르다. 정병삼(2011)의 연구는 초등학교에서 중학교로 학교체제가 바뀌면서 나타나는 물리적, 심리적 환경의 변화를 반영하고 있지만 본 연구대상은 일반고 3년 동안의 비교적 환경변화가 적은 것과 다르다는 점을 고려해볼 필요가 있다. 즉, 관계성 변인은 일반적으로 안정성을 갖으나 환경변화에 따른 개인차가 존재한다고 볼 수 있다.

다음으로, 연구변인들 간의 상호인과관계를 교차지연효과 계수들로 확인하였다. 자기주도 학습능력은 다음 시점의 자아존중과 관계적응에 영향을 주지 못했다. 특히, 이전 시점의 자아존중은 다음 시점의 자기주도 학습능력에 영향을 주지 않았다. 즉, 자기주도 학습능력은 고등학생이 주체가 되어서 학습을 전체적으로 통제하고 조절하는 것으로써 개인행동에 초점을 두고 있으나 고등학생들의 사고나 태도에 포함되는 가치판단인 자아존중은 개인보다 사회행동에 더 많은 영향을 주는 변인이라는 점을 보면 상호 독립적인 특성을 보인다고 볼 수 있다. 따라서 자아존중을 높이기 위하여 자기주도 학습능력 프로그램을 맹목적으로 진행하거나 자기주도 학습능력을 높이기 위하여 무조건적으로 자아존중 프로그램을 진행하는 것은 효과가 없을 수 있다. 이는 자아존중 변인이 사회적 행동으로 발달되기 때문에(Mason, 2001), 자아존중의 만능주의적인 처방이 아님을 보여준다. 하지만 자아존중과 관계적응은 상호인과관계가 있었다. 그리고 특히, 관계적응은 자기주도 학습능력의 예측변인이 되었다. 이는 자기주도 학습능력이란 독자적으로 형성되는 것이 아니라는 점을 암시해 준다. 즉, 친구나 교사와의 관계 속에서 자기주도 학습역량을 함양될 수 있다. 자기존중 역시 타인과의 상호작용을 통하여 발전됨을 알 수 있다. 즉, 학교생활에서 사회성을 함양하는 것은 자신을 존중함에도 매우 의의를 지닌다고 볼 수 있다.

V. 결론 및 제언

1. 결론

이 연구는 일반고 학생의 자기주도 학습능력과 자아존중 및 관계적응 간 종단적 인과관계를 분석하기 위해 실시되었다. 연구를 위해 부산교육종단연구의 1차(2017년)년도부터 3차(2019년)년도 일반 고등학생의 자료를 활용하였으며, SPSS 21.0과 Amos 21.0 프로그램을 사용하여 기술통계, 상관관계, 자기회귀교차지연 분석을 실시하였다. 연구 결과는 다음과 같다.

첫째, 시간흐름에 따라서 잠재변인들은 안정적 관계를 갖고 있었다. 구체적으로 관계적응이 가장 안정적이고, 자아존중, 자기주도 학습능력 순이었다. 그리고 자아존중의 학년별 안정성은 시간흐름에 따라서 상대적으로 향상되었지만, 자기주도 학습능력과 관계적응은 시간흐름에 따라서 상대적으로 감소하는 경향성이 있었다.

둘째, 자기주도 학습능력, 자아존중, 관계적응 변인 간 상호예언을 의미하는 교차지연효과 계수들을 분석한 결과, 자기주도 학습능력과 자아존중은 상호인과관계의 예측변인이 아니라고 추측할 수 있다. 그러나 자아존중과 관계적응 변인은 상호인과관계에 의한 영향변인임을 확인할 수 있었다. 마지막으로 관계적응이 자기주도 학습능력에 미치는 인과적 영향력을 갖는 변인이라고 추측된다.

2. 정책적 제언

본 연구의 결과와 논의를 통하여 다음과 같은 정책적 제언을 한다.

첫째, 연구변인들이 쉽게 변하지 않는 안정성을 갖는 특성에도 불구하고 일반 고등학생들이 시간이 흐를수록 자아존중이 증가되는데 비해서 상대적으로 자기주도 학습능력과 관계적응은 낮아지는 경향성을 지녔다. 이는 입시위주환경에서 야기되는 자기주도 학습능력이 향상되고 타인존중이 실천되는 교육과정의 적용이 필요함을 의미한다.

둘째, 자기주도 학습능력과 타인존중의 강조되는 교육과정은 두 변인의 관계에서 잘 나타난다. 즉, 자기주도 학습능력은 타인과의 관계성을 통하여 증진된다. 이는 학생들 간 협동학습과 조별 수행평가, 동아리 활동에서의 교사관계, 학생과 교사가 상호 존중되는 학생성장 중심의 교육과정이 중요한 이유가 된다.

참고문헌

교육부 (2019). 고교서열화 해소 및 일반고 교육역량 강화 방안 발표.

교육부 (2020). 2019년 초중고 사교육비조사 결과 발표.

김계수, 송태민(2012). 구조방정식모형을 이용한 한국복지패널 활용방안 : 교차타당성과 자기회귀교차 지연 모형을 중심으로. *보건복지포럼, 187호,* 61-77.

김계현 (2000). 상담심리학연구: 주제론과 방법론. 서울: 학지사.

김동일, 안예지, 오지원, 윤지수, 박새미, 최수미 (2018). 학습전략이 학업성취에 미치는 영향. *교육문화연구, 24*(5), 57-82.

김지선, 김지영 (2015). 중 · 고등학생의 자기주도학습, 교사사기, 건강 및 진로의식 간의 관계 분석, *홀리스틱융합교육연구, 19*(4), 33-60.

남순현, 양은주, 권정혜 (2013). 사회침투이론에 근거한 온라인 대인관계의 발달단계에 관한 탐색적 연구. *인간발달연구, 20*(2), 125-151.

박춘성, 김진철(2016). 혁신학교와 일반학교 학생의 자기주도 학습능력, 생활관리, 진로성숙도 및 학교 만족도의 변화에 대한 탐색적 종단연구. *교육문화연구, 22*(2). 49-76.

성기선, 김준엽(2010). 고등학생들의 사교육 참여 시간과 학업취도와의 관련성 비교 연구: 한국, 일본, 핀란드 과학성취도를 중심으로. *교육사회학연구, 20*(1), 103-126.

안도희, 김유리(2014). 청소년들의 자기주도학습, 관계성, 자아개념 및 학업성취 간의 관계. *교육학연구, 52*(1). 1-25.

오상철, 이문복(2009). *중 · 고등학생의 자기주도학습능력 향상 방안 연구.* 서울: 한국교육과정평가원.

오수현(2010). 청소년의 자아존중에 영향을 주는 요인 분석. 한국교원대학교 석사학위논문.

윤정선, 박부진(2014), 대학생을 위한 자기주도학습 능력 향상 프로그램의 중재및 효과, *정서·행동장애연구, 30*(2), 12-142.

이정민, 정혜원 (2017). 성장혼합모형을 적용한 초기 청소년의 공동체의식 유형분류 및 영향요인 검증. *교육방업연구, 29*(2), 257-283.

이진령, 강승희, 윤소정 (2017). 혁신학교 학습자의 자기주도학습에 영향을 미치는 요인의 구조적 관계. *예술인문사회 융합 멀티미디어, 7*(3), 743-755.

이진영, 정제영(2019). 자기주도학습 능력에 영향을 미치는 변인 분석. *교육행정학연구, 37*(2), 197-221.

이희망(2016). 고등학생의 자아존중, 학생이 지각하는 교사의 태도와 발표불안의 관계. 영남대학교 교육대학원 석사학위논문.

정명숙(2015). 영적 안녕과 자아존중이 고등학생의 학교생활적응에 미치는 영향. *한국심리학회지:발달, 28*(4), 55-70.

정송, 이금주, 홍세희 (2014). 성장혼합모형을 적용한 청소년의 학교 만족도변화 유형화 및 영향요인 검증. *청소년학연구, 21*(7), 193-216.

정윤선, 양명희(2014). 우리나라 고등학생의 자기조절학습 유형 탐색. *한국심리학지: 학교, 11*(3), 499-519.

정은이(2020). 학습동기와 자기주도학습능력이 학교생활적응에 미치는 영향: 초 · 중 · 고 학생의 비교. *학습자중심교과교육연구, 20*(3), 815-840.

정익중(2006). 자아존중감과 청소년비행 간의 상호적 영향. *사회복지연구 제31*, 133~159.

정익중(2007). 청소년기 자아존중감의 발달궤적과 예측변인. *한국청소년연구, 18*(3), 127-166.

정주영(2015). 특성화 고등학생의 자기주도학습능력과 진로성숙도 간 자기회귀교차지연 효과검증. *직업교육연구, 34*(3), 135-150.

정주원(2014). 고등학생의 학교생활적응과 진로성숙과의 관계에서 자아존중의 매개효과에 관한 연구. *한국가정과교육학회지, 26*(1), 101-118.

정지은, 정철영(2015). 대학생의 진로적응성과 사회적지지, 자아존중 및 자기주도학습의 인과적 관계. *농업교육과 인적자원개발, 47*(1), 79-96.

최윤정, 김지은(2012). 중 · 고등학생의 진로발달 관련 변인 및 진로교육 경험과 자기주도 학습태도와의 관계. *아시아교육연구, 13*(2), 81-106.

한상훈(2007). 성인학습자의 학습동기와 자기주도학습의 관계. *학습자중심교과교육 연구, 7*(2), 355-374.

홍세희(2000). 구조방정식 적합도 지수 선정 기준의 근거. *한국심리학회지, 19*(1), 167-177.

홍세희, 박민선, 김원정(2007). 인터넷 중독과 부모와의 의사소통 사이의 자기회귀 교차지연 효과검증. 성별간 다집단 분석. *교육심리연구. 21*(1), 129-143.

Chamot, A. U. (1987). The learning strategies of ESL Students, In a Wenden & J. Rubin (Eds). *Learner strategies in language learning* (pp. 71-83).

Cole, D. A., Maxwell, S. E., Martin, J. M., Peeke, L. G., Seroczynski, A. D., Tram, J. M., Hoffman, K. B., Ruiz, M. D., Jacquez, F., & Maschman, T.(2001). The development of multiple domains of child and adolescent self-concept: A cohort sequential longitudinal design. *Child Development, 72*(6), 1723~1746.

Deci, E. L., & Ryan, R. M (1985). *Intrinsic motivation and self-determination in human behavior.* new York: Plenum Press.

Duncan, T. E., Duncan, S. C., & Strycker, L. A. (2006). *An introduction to latent variable growth curve modeling: Concepts, issues, and application* (2nd ed.). Mahwah, NJ: Lawrence Erlbaum Associates.

Eaglewood Cliffs, NJ: Prentice-Hall. Zimmerman, B. J., & Martinez-Pons, M. (1990). Student differences in self-regulated learning: Relating, grade, sex, and giftedness to self-efficacy and strategy use. *Journal of educational psychology, 82*(1), 51-59.

Enders, C. K., & Bandalos, D. L. (2001). The relative performance of full information maximum likelihood estimation for missing data in structural equation models. *Structural Equation Modeling: A Multidisciplinary Journal, 8*(3), 430–457.

Kaplan, B. H., Cassel, J. C., & Gore, S (1977). Social Support and Health. *Medical Care, 15*(5), 47–58.

Kenneth, S., Wood, M. D., Wood, P. K., & Raskin, G.(1996). Alcohol outcome expectancies and alcohol use: A latent variable cross–lagged panel study. *Journal of Abnormal Psychology, 105*(4), 561–574.

Knowles, M. S. (1975). *Self–directed learning: a guide for learners and teachers.* NY: Association Press.

Harter, S. (1990). Identity and self development. In S. Feldman & G. Elliott(Eds.), *At the threshold: The developing adolescent*(pp.352–387). Cambridge, MA: Harvard University Press.

Hamachek, D. (1972). *Human Dynamics in Psychology and Education.* E, Allyn and Bacon, Inc.

Huston, T. L., & Levinger, G. (1978). Interpersonal attraction and relationships. *Annual Review of Psychology, 29,* 115–156.

Jerome, E. M., Hamre, B. K., & Pianta, R. C.(2008). Teacher–Child relationships from kindergarten to six grade: early childhood predictors of teacher–perceived conflict and closeness. *Social Development, 18*(4), pp. 915–945.

OECD (2003). *Learners for life: Student approached to learning.*

Russell, D., Kahn, J., Spoth, R., & Altmaier, E. (1998). Analyzing data from experimental studies: A latent variable structural equation modeling approach. Journal of Counseling Psychology, 45(1), 18–29.

Zimmerman, B. J. (2000). Attaining self–regulation: A social cognitive perspective. In M. Boekaerts, P. R. Pintrich, & M. Zeidner (Eds.), *Handbook of self–regulation*(pp. 13–39). San Diego, CA: Academic Press.

일반 고등학생의 진로성숙도와 그릿 간의 종단적 인과관계 및 결정변인[1)]

< 요 약 >

본 연구는 대구교육종단연구 1차(2017년)~3차(2019년)의 일반 고교생 1,899명의 자료를 활용하여 진로성숙도와 그릿의 변화양상, 변인들 간의 상호 인과관계에 의한 변화, 진로성숙도의 성장궤적의 특징과 이에 미치는 학생의 자기관리의 영향력을 자기회귀교차지연효과(Autoregressive Cross-lagged Effects model), 다변량 잠재성장모형(MultivariateLlatent Growth Model)을 통하여 확인하였다. 연구결과는 다음과 같다.

우선, 진로성숙도, 그릿(노력지속과 흥미일관성)은 성장하고 안정성을 지녔다. 다음으로, 진로성숙도과 그릿의 인과관계에서 진로성숙도는 원인이 아니라 결과 변인이고 그릿의 하위변인 중 노력지속이 원인 변인이었다. 그릿의 노력지속과 흥미일관성의 변화는 1학년과 2학년 간에서만 상호 인과관계를 갖고 있으며 이후에는 노력지속만이 독립변인의 역할을 하였다.

이 밖에도, 진로성숙도는 선형변화 궤적이 적합했고, 초기값과 변화율에서 개인차가 존재하였다. 초기값과 변화율의 공분산은 부적 관계이었고, 진로성숙도의 초기값에 대하여 자기주도 학습시간, 독서시간 및 부모와의 대화시간이 긍정적 결정 변인이고, 변화율에는 독서시간이 부적으로 영향을 주는 변인이었다.

본 연구결과를 토대로 진로성숙도 함양에 대한 학교 맞춤형교육과정의 효과성, 그릿의 흥미일관성의 문항 검토를 제안하였다.

주제어 : 진로성숙도, 그릿. 노력지속성. 흥미일관성. 잠재성장모형

1) 2020년 제1회 대구교육종단연구 학술대회 발표 논문

Ⅰ. 서론

고교학점제와 학생선택 중심 교육과정 등 일반고에서 일고 있는 교육과정 혁신의 중심에는 일반 고등학생이 자기 주도적으로 진로성숙도를 함양하는 것이다. 인간은 생애에 걸쳐서 발달이 진행되듯이, 진로 또한 전 생애 동안 성숙하면서 발달한다. 고교 시기는 진로성장 또는 진로탐색 시기의 과정(Super, 1990)으로 고등학교 졸업 이후 인생의 진로방향에 절대적인 영향을 준다. 진로성숙은 발달의 연속선상에서 발달단계마다 수행해야 하는 직업발달 과업, 진로선택, 진로계획의 준비도, 직업 세계를 충분히 이해하고 이를 자신과 통합하고 조정할 수 있는 능력이다(Super, 1955)라고 보았다. 진로성숙은 개인이 추구하는 인생목표와 연계하여 진로계획 과정에서 동일한 발달단계의 수행에서 나타나는 상대적 위치이다(김봉환 외, 2017). 예컨대, 개인의 진로행동이 동년배들에 비해서 높으면 진로성숙도가 높은 것이다. 진로성숙도와 관련한 선행연구들을 보면, 진로성숙도는 연령이 증가함에 따라서 발달한다(Super, 1984). 하지만 임은미(2004)는 국내 중 · 고생을 대상으로 진로성숙도는 학년 증가에 따라서 증가경향성이 일관지도 않다고 보고했다. 김유나(2009)는 진로성숙도와 학교생활은 정적상관이며 고등학생의 진로성숙도에 대한 가장 강력한 결정변인은 부모라고 주장했다. 특히, 부모교육, 직업, 경제수준이 부모지원과 연계되어 학생들의 진로성숙도에 영향을 미친다(이대영, 2011).

한편, 대다수 현대 심리학자들은 인간의 지적능력에 대한 개인차 변인으로서 IQ는 전체적으로 설명을 못하며 학생의 미래의 성공 예측변인으로서 활용성이 떨어진다고 주장한다(김진철 외, 2005). Arther Jensen 이후 IQ는 성취의 변량에 대하여 대략 36%~49% 정도를 설명한다고 보았다. 하지만 최근에는 학생들의 성공결과에 대하여 비인지적 능력의 영향력이 크다(Stankov, Morony, & Lee, 2014). 따라서 최근 지능학자들은 IQ 영역을 복합적으로 확대하여 해석하면서 사회·정서적 역량(social emotional competence: SEC), 인성(character strengths), 덕목(virtue), 정보소양 역량(soft skills) 등을 학생의 핵심역량으로 설정하였다. 학생들의 성취결과에 대한 개인차에서 비인지적 특성이 인지특성이 설명 못하는 정보들을 잘 설명하며, 교육적 개입으로 변화의 가능성 때문에 유용성을 갖는다. 이와 관련하여, 펜실베니아 Duckworth교수와 동료들(Duckworth, Peterson, Matthews, & Kelly, 2007)에 의해서 제안되었던 그릿(GRIT)이 최근에 교육 상황에서 주목받고 있다(임효진, 2017). 그릿은 장기적으로 자신의 목표달성을 위하여 인내와 열정으로 잠재력을 발휘하는 심리 변인이다(Duckworth 외, 2007). 2013년 Duckworth는 TED강연에서 인간의 재능보다 노력의 중요성을 강조함으로써 평범한 지능이나 재능을 지닌 사람도 열정과 끈기로 노력하면 자신의 목표를 성취할 수 있음을 강조하였다(Duckworth, 2016). 그릿은 국내 언론매체에서도 투지, 기개, 마음의 근력 등으로 소개되면서(동아일보, 2014.1.18.) 성공의 자기계발 지침처럼 대중의 주목을 끌었다. 그릿은 두 가지의 하위변인으로 구성되었다. 하나는 노력지속(perseverance of effort)으로, 목표달성 과정에서 직면하는 장애물과 어려움을 극복하는 끈기와 인내를 말한다. 또 다른 하나는 목표를 향한 관심으로 흥미의 일관성(consistency of interest)이다. 이는 장기간에 걸쳐서 설정한 목표나 관심을 바꾸지 않고 유지하는 열정 경향성이다. 그릿은 수행과 성공결과의 핵심 요소임을 입증하는 국내외 연구들이 꾸준히 수행되었다. 한수연과 박용한(2020)은 국내 중학생의 단기 종단연구를 통하여 그릿의 변화가능성을 확인하면서 그릿의 변화를 통하여 긍정적인 학업동기가 형성됨을 보고했다. 그릿이 높으면 실패와 역경에서도 목표추구 과정에 긍정적으로 영향을 주고(Duckworth, Kirby, Tsukayama, Berstein & Ericsson, 2011), 변혁적 리더십 행동(Davison, 2014), 자기조절 학습 효능감(유영란·유지원·박현경, 2015) 등 학업적응에서도 긍정적 결정변인이었다.

고등학생의 진로탐색은 비교적 장기목표를 통해서 진행되어서 즉각적인 성과에 의존하지 않는다. 위 내용들을 종합하면 고등학생들의 진로성숙은 개인특성, 문화 등 외적 환경 등에 의해서 영향을 받는 변인임을 알 수 있다. 그리고 고등학생의 진로탐색 과정은 초 · 중학교를 거치면서 지속적으로 열정과 노력, 즉 그릿이 작용할 것으로 유추할 수 있다. 그릿과 진로성숙도의 이론 및 경험연구들은 이를 뒷받침해준다. 예컨대, 노영석(2016)은 고등학생의 그릿과 진로준비 행동은 정적상관을 갖으며, 황은희(2017)는 대학생의 그릿수준이 높으면 진로준비행동 수준 또한 증가함을 밝혔다. 이 밖에도 김윤경(2019)은 대학생의 그릿은 진로태도 성숙과 진로준비행동의 유의미한 결정변인이 된다는 연구들이 이를 뒷받침해준다. 하지만 두 변인의 관계에서 그릿이 기질특성으로서 수준을 상정할 수 있지만(Duckworth 등, 2011), 그릿 하위변인들의 역할이 한편으로 다르지만 그릿의 개념이 하위변인 간 상호작용을 전제로 하기 때문에 그릿의 입체적 프로파일에 의한 진로성숙도이 차이를 가정할 수 있다. 그릿과 진로성숙도 변인들의 이론과 선행연구들을 볼 때, 일반고 학생들의 그릿의 하위변인들 간의 시간의 흐름에 따라서 상호영향의 방향성과 진로성숙도의 영향의 양상을 밝혀보는 것은 최근 그릿연구에서 수행결과에 대한 하위변인들의 영향력이 일관적이지 못하다는 지적(Crede et al., 2016; 임효진, 2017)을 확인할 수 있을 것이다. 그리고 일반고 학생들의 진로성숙도의 발달과정과 그릿이 주는 영향력의 경향성을 확인함으로써 단위학교의 교육과정의 변화의 시사점을 알아볼 수 있을 것이다. 이에 본 연구는 종단연구의 취지에 맞게 일반계 고등학생의 두 변인이 시간흐름에 따라서 나타나는 상호관계의 양상을 살펴보기 위하여 자기회귀교차지연효과 모형(Autoregressive Cross-lagged Effects model)을 분석했다. 이는 진로교육에서 학생 특성을 이해할 수 있을 뿐만 아니라, 그릿이론을 확장하여 이해하여 변인중심보다는 학습자 중심으로 실제적인 진로성숙도의 양상을 확인할 수 있을 것이다.

또한, 본 연구는 일반고 학생들의 3년 동안의 진로성숙도의 변화궤적을 알아보기 위하여 잠재성장모형(Latent Growth Modeling; LGM) 분석과 이에 대한 자기관리의 영향력은 다변량 잠재성장모형(Multi variate Latent Growth Model)으로 확인하였다. 확인의 목적은 학생들의 진로성숙도를 함양하기 위한 학생들의 자기관리를 모색함에 실제적인 도움이 될 수 있기 때문이다. 독립변인으로서 학생의 자기관리는 하루 평균 자기주도 학습시간, 하루 평균 독서시간으로 구성했다. 이는 일반고생들의 진로성숙도의 변화의 특성을 확인할 뿐만 아니라 시간변화에 따라서 나타나는 종단적인 개인의 평균적 변화의 차이와 개인 간 차이를 알 수 있다. 구체적인 연구문제는 다음과 같다.

첫째, 일반 고등학생의 진로성숙도와 그릿(노력지속과 흥미일관성)은 3개년 동안 시간의 흐름에 따라서 안정적인가?

둘째, 일반 고등학생의 진로성숙도와 그릿(노력지속과 흥미일관성)의 상호 인과 관계는 는 3개년 동안 어떠한가?

셋째, 일반 고등학생의 진로성숙도의 개인별 변화궤적은 어떠한가? 그리고 진로성숙도의 개인별 변화궤적에 대한 자기관리의 효과는 어떠한가?

Ⅱ. 이론적 배경

본 연구의 주요변인은 진로성숙도, 그릿이고 이들의 개념과 이들의 선행연구들을 정리하면 다음과 같다.

1. 진로성숙도

진로성숙은 진로발달과 직업발달 등을 포괄하는 의미로써, Super가 1955년 직업성숙도(vocational maturity)를 설명하면서 많은 논의가 시작되었다. Super(1957)는 진로성숙란 "발달 단계를 기준으로 자신이 속해 있는 연령 단계에서 이뤄져야 할 직업적 과업(vocational tasks)에 대한 수행 정도이다."라고 말했다. Super(1984)는 진로성숙은 생애의 발달단계에서 수행해야 하는 직업 발달과업의 준비도, 진로선택 및 진로계획의 준비도, 직업세계를 이해하여 자신과 통합하고 조절하는 능력이라고 말하면서, 만일 현재 개인의 진로 행동이 동일 연령대에 비하여 진로 행동이 높으면 진로성숙도가 높은 것이다. 따라서 진로성숙도는 개인의 자신의 진로와 경력에 대한 준비도이며(여현숙, 김명식, 2016), 자기주도적인 진로 탐색과 진로계획의 과정에서 필요한 인지적 능력과 정의적 태도 및 자신의 결정을 실행할 수 있는 능력 등에 의해서 수행됨을 알 수 있다.

한편, 진로성숙도에 대한 개념적 정의가 다양함에도 불구하고 일반적으로 진로성숙은 자기이해, 직업이해를 기반으로 하여 자신의 진로계획과 선택을 조정해나가는 연속적인 발달로 인식하고 있다. 따라서 진로성숙을 변화의 관점에서 보면, 시간흐름에 따라서 진로성숙을 경험이 다양해짐으로서 진로성숙도가 높아지는 진다고 주장들이 있고(유순화 등, 2006; 허균, 2012), 이론과는 달리 현실에서는 진로성숙도는 변화하지 않는다고 주장한다(김예수, 조봉환, 2009). 또한 진로성숙도의 변화의 양상에서도 Yon 등(2012)은 진로성숙도가 초등4학년부터 고학년까지 증가하고 중학교에는 감소하다 고등학교에는 다시 성장하는 3차 곡선을 주장했고, Choi 등(2012)은 중학교 2학년부터 고등학교 2학년 동안 진로성숙도는 선형성장의 모형의 적합성을 주장하였다. 이처럼 진로성숙도의 발달양상의 다양한 결과들은 진로성숙도의 수준은 진로계획이나 진로선택의 준비 등이 개인 환경에 따라서 다르기 때문이다. 이 밖에도 진로성숙도 수준을 함양하기 위하여 여러 측면에서 지속적으로 연구가 진행되었는데, 허균(2012)은 중2~고3 학년까지 진로성숙도는 선형적으로 증가하고 변화율의 성별 차이가 없고, 부모애착이 진로성숙도에 영향을 줌을 보고했다. 이는 부모와의 진로 관련 대화빈도가 높으면 진로개발역량 수준이 높았다(장현진, 류지영, 2016). 또한, 이봉주와 김영빈(2017)은 고등학생의 의미와 목적의 소명의식이 진로성숙도에 긍정적 영향을 주었음을 보고했다. 한정현과 조현희(2018)는 일반 고등학생들의 진로성숙도에 대한 유의미한 결정변인으로 자아정체감, 정교·조직화(학습방법), 부모관계, 학습자의 내재적 학습동기, 학교에서의 담임평가, 진로교육활동만족도, 학교생활만족도, 교사관계, 친구관계 등임을 밝혔다.

본 연구에서는 학생의 진로성숙도에 미치는 결정변인을 자기관리 차원에서 자기주도시간, 독서시간, 여가 · 취미활동시간, 부모와의 대화시간 등을 검토했다.

2. 그릿

그릿은 2007년 펜실베니아 대학교 Angela Duckworth가 제안한 심리변인으로 제반 사회분야 외에도 교육에도 많은 관심을 받았다. Duckworth와 그녀의 동료들(2007)은 그릿을 "자신의 장기적인 목표달성을 위한 지속적인 열정과 인내"로 정의했다. 현대 긍정심리학의 흐름 속에 그릿은 건강한 발달과업의 중요한 개념으로 인식하면서 인생의 성공적인 결과를 안내하는 결정변인으로 인정받았다(West et al., 2014). Duckworth 등(2007)은 그릿의 하위변인을 노력 지속(perseverance of effort)과 흥미 일관성(consistency of interest)으로 구성하였다. 그릿은 비교적 자신의 장기적 목표 달성을 위해서 어려운 상황에서도 슬기롭게 극복하는 특성을 보여주는데, 노력 지속성은 인내로 표현되며 어려움에 직면해도 좌절하지 않고 끈기 있게 노력하는 것을 말하고 흥미 일관성은 열정으로 표현되며 자신의 목적과 흥미를 일관되게 유지하는 것을 말한다(김진철, 장봉석, 2020). 특히, 그릿은 교육개입으로 변화가능한 비인지적인 능력의 실용성 때문에 성취 성공에서 주목을 받는다(Lee & Stankov, 2013). 그릿의 선행연구들은 전 미국 철자법 대회(Duckworth et al., 2007), 읽기와 수학성취(Rojas et al., 2012), 대학생 GPA(Duckworth & Quinn, 2009)에 긍정적인 결정변인임을 밝혔다. 최근 Oriol 등(2017)은 그릿의 인내는 학교만족도와 상관이 있고, Cormier 등(2018)은 그릿은 영역-특수성(domain-specific)의 심리변인임을 밝혔다. 국내에서도 그릿은 대학생 GPA(이수란, 2014), 학업성취(이정림, 권대훈, 2016)과는 긍정적인 역할을 한다고 밝혔다. 하지만, 임효진(2017)은 그릿의 타당성 연구를 통해서 그릿이론의 확고함을 위해서는 핵심요소에 대한 개념적 고찰, 즉, 장기적 목표, 열정, 인내 등의 재 개념화와 척도의 타당성이 필요하다고 주장했다.

본 연구는 그동안 그릿 하위변인인 노력 지속과 흥미 일관성을 합해서 그릿총점으로 연구했던 것에서 탈피하여 노력 지속과 흥미 일관성을 분리하여 연구하였다. 이는 그릿 연구가 국내에서 활발하게 진행되면서 일부 학자들에서 그릿의 문항구성의 타당성 문제를 제기하였고, 흥미 일관성이 심리 변인으로서 거론되는 흥미의 본질과 상당한 차이가 있음을 제기했기 때문이다. 따라서 본 연구에서는 그릿의 하위변인들의 진로성숙도 변화 과정에서 상호 인과관계의 양상을 살펴보고, 하위변인들의 역할을 살펴보고자 한다. 이는 일반 고등학생에서의 그릿을 심화하여 이해할 수 있기 때문이다.

3. 그릿과 진로성숙도 관계

고등학생들은 진로탐색과 진로준비를 위하여 진로관련 학습과정에서 학습전략을 통하여 진로성숙을 한다. 그릿이론에서는 진로 학습과정에서 비인지적 요인이 긍정적 역할을 수행한다. 즉, 자신의 장기적인 진로목표를 달성하기 위해서는 초중학교 동안 관심분야에 지속적인 관심을 갖고 어려움에 직면해도 꾸준한 노력을 하는 과정에서 그릿의 열정과 끈기는 긍정적인 역할을 할 것으로 추정된다. 특히, 그릿의 인내(노력지속)은 내적동기(자기효능감, 자기통제, 목표지향성 등)와 관련이 깊다(Duckworth & Quinn, 2009). 노력지속은 목표달성과정에서 역경상황에서도 유연한 대처와 행동조절로 인내하고(Natale et al., 2009), 노력수준이 높으면 어려운 과제를 선호하고 실패를 두려워하지 않은 경향성이 있다(임효진, 윤여경, 2017). 진로와 관련하여 경험연구들을 보면 대학생의 진로결정 자기효능감에서 노력지속이 긍정적으로 중요한 역할변인이었다(정은이, 2018). 또한, 그릿은 진로결정 자기효능감과 진로 결과기대에 영향을 주고(강명희 외, 2016), 고교생의 그릿은 진로동기 함양에 직접효과가 있고 학업적 자기효능감은 그릿을 완전매개로 진로동기에 간접효과가 있었다(윤성혜 등, 2017). 이상의 연구들을 보면, 그릿과 진로성숙도는 상호영향을 주면서 성장하는 심리변인임을 알 수 있다.

Ⅲ. 연구방법

1. 연구대상

본 연구는 대구교육종단연구 1차(2017년)~3차(2019년)의 일반계 고교생 자료를 활용했다. 학교유형 중 특성화고와 특목고를 제외하고 자율고등학교는 일반고에 포함하였다. 표집은 고등학교 1학년을 대상으로 3,000명을 2단계 층화군집표집(cluster sampling with stratification)방법으로 추적 조사하였다. 학교표집은 표집층(대구광역시 8개 행정 구역)내에서 무선 표집(random sampling)했다. 자료 결측치는 완전제거(listwise deletion)방식으로 제거하여 성실하게 응답한 일반계 고등학교 40개교 1,899명(남자 1026명 54.0%, 여자 873명 46.0%)의 자료를 분석하였다.

2. 분석변인 및 변인설명

본 연구변인은 우선, 대구교육종단연구 문항 중에서 진로성숙도와 그릿변인이 상호작용의 시간흐름에 따라서 나타나는 양상을 확인하기 위하여 투입하였다. 연구 변인들의 내적일관성 지표인 Cronbach Alpha 계수는 모두 .80이상으로 높은 신뢰성을 확보했고. 진로성숙도와 그릿은 5점 척도이었으며 진로성숙도는 10문항이다. 그릿은 하위변인인 노력지속과 흥미일관성은 5점 척도이며 각 4문항으로 구성되었다. 이와 같은 그릿 문항은 Duckworth 등(2007)의 원척도(Grit-O)를 기반으로 축소한 척도 Grit-S(Duckworth & Quinn, 2009)의 문항들이다. 노력지속은 모두 긍정문항, 흥미일관성은 모두 역코딩을 하도록 되어있다. 변인들의 문항에 대한 설명 및 신뢰도는 <표 1> 과 같다.

〈표 1〉 연구변인 및 신뢰도

변인		문항	코딩처리	신뢰도(α)
진로 성숙도		내가 무엇 을 잘 하는지 알고 있다.	전혀아님~ 매우그럼 (5점척도)	α=.871(1차) α=.884(2차) α=.895(3차)
		내가 좋아 하는 일을 알고 있다.		
		내 삶에서 무엇이 중요한지를 알고 있다.		
		내가 결정해야 할 일을 무리 이 결정한다.		
		내가 계획한 것을 잘 할 수 있다.		
		장래 희망을 이루기 위해 지금 무엇을 해야 할지 구체적으로 생각해 본다.		
		미래를 위해서 다양한 경험을 쌓으려고 한다.		
		학교 공부 중 어떤 것들은 나의 진로와 관련해 특별히 중요한 의미가 있다.		
		내가 진정으로 좋아하는 일들이 무엇인지 자주 생각해 본다.		
		나는 내가 삶에 있어서 무엇을 중요하게 여기는지 자주 생각해본다.		
그릿	노력 지속	책임감을 갖고 열심히 일한다.	전혀아님~ 매우그럼 (5점척도)	α=.851(1차) α=.887(2차) α=.864(3차)
		부지런하다.		
		일이 잘 안 풀려도 의욕을 잃지 않는다.		
		무엇이든 시작하면 끝까지 해 낸다.		
	흥미 일관성	좋아했던 일에 쉽게 흥미를 잃는다.	전혀아님~ 매우그럼 (5점척도)	α=.830(1차) α=.811(2차) α=.806(3차)
		몇 달 이상 걸리는 일에는 계속 집중하기가 힘들다.		
		새로운 일이 생기면 예전 일에 무관심해 진다.		
		목표를 세웠다가도 금세 다른 목표를 세우곤 한다.		
자기관리	자기 주도	학교나 학원숙제 제외하고 혼자 공부하는 시간은?	1=전혀없음 2-=1시간미만 3=1시간~2시간미만 4=2시간~3시간미만 5=3시간이상	
	독서	책 읽는 시간(교과서나 참고서 제외)은?	1=전혀없음 2-=1시간미만 3=1시간~2시간미만 4=2시간~3시간미만=3시간이상	
	여가·취미	여가 및 취미활동 하는 시간은?	1=전혀없음 2-=1시간미만 3=1시간~2시간미만 4=2시간~3시간미만 5=3시간이상	
	부모 대화	부모님과의 대화시간은?	1=전혀없음 2-=1시간미만 3=1시간~2시간미만 4=2시간~3시간미만 5=3시간이상	

3. 자료분석

먼저, 변인들과 관련하여 진로성숙도 10문항을 문항꾸러미(item parceling)를 해서 2개 문항씩 평균을 산출하여 5개 측정변인으로 했다. 측정변인이 많으면 모형의 기각확률이 크게 커지기 때문이다(Russell, Kahn, Spoth, & Altmaier, 1998).

우선, 흥미일관성은 일반고 현장교사 2명의 문항검토를 통해서 '목표를 세웠다가도 금세 다른 목표를 세우곤 한다.'를 제외하였다.

그 후에, 변인들의 기술통계와 상관분석을 실시하여 자료를 검토하였으며 종단분석은 자기회귀교차지연모형(Autoregressive Cross-Lagged Modeling)으로 확인했다(Kenneth, Wood, Wood, & Raskin, 1996). 자기회귀교차지연모형은 시간흐름에 따라서 독립 및 종속변인의 이전 관계를 통제한 후, 효과추정을 통해서 변인들 간 상호 인과관계를 검증한다(Curran, 2000).

연구 자료는 SPSS 22.0, AMOS 21.0 프로그램으로 분석했다. 결측값은 완전정보최대우도법(FIM: Full Information Maximum Likelihood)으로 모형추정 했고, 적합도지수(goodness-of-fit index)는 χ^2값, RMSEA(Root Mean Square Error of Approximation), 상대적합도지수인 TLI(Tucker Lewis Index), CFI(Comparative Fit Index) 등을 고려해서 결정하였다. 일반적으로 TLI, CFI .90 이상, RMSEA .08이하면 수용할 만한 모형 적합성을 갖는다(Hu & Bentler, 1999).

모형검증은 시간흐름에 따라서 잠재변인의 측정구조가 일관성을 유지하는지 동일성 검증을 하였다. 측정동일성(metric invariance), 경로동일성(path invariance), 오차공분산 동일성(error covariance invariance) 순서대로 검증했다(김주환 등, 2009). 측정동일성이란 시간흐름에 따른 잠재변인의 계수들을 동일하게 제약하고, 경로동일성은 한 시점 잠재변인이 이후 시점 잠재변인에 대하여 영향력이 시간흐름에 따라서 유지하는지를 검증한다. 이는 자기회귀계수의 동일성과 변인 간 교차회귀계수의 시간흐름에 따른 동일성 여부를 검증한다. 한편, 오차공분산 동일성은 동일 시점에서 시간 흐름에 따라서 잠재변인 오차항 간 공변량 동일성 여부를 확인한다. 한편, 동일성 검증에 대한 경쟁모형은 아래 <표 2>와 같다.

[모형1]은 어떤 것도 제약하지 하지 않은 기본모형이다. [모형2], [모형3], [모형4]들은 측정변인들의 오차 간 관계를 설정하였다(Pitts, West, & Tein, 1996). [모형5], [모형6], [모형7]들은 변인들 내의 자기회귀계수가 시점별 동일성을 검증하였고, [모형8]부터 [모형

13]은 변인들 간의 교차회귀계수가 시간흐름에 따라서 동일한지 검증하였다. 그리고 [모형 14]부터 [모형16]까지는 변인들 간의 오차공분산 동일성이 시간흐름에 따라서 동일한지를 검증한 모형들이다. 경쟁모형 비교는 χ^2값, TLI, CFI, RMSEA 지수 등을 참고하였다. CFI 값이 .01 이상 차이가 없으면 동일성은 가정된다고 판단했다(Cheung & Rensvold, 2002).

〈표 2〉 동일성 검증의 경쟁모형

모형	동일화 제약 경쟁모형
[모형1]	어떤 제약도 가하지 않은 기본모형
[모형2]	[모형1]추가, 진로성숙도의 측정변인에 대한 요인 적재치 시점별 동일성 제약
[모형3]	[모형2]추가, 그릿(노력지속)의 측정변인에 대한 요인 적재치 시점별 동일성 제약
[모형4]	[모형3]추가, 그릿(흥미일관성)의 측정변인에 대한 요인 적재치 시점별 동일성 제약
[모형5]	[모형4]추가, 진로성숙도 자기회귀계수에 대한 시점별 동일성 제약
[모형6]	[모형5]추가, 그릿(노력지속)의 자기회귀계수에 대한 시점별 동일성 제약
[모형7]	[모형6]추가, 그릿(흥미일관성)의 자기회귀계수에 대한 시점별 동일성 제약
[모형8]	[모형7]추가, 진로성숙도→그릿(노력지속)의 교차회귀계수 동일성 제약
[모형9]	[모형8]추가, 그릿(노력지속)→진로성숙도의 교차회귀계수 동일성 제약
[모형10]	[모형9]추가, 진로성숙도→그릿(흥미일관성)의 교차회귀계수 동일성 제약
[모형11]	[모형10]추가, 그릿(흥미일관성)→진로성숙도의 교차회귀계수 동일성 제약
[모형12]	[모형11]추가, 그릿(노력지속)→그릿(흥미일관성)의 교차회귀계수 동일성 제약
[모형13]	[모형11]추가, 그릿(흥미일관성)→그릿(노력지속)의 교차회귀계수 동일성 제약
[모형14]	[모형13]추가, 진로성숙도과 그릿(노력지속)의 오차공분산 동일성 제약
[모형15]	[모형14]추가, 그릿(노력지속)과 그릿(흥미일관성)의 오차공분산 동일성 제약
[모형16]	[모형15]추가, 진로성숙도과 그릿(흥미일관성)의 오차공분산 동일성 제약

한편, 본 연구의 자기회귀교차지연의 모형은 [그림 1]과 같다.

* 측정변인, 측정변인 간 오차상관은 생략함

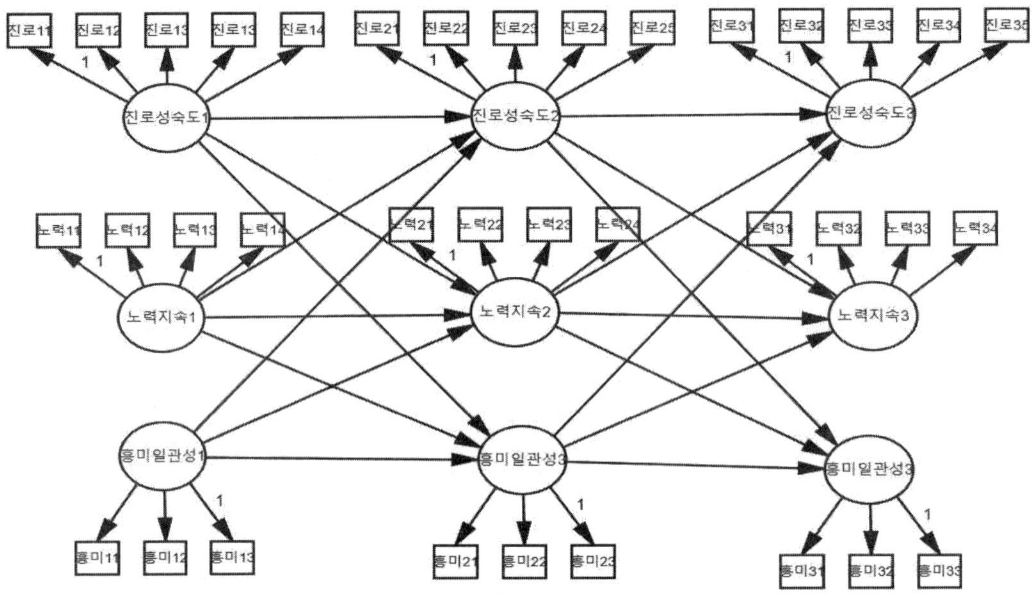

[그림 1] 연구변인의 자기회귀교차지연효과 연구모형

또한, 진로성숙도의 개인별 변화의 궤적을 알아보기 위하여 잠재성장모형(latent growth model; LGM) 분석을 실시했다(Bollen & Curran, 2006). 잠재성장모형은 전통적인 오차구조 즉 변인들의 측정오차가 t로 독립적이고 동일하다는 전제에서 벗어나 상관오차(correlated error structure)와 이질적 오차(heterogeneous error variance) 등의 구조를 확인할 수 있으며 다양한 모형 적합도 결과를 통하여 선형 및 비선형 성장궤적에 대한 비교와 검증이 가능하다(신백수, 2014). 일반 고등학생의 진로성숙도의 변화추이에 대한 확인은 무변화 성장, 선형 성장, 이차곡선 성장모형에 대한 적합도를 통해서 결정하였다. 그리고 연구변인들의 최종모형에 대한 추정계수로 개인의 변화정도 차이를 알아보았다. 그리고 진로성숙도의 초기치와 변화율을 종속변인으로 하고 학생의 자기관리 변인들(자기주도 학습시간, 독서시간, 여가·취미시간, 부모대화 시간)을 설명 변인으로 투입하여 다변량 잠재성장모형(MultivariateLlatent Growth Model)으로 진로성숙도 발달과정에 영향을 미치는 예측변인을 분석했다. 다변량 잠재성장모형은 [그림 2]와 같다.

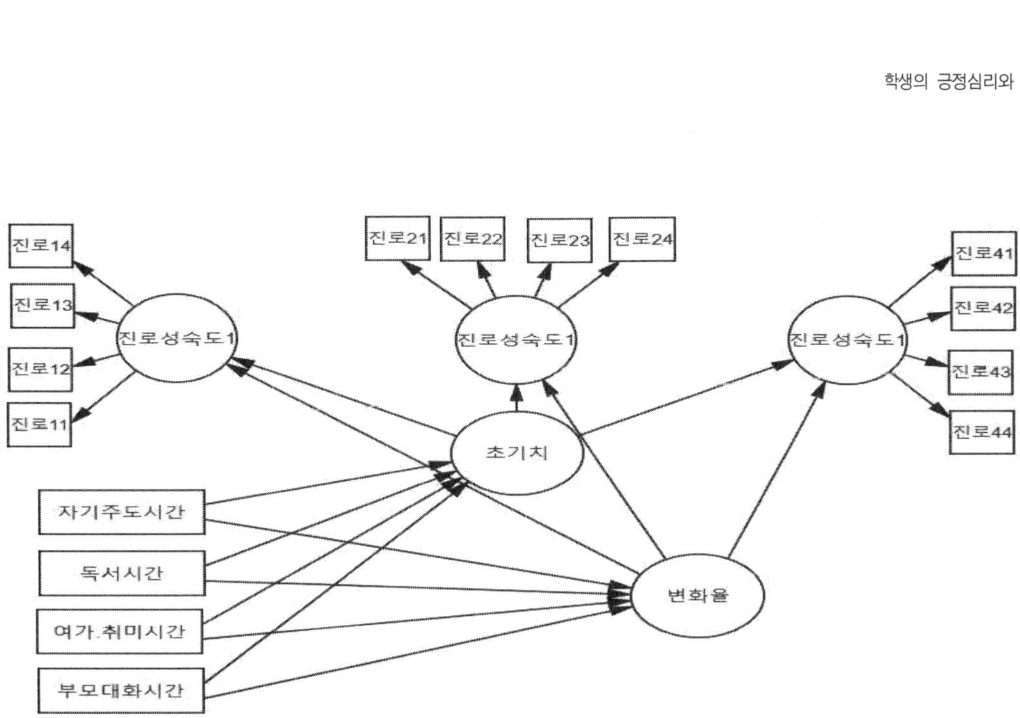

[그림 2] 진로성숙도에 대한 학생의 자기관리의 영향력

Ⅳ. 연구결과

1. 기술통계 및 상관분석 결과

3년 간(2017~2019)의 진로성숙도, 그릿의 노력지속 및 흥미일관성의 변인들에 대한 기술통계는 <표 3>과 같다. 진로성숙도와 흥미일관성의 평균은 1차 시점이 가장 낮고 3차 시점이 가장 높았다. 그릿의 노력지속은 1차가 가장 높고 3차와 2차의 순서이었다. 즉, 진로성숙도와 흥미일관성의 평균은 1학년과 2학년이 비슷하다 3학년에서 증가하였고, 노력지속은 2학년에서 감소하다 3학년에 증가하였다.

한편, 자료의 연구변인 전체의 왜도(skewness)와 첨도(kurtosis)는 부적 분포를 이루고 있으나 모형 분석의 정규 분포성 조건인 왜도 절대값 2이하와 첨도 절대값 7이하를 충족하여(홍세희, 2000) 자료변환은 안했다.

〈표 3〉 측정변인의 기술통계(N=1,889)

측정변인	1차 시점(2017년)				2차 시점(2018년)				3차 시점(2019년)			
	M	SD	왜도	첨도	M	SD	왜도	첨도	M	SD	왜도	첨도
진로성숙도	3.82	.802	−.407	.246	3.83	.875	−.598	−.182	3.89	6.34	−.185	−.027
노력지속	3.47	.784	−.098	−.075	3.40	.817	−.042	−.124	3.45	.803	−.021	−.011
흥미일관성	3.11	.894	−.047	−.374	3.12	.927	−.024	−.369	3.16	.968	−.061	−.375

또한 진로성숙도, 그릿의 노력지속 및 흥미일관성의 측정 시점별 상관관계 결과는 〈표 4〉와 같다. 3 시점 모두 진로성숙도와 노력지속은 .01수준에서 .358~.604 사이의 통계적으로 유의미한 정적상관을 이루었다. 각 시점에서 동일 변인 또는 두 변인들 간의 상관 정도는 달라서 변인들 간 시간흐름에 따른 인과관계의 양상을 파악해볼 필요성이 있다. 한편, 그릿의 흥미일관성은 2시점의 노력지속과 정적상관을 보일 뿐 나머지는 통계적으로 유의한 상관이 없었다.

〈표 4〉 측정변인의 상관관계

변인	c1	c2	c3	e1	e2	e3	i1	i2	i3
c1	1								
c2	.567**	1							
c3	.518**	.596**	1						
e1	.510**	.386**	.379**	1					
e2	.358**	.510**	.399**	.553**	1				
e3	.362**	.398**	.508**	.537**	.604**	1			
i1	−.012	−.013	−.021	−.070	−.104	−.067	1		
i2	−.039	.003	−.002	−.071	−.095	−.099	.212**	1	
i3	.008	.002	.004	−.014	−.057	−.075	.020	.044	1

** $p<.01$

* c: 진로성숙도, e: 노력지속, i: 흥미일관성(숫자는 시점을 의미)

1. 연구변인들의 종단효과 검증

연구모형의 동일성 확인은 기본모형의 적합성을 확인한 후, 측정동일성([모형2]~[모형4])으로써 시간 흐름에 따라서 잠재변인 개념의 동일성을 확인하였다. 이후에 경로동일성([모형5]~[모형13])으로써 한 시점의 잠재변인이 이후 시점에서 잠재변인에 미치는 영향력이 시간의 흐름에 따라 일정한지를 검증했다. [모형5]~[모형7]은 자기회귀계수의 시점별 동일성을 확인했고, [모형8]~[모형13]은 잠재변인들 간 교차회귀계수의 시점별 동일성을 검증했다. 끝으로 [모형14]~[모형16]은 오차공분산동일성을 검증하였다.

분석결과는 다음 <표 5>와 같다. 경쟁모형의 적합성 비교는 χ^2 값, 표본크기의 영향이 비교적 작은 TLI(Tucker-Lewis Index), CFI(Comparative Fit Index), 그리고 RMSEA (Root Mean Error of Approximation) 값을 종합적으로 판단했다. 일반적으로 TLI, CFI 값은 .90이상이면 양호한 적합도로 해석하고 RMSEA 값은 .05보다 작으면 좋은 적합도를 갖는다(Hu & Bentler, 1999). 특히, CFI 값을 기준으로 이전 모형보다 .01을 초과, 또는 감소하지 않는다면 동등화 제약은 기각되지 않는다(Cheoung & Rensvold, 2002). 본 연구의 모형별 검증에서 특히, 기본모형과 [모형2], [모형3]과 [모형4] 간의 $\triangle\chi^2$값의 차이가 모두 유의했다. 하지만 표본 크기에 덜 영향을 받는 TLI, CFI, RMSEA 적합도 지수들을 종합적으로 고려하여 측정동일성은 충족되었다. 그리고 진로성숙도, 그릿의 하위변인인 노력지속과 흥미일관성의 자기회귀계수는 종단적으로 안정적이며, 연구변인 들 간 교차지연효과도 시간의 흐름에 따라서 동등성을 갖는다고 볼 수 있다. 경로동일성 이후, 오차공분산의 동일성 검증에서도 [모형12]와 [모형13], [모형13]과 [모형14] 간의 $\triangle\chi^2$ 값이 통계적으로 유의미한 차이가 존재하였으나 다른 적합도 지수인 TLI, CFI, RMSEA 등이 이전 모형보다 나빠지지 않음으로써 본 연구에서는 [모형 16]을 최종 모형으로 결정하였다.

〈표 5〉 자기주도 학습능력과 자아존중 및 관계 적응 간의 인과관계 분석 결과

모형	$\chi^2(df)$	$\triangle\chi^2$	$\triangle df$	TLI	CFI	RMSEA
[모형1]	1834.993(531)			.915	.926	.035
[모형2]	1842.918(539)	7.925	8	.915	.926	.034
[모형3]	1843.403(545)	0.485	6	.914	.925	.034
[모형4]	3040.284(549)	1196.881	4	.909	.920	.049
[모형5]	3040.449(550)	1.382	1	.909	.921	.049
[모형6]	3041.831(551)	1.382	1	.909	.920	.049
[모형7]	3042.985(552)	1.154	1	.909	.920	.049
[모형8]	3044.755(553)	1.77	1	.909	.920	.049
[모형9]	3044.838(554)	0.045	1	.910	.920	.049
[모형10]	3044.883(555)	0.045	1	.910	.921	.049
[모형11]	3044.885(556)	0.002	1	.910	.921	.049
[모형12]	3045.619(557)	0.734	1	.910	.921	.049
[모형13]	3048.750(558)	3.131	1	.910	.920	.048
[모형14]	3051.752(559)	3.002	1	.910	.920	.048
[모형15]	3052.690(560)	0.938	1	.910	.920	.048
[모형16]	3053.360(561)	0.67	1	.911	.920	.048

3. 최종모형의 경로계수

본 연구의 최종모형인 [모형 16]에서 나타난 진로성숙도, 그릿의 노력지속과 흥미일관성 간의 경로도 및 경로계수는 <표 6>, [그림 2]와 같다.

먼저, 시간흐름에 따라서 잠재변인들은 안정적 관계를 갖고 있었다. 즉, 진로성숙도, 노력지속, 흥미일관성 모두 자기회귀계수는 통계적인 유의성을 보였다. 구체적으로 이전시점의 진로성숙도은 이후시점의 진로성숙도를(β=.523, .527, $p<.001$), 이전시점의 노력지속은 이후시점의 노력지속(β=.613, .676, $p<.001$), 이전시점의 흥미 지속성은 이후시점의 흥미 지속성(β=.506, .578, $p<.001$)을 유의미하게 예측하였다. 이 결과는 진로성숙도, 노력지속, 흥

미일관성 변인이 시간흐름에 따라서 안정적 변화를 보여주는 것임을 의미한다. 다만 변인의 안정성을 나타내는 자기회귀계수 크기가 상대적 차이가 있다. 노력지속이 가장 안정적이고 다음으로 진로성숙도, 다음에는 흥미 지속성 순서이었다.

다음으로, 진로성숙도, 그릿의 노력지속과 흥미일관성 변인 간 교차지연효과 계수들을 통해서 볼 때 인과관계의 차이가 나타났다. 구체적으로 이전시점의 진로성숙도는 그릿의 노력지속과 흥미일관성에 대하여 통계적으로 유의한 영향을 미치지 않았다. 하지만 이전시점의 노력지속은 이후시점의 진로성숙도(β =.160, 168, $p<.01$)에 통계적으로 정적인 영향을 주었다. 그리고 이전시점의 노력지속은 이후시점의 흥미일관성(β=.247, .211, $p<.01$)에 유의하게 정적인 영향을 미치고 있었다. 하지만 그릿의 흥미일관성과 노력지속 간의 교차회귀계수를 보면, 1차 시점의 흥미일관성이 2차 시점의 노력지속(β=.106, $p<.01$)에 통계적으로 유의하게 정적으로 영향을 미치고 있으나 2차 시점 이후에는 통계적으로 유의하게 예측하지 못했다.

연구변인들 간의 경로계수를 통하여 종합해 보면, 진로성숙도 변인은 그릿의 하위변인 노력지속과 흥미일관성의 예측변인이 아니고, 그릿의 하위변인 중 노력지속은 진로성숙도의 원인으로 작용하는 예측변인이었다. 한편, 그릿의 하위변인 간 관계를 보면 1차 시점과 2차 시점에서는 두 변인은 시간 흐름에 따라서 인과적 상보성을 갖지만 2차 시점과 3차 시점사이에서는 노력지속이 흥미일관성을 예측하는 변인이었다.

<표 6> 최종모형의 경로계수 결과

경로	비표준화 계수(b)	표준오차	표준화 계수(β)
진로성숙도2 ← 진로성숙도1	$.546^{***}$	.034	.523
노력지속2 ← 노력지속1	$.631^{***}$	.039	.613
흥미일관성2 ← 흥미일관성1	$.500^{***}$	.036	.506
노력지속2 ← 진로성숙도1	.020	.016	.044
흥미일관성2 ← 진로성숙도1	−.019	.023	−.031
진로성숙도2 ← 노력지속1	$.396^{***}$	.030	.160
흥미일관성2 ← 노력지속1	$.344^{***}$	.058	.247
진로성숙도2 ← 흥미일관성1	−.051	.046	−.029

경로	비표준화 계수(b)	표준오차	표준화 계수(β)
노력지속2 ← 흥미일관성1	.178***	.022	.106
진로성숙도3 ← 진로성숙도2	.582***	.036	.527
노력지속3 ← 노력지속2	.689***	.044	.676
흥미일관성3 ← 흥미일관성2	.655***	.043	.578
노력지속3 ← 진로성숙도2	.019	.014	.044
흥미일관성3 ← 진로성숙도2	−.052	.022	−.082
진로성숙도3 ← 노력지속2	.423***	.099	.168
흥미일관성3 ← 노력지속2	.321***	.066	.211
진로성숙도3 ← 흥미일관성2	.047	.056	.025
노력지속3 ← 흥미일관성2	.034	.024	.044

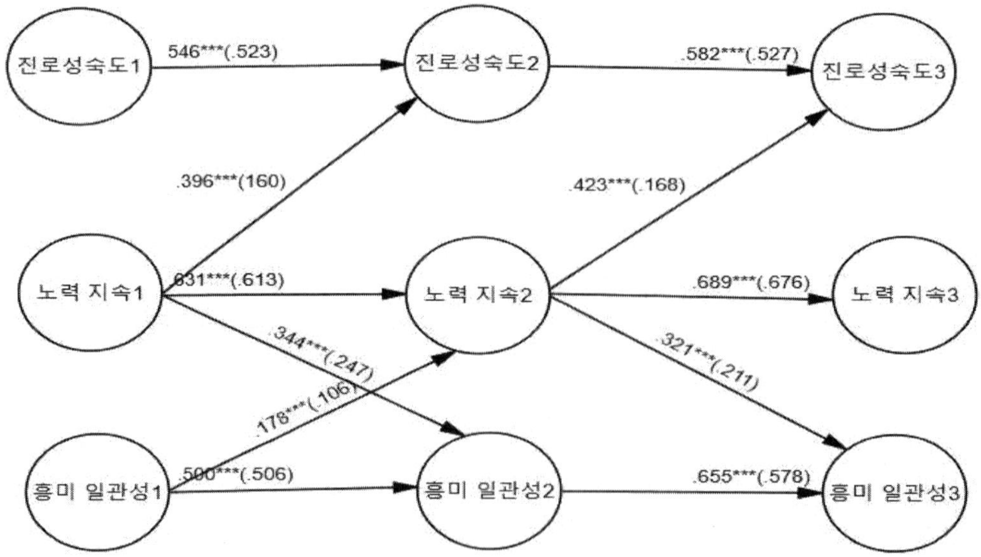

주1: 측정모형의 요인 부하량과 오차공분산 생략

주2: 통계적 유의성 없는 경로 생략

주3: ( ) 표준화 계수.

주4: *** p<.001

[그림 3] 자기회귀교차지연 최종 모형 구조계수

4. 진로성숙도의 발달궤적과 자기관리의 종단적인 영향

1) 진로성숙도의 변화 함수 모형과 발달궤적 분석

본 연구에서 설정한 진로성숙도의 3시점별 변화궤적의 적합모형을 알아보고자 무변화 모형, 선형변화 모형, 이차함수변화 모형을 검증하였다. 무변화 모형은 진로성숙도의 변화가 없다는 가정한다. 선형변화 모형은 진로성숙도의 일정한 증가나 감소를 가정하고, 이차함수변화 모형은 진로성숙도의 변화가 일정하지 않고 변화율이 달라짐을 가정한다. 모형 적합도 판단은 χ^2 값, TLI(Tucker-Lewis Index), CFI(Comparative Fit Index), RMSEA(Root Mean Error of Approximation) 값을 종합해서 고려하였다. 본 연구 자료에 대한 2차 함수 변화모형은 성립이 불가하여 제외하였고, 진로성숙도의 잠재모형의 적합도 비교 결과는 <표 7>과 같다. 무 변화 모형과 선형변화 모형을 χ^2 값이 모두 귀무가설을 기각하였으나 표본의 민감성이 낮은 TLI 등 기타 기준 값을 통해서 진로성숙도의 궤적은 선형 변화모형이 더 타당하다.

〈표 7〉 진로성숙도의 잠재성장모형 적합도 비교

구분		무 변화	선형 변화
모형 적합도	$\chi^2(df)$	872.950***(53)	849.793***(51)
	p-value	.000	.000
	TLI	.878	.902
	CFI	.904	.914
	RMSEA	.090	.080
모형 비교	무변화-선형(χ^2 차이)	23.157	
	무변화-선형(df 차이)	2	

한편, 진로성숙도의 선형모형 추정계수 결과는 <표8>과 같다. 진로성숙도의 초기값 평균이 3.747($p<.001$), 분산이 .045($p<.001$)로서 통계적으로 유의미하였다. 따라서 일반 고등학생의 진로성숙도의 평균이 0보다 크고, 초기값의 개인차가 있음을 보여준다. 진로성숙도의

변화율의 평균값은 .045(p<.001)로써 이는 1시점이 증가할 때마다 .045만큼 정적으로 증가하고 있음을 의미한다. 변화율의 분산은 .017(p<.001)로써 일반고 3년에 걸쳐서 학생들의 진로성숙도의 변화정도에 있어서도 개인차가 존재함을 의미한다.

한편, 진로성숙도 변화궤적에 대한 초기치와 변화율의 공분산은 -.015(p<.001)로서 부적상관이었다. 이는 고 1학년에서 진로성숙도가 높은 학생은 시간이 지나면서 진로성숙도의 함양이 느리게 진행되고, 진로성숙도가 낮은 학생은 시간흐름에 따라서 진로성숙도의 함양의 변화가 빠르게 증가함을 의미한다.

〈표 7〉 진로성숙도의 변화궤적의 추정 계수

변인	평균	분산
진로성숙도 초기치	3.747***	.045***
진로성숙도 변화율	.045***	.017***
진로성숙도 초기치-변화율 공분산	-.015***	

2) 진로성숙도의 변화에 대한 학생의 자기관리의 영향력 분석

학생의 자기관리로 설정한 하루 평균 자기주도 학습시간, 독서시간, 여가 및 취미활동 시간, 부모와의 대화시간이 진로성숙도의 변화에 미치는 영향력에 대한 분석결과는 <표 8>, [그림 4]와 같다. 먼저 모형의 적합도를 살펴본 결과, χ^2 값이귀무가설을 기각하였으나 TLI=.899, CFI= .906, RMSEA=.057로서 수용 가능한 구조모형의 적합성은 지녔다.

한편, 일반 고등학생의 1학년 때 진로성숙도에 영향을 주는 자기관리의 하위변인 중 자기주도 학습시간은 진로성숙도 초기값(.286, p<.001)에 영향을 주고 변화율에는 영향이 없었다. 독서시간은 고 1학년의 진로성숙도 초기값(.219, p<.001)에 영향을 주고 변화율(-.234, p<.05)에도 부적으로 영향을 주었다. 여가 · 취미활동시간은 고 1학년 때의 진로성숙도의 초기값과 변화율에 통계적으로 유의미한 영향력이 없었다. 부모와의 대화시간은 고 1학년 때 진로성숙도의 초기값(.092, p<.05)에 영향을 주는데 비해서 변화율에는 통계적으로 유의미한 결정변인이 되지 못했다.

종합해서, 진로성숙도의 초기값에 대하여 자기주도 학습시간, 독서시간 및 부모와의 대화

시간은 고 1학년 때 진로성숙도를 높이는 변인이었다. 하지면 진로성숙도의 변화율에 미치는 영향에서는 독서시간만 부적인 결정변인이었다. 즉, 고 1때 독서시간은 학년이 올라갈수록 진로성숙도가 감소되고 있음을 의미한다.

〈표 8〉 자기관리와 진로성숙도의 경로계수

경로	비표준화 계수(b)	표준화계수(β)	표준오차(S.E)
진로성숙도 초기값← 자기주도시간	.194***	.286	.042
진로성숙도 변화율 ← 자기주도시간	.021	.082	.031
진로성숙도 초기값 ← 독서시간	.208***	.219	.052
진로성숙도 변화율 ← 독서시간	−.085**	−.234	.052
진로성숙도 초기값 ← 여가 · 취미시간	−.043	−.059	.037
진로성숙도 변화율 ← 여가 · 취미시간	.015	.053	.030
진로성숙도 초기값 ← 부모대화시간	.071**.	.092	.058
진로성숙도 변화율 ← 부모대화시간	.017	.057	.046

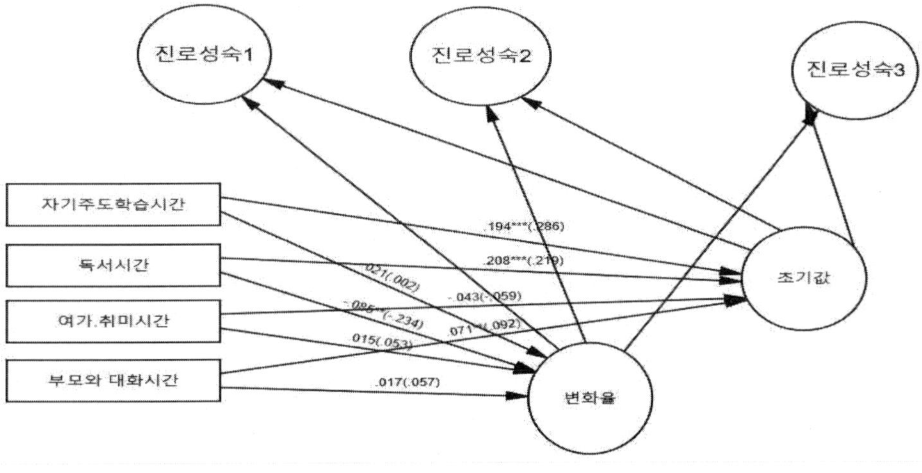

χ^2=1249.768(df-172, p=.000) TLI=.899, CFI= .906, RMSEA=.057

[그림 4] 진로성숙도의 발달변화에 대한 학생의 자기관리의 영향력

V. 논의

본 연구에서 설정한 진로성숙도와 그릿은 일반고의 교육과정에서 학생성장과 밀접한 관련을 갖는 심리변인들이다. 본 연구는 교육현장에서 중시하는 만큼 선행연구가 부족한 실정에서 이들 간의 종단적인 변화과정에서 관련성을 확인함에 목적을 두고 수행했다. 일반고 3시점(고 1학년~고 3학년)에서 연구변인들 간의 관계성을 자기회귀교차지연모형 방법으로 종단분석을 했으며, 특히 진로성숙도의 성장궤적의 특징과 이의 변화에 미치는 학생의 자기관리의 영향력을 확인하였다. 연구의 중요 결과를 중심으로 논의하면 다음과 같다.

1. 연구 변인의 종단적인 변화의 안정성

일반 고등학생의 진로성숙도와 그릿(노력지속과 흥미일관성) 변인의 시점별 변인의 평균값에서 진로성숙도와 흥미일관성의 평균은 1학년과 2학년이 비슷하다 3학년에서 증가하였고, 노력지속은 2학년에서 감소하다 3학년에 증가하였다. 즉, 변인들의 표준화 회귀계수를 보면 2학년에서 3학년 사이에서 성장이 좀 빠르게 나타났다. 그리고 시간흐름에 따라서 잠재변인들은 안정적 관계를 지녔다. 즉, 진로성숙도, 노력지속, 흥미일관성 모두 자기회귀계수는 통계적인 유의성을 보임으로써 모두 쉽게 변하지 않는 변인임을 의미한다. 이는 진로성숙도는 연령이 증가하면서 발달한다는 Super(1984)의 주장을 뒷받침해준다. 국내연구에서도 진로성숙도가 중학교에서 낮아지다가 고등학교에서 다시 증가한다는 Yon 등(2012), 청소년시기 초부터 고등학교 2학년까지 진로성숙도에 대하여 선형성장의 모형의 적합성을 주장한 Choi 등(2012)과도 일맥상통하였다. 즉, 진로성숙도 변인은 일반계 고등학생에 있어서는 안정성을 갖는 변인으로 발전하는 발달적 관점을 갖는다. 이에 최근 고등학교 교육과정의 혁신 방향이 진로성숙도의 함양에 어떤 효과가 있었는지에 대한 연구가 필요함을 시사한다.

2. 연구 변인들 간의 종단적인 상호 인과관계

연구모형의 측정 동일성, 경로 동일성, 오차공분산 동일성을 분석한 후 최종 모형의 구조계수를 보면, 진로성숙도 변인은 그릿의 하위변인 노력지속과 흥미일관성의 예측변인이 아니고, 그릿의 하위변인 중 노력지속은 진로성숙도의 원인으로 작용하는 예측변인이었다. 한편, 그릿의 하위변인 간 관계를 보면 1차 시점과 2차 시점에서는 두 변인은 시간 흐름에 따라서 인과적 상보성을 갖지만 2차 시점과 3차 시점사이에서는 노력지속이 흥미일관성을 예측하는 변인이었다.

위 내용들을 볼 때, 진로성숙도는 그릿과의 관계에서 원인이 되는 변인이 아니라 그릿이 원인이 되는 변인임을 알 수 있다. 특히, 그릿의 하위변인 중에서 노력 지속이 진로성숙도를 긍정적으로 높이는 변인이었으며 흥미일관성은 결정변인이 되지 못했다. 이는 그릿이 성격 5요인(Bigh Five) 중 성실성과 관련이 있고, 성실성은 고등학생이 자신의 진로와 관련한 노력지속, 즉 꾸준한 태도와 관련이 높다는 점에서 이해할 수 있다. 그리고 최근 그릿연구에서 수행결과에 대한 하위변인들의 영향력이 일관적이지 못하다는 지적들(Crede et al., 2016; 임효진, 2017)을 확인할 수 있다. 특히, 그릿의 하위변인들 간에도 1학년에서 2학년의 기간동안만 노력지속과 흥미지속성은 상호 인과관계 속에서 변화에 긍정적인 영향을 주지만 그후에는 노력지속만이 흥미지속성의 성장에 긍정적으로 영향을 주고 있다. 이는 그릿의 평정척도에 대한 논란과 연관될 수 있다. 보통 자기보고식 척도들은 사회적 바람직성(social desirability)으로 인한 응답자의 묵종반응 (acquiescence response)을 고려해서 긍정, 부정 문항을 혼합한다. 노력지속은 모두 긍정문, 흥미지속성은 모두 부정문 진술의 경우는 드물다(임효진, 2017). 또한, Duckworth는 그릿의 흥미일관성을 관심과 흥미를 열정으로 파악하고 있으나 흥미 변인은 동기이론에서 타 구인들과 차이점에 대하여 아직까지 합의가 없는 상황에서 흥미를 열정과 동일 개념으로 측정되는 것은 이론의 여지가 있다.

그럼에도 불구하고 일반고 학생들의 진로성숙도를 함양하기 위해서는 학생들의 노력지속이 매우 중요함을 알 수 있다. 즉, 학생들의 진로성숙도를 함양하기 위해서는 진로관련 교육이 학생중심으로 지속적으로 실천하는 것이 무엇보다도 중요하다. 다만 흥미일관성이 진로성숙에 영향력 검증은 차후에 흥미일관성의 부정문항 일변도의 측정을 보완하고 흥미일관성과 학습동기와의 구인타당성의 차후 연구가 필요하다.

3. 진로성숙도의 변화 궤적과 결정변인

본 연구에서는 일반 고등학생의 진로성숙도 궤적은 선형 변화의 모형이 타당했다. 선형모형의 추정계수를 통하여 고 1 때의 진로성숙도의 개인차가 존재하였고, 3년간에 걸쳐 학생들의 진로성숙도의 변화정도에서도 개인차가 존재하였다. 또한, 고 1학년에서 진로성숙도가 높은 학생은 시간이 지나면서 진로성숙도의 변화가 느리고, 진로성숙도가 낮은 학생은 시간흐름에 따라서 진로성숙도의 변화가 빠르게 증가하는 특성을 확인하였다. 이는 중학교 때까지의 진로계획이나 진로선택의 준비와 관련하여 학교 교육과정의 차이, 자신이 처해 있는 환경의 차이로 인하여 개인차가 존재한다고 볼 수 있다. 그리고 3년 동안 학생들의 성취의 개인차가 존재하듯이 진로성숙도의 변화정도에서도 개인차가 존재하였다. 고등학생의 진로성숙도의 함양에서 학교 교육과정은 매우 중요하다. 학생들의 진로모색은 좁게는 학교 교실에서 학생과 교사와의 만남을 통하여 진행된다. 최근 일반고 역량강화, 고교학점제, 교과중점교육과정, 학교 간 공동교육과정의 핵심은 학생의 맞춤형 진로를 위함이다. 백화점식 과목 나열에서 벗어나 학생이 자기 주도적으로 진로와 연관하여 교과 선택권이 이루어지도록 하는 것이 가장 중요하다. 그리고 학교에서는 고등학교 입학 이후, 창의적 체험활동, 즉 자율, 동아리, 봉사활동, 진로활동 등에서 학생들이 능동적으로 참여하고 실제적으로 경험하는 것이 매우 중요하다.

나아가 고등학교 입학 이후 진로성숙도의 차이를 결정하는 요인들이 자기주도 학습시간, 독서시간 및 부모와의 대화시간이었다. 하지만 진로성숙도의 변화율에는 독서시간이 부적인 결정변인이었다. 이는 고등학교 시기는 대학입시 준비과정에서 수능과 내신중심의 교과목 학습시간에 절대적으로 몰두하는 환경에 처해 있다. 따라서 독서시간의 확대는 원하는 진학에 방해요소로 작용할 수 있다는 점을 반영한 것이다. 자기주도 학습능력의 진로성숙도에 미치는 긍정적인 기능은 정교화, 조직화 등 학습방법이 일반 고등학생의 진로성숙도에 대한 유의미한 결정변인임을 밝힌 한정현과 조현희(2018)와 비슷하고, 긍정적 부모와의 진로 관련 대화 시간의 긍정적인 역할을 장현진과 류지영(2016), 이봉주와 김영빈(2017)의 연구결과와 같았다. 하지만 고등학교 2, 3학년으로 올라가면서 진로성숙도의 변화에 영향을 주지 못하는 점은 입시환경이 학생들의 진로성숙을 가로막는 요인이라는 점이라고 볼 수 있다. 이는 여가·취미활동시간이 학생들의 초기값과 변화율에 영향을 주지 못하는 결과에서 잘 알 수 있다. 따라서 고등학생의 진로성숙도의 함양을 위하여 학생 진로교육이 자기주도 학습, 독서, 부모와의 연계를 통하여 활성화될 필요가 있다.

Ⅵ. 결론

본 연구는 대구교육종단연구 1차(2017년)~3차(2019년)의 일반계 고교생 1,899명의 자료를 활용하여 진로성숙도와 그릿의 변화양상, 변인들 간의 상호 인과관계에 의한 변화, 진로성숙도의 성장궤적의 특징과 이에 미치는 학생의 자기관리의 영향력을 확인했다. 연구결과는 다음과 같다.

우선, 일반 고등학생의 진로성숙도와 그릿(노력지속과 흥미일관성) 변인은 3년 동안 성장하는 변인으로 안정성을 갖는 변인이었다.

다음으로, 진로성숙도는 그릿과의 관계에서 진로성숙도는 원인이 아니라 결과 변인이고 그릿의 하위변인 중 노력지속이 원인 변인이었다. 그리고 그릿의 두 가지 하위변인 중 노력지속과 흥미일관성의 변화는 1학년과 2학년 간에서만 상호 인과관계를 갖고 있으며 이후에는 노력지속만 독립변인의 역할이었다.

특히, 진로성숙도의 변화궤적은 선형변화 모형이 적합하였다. 그리고 고 1때 진로성숙도의 개인차가 존재하였고, 3년간 진로성숙도의 변화에서도 개인차가 있었다. 또한, 고 1에서 진로성숙도가 높으면 시간흐름에 따라서 진로성숙도의 변화가 느리고, 진로성숙도가 낮은 학생은 시간흐름에 따라서 진로성숙도가 빠르게 변화했다. 그리고 진로성숙도의 차이에 영향을 주는 요소는 자기주도 학습시간, 독서시간 및 부모와의 대화시간이 긍정적으로 작용하였다. 진로성숙도의 변화율에 영향을 주는 요소는 독서시간이 부적으로 영향을 주었다.

앞으로 진로성숙도를 함양하기 위한 학교 맞춤형교육과정의 효과성, 그릿의 흥미일관성의 문항 검토 등을 제안하였다.

참고문헌

강명희, 윤성혜, 김도희, 류다현 (2016). 자연과학계열 대학생의 진로준비행동에 영향 을 미치는 그릿, 진로결정자기효능감, 진로결과기대, 전공흥미 간의 관계 분석. *직업교육연구, 35*(4), 109-129.

김규태 (2019). 고등학생이 인식하는 학업적 그릿과 진로개발역량 관계에서 학 습전략 수준의 조절효과. *디지털융복합연구, 17*(6), 27-33.

김봉환, 김병석, 정철영(2008). 학교진로상담. 학지사.

김예수, 조붕환 (2009). 초등학생이 지각한 부모양육태도와 자아개념 및 진로의식 성숙과의 관계. *상담평가연구, 2*(1), 87-103.

김유나(2009). 청소년의 진로성숙과 학교적응과의 관계. 가톨릭대학교 대학원 석사학위 논문.

김윤경 (2019). 대학생의 그릿(GRIT)이 진로태도성숙, 진로준비행동에 미치는 영향. 동신대학교 대학원 석사학위논문.

김진철, 나동진, 이정규 (2005). 성공 지능이론의 관점에서 본 지능과 학업성취 의 관계. *교육심리연구, 19*(1), 79-92.

김진철, 장봉석 (2020). 고등학교 교사의 그릿과 직무스트레스 대응행동 간의 관계. 산업융 합연구, 18(3), 1-6.

노영석 (2016). 일반계 고등학생의 그릿과 진로결정 자기효능감이 진로준비행동에 미치는 영향. 연세대학교 교육대학원 석사학위논문.

동아일보(2014.1.18.일자 기사). 성공비법 각광 '그릿(Grit)'이 뭐기에.

신민, 안도희 (2015). 영재와 평재 고등학생들 의 성공에 대한 인식, Grit, 열망 및 성취목적 비교. *영재교육연구, 25*(4), 607-628.

신백수 (2014). 인간발달연구에서의 종단자료 분석: 잠재성장모형을 중심으로. *인 간발달연구, 21*(3), 1-28.

여현숙, 김명식 (2016). REBT 진로 집단상담이 경력단절 30대 기혼여성의 자기효 능감과 진로태도 성숙에 미치는 효과. *디지털융복합연구, 14*(9), 571-577.

유영란, 유지원, 박현경 (2015). 고등학생의 그릿 (Grit)과 객관적 추론, 자기조절학 습효능감 간 의 관계규명. *청소년학연구, 22*(10), 367-385.

윤성혜, 유지원, 유영란 (2017). 고등학생의 학업적 자기효능감과 진로동기 간의 관계 에서 그릿의 매개효과 검증. *직업교육연구, 36*(3), 47-66.

이대영(2011). 계층별 가족 내 사회자본과 진로성숙 : 소득수준을 중심으로. 이화 여자대학교 대학원 석사학위논문.

이봉주, 김영빈 (2017). 고드악생의 소명이식이 진로결정 자기효능감 및 진로성숙 도 에 미치는 영향. *교육혁신연구, 27*(1), 223-242.

이수란 (2014). 투지와 신중하게 계획된 연습, 자존감의 수반성이 학업성취에 미치 는 영향. 연세대학교 대학원 박사학위 논문.

이정림, 권대훈 (2016). 통제소재, 마인드셋, 그릿, 학업성취 간의 구조적 관계분석. *청소년학연 구, 23*(11), 245-264.

임은미 (2004). 청소년 진로성숙도의 발달에 대한 단기종단연구. *교육학연구, 42*(3), 325-348.

임효진 (2017). 그릿의 최근 영구동향과 재개념화의 필요성. *교육심리연구, 31*(4), 663-681.

임효진, 윤여경 (2017). 그릿과 과제 도전감의 관계 : 흥미유지와 노력지속에서 유 능 감의 조절효과. *교육방법연구, 29*(4), 657-675.

장봉석, 김진철 (2020). 고등학생의 희망 유형별 학습전략의 차이. *산업융합연구, 18*(1), 1-16.

장현진, 류지영 (2016). (이슈분석)학생의 진로개발역량 수준과 영향 요인. *THEHRD REVIEW 19*(3).

정은이 (2018). 대학생의 그릿 군집 유형에 따른 일상적 창의성과 진로결정자기 효능감 차이 연구. *학습자중심교과교육연구. 18*(21). 1-25.

한수연, 박용한 (2020). 중학생의 그릿 유형에 따른 행동조절과 자기결정동기의 차 이. *교육방법연구, 30*(1), 73-101.

한정현, 조현희 (2018). 고등학교 유형별 진로성숙도에 향을 미치는 환경체계 요인 분석. *직업능력개발연구. 21*(3). 1-38.

허균(2012). 잠재성장모형을 활용한 진로성숙도의 변화궤적과 성별, 자아존중감 및 부모애착 시간효과의 구조관계. *직업교육연구, 31*(2), 193-209.

홍세희 (2000). 구조방정식 적합도 지수 선정 기준의 근거. *한국심리학회지, 19*(1), 167-177.

황은희 (2017). 대학생의 사회적 지지가 진로준비행동에 미치는 영향과 그릿(Grit) 의 매개효과. 중앙대학교 교육대학원 석사학위논문.

Bollen, K. A., & Curran, P. J.(2006). *Latent curve models: A structural equation perspective.* New Jersey: John Wiley & Sons.

Cheung, G. W., & Rensvold, R. B. (2002). Evaluating goodness-of-fit indexes for testing measurement invariance. *Structural Equation Modeling, 9,* 233-255.

Choi Sumi, Hutchison Brian, Matthew E. Lemberger, Mark Pope (2012). A Longitudinal Study of the Developmental Trajectories of Parental Attachment and Career Maturity of South Korean Adolescents. *The Career Development Quarterly, 60*(2), 163-177.

Cormier. D.L, Dunn. J.G.H, Dunn. J.C. (2018). *Personality and Individual Differences, 139,* 349-354.

Crede, M., Tynan, M. C., & Harms, P. D. (2016). Much ado about grit: A meta-analytic synthesis of grit literature. *Journal of Personality and Social Psychology. http://dx.doi.org/10.1037/pspp0000102*

Curran, P. J., West, S. G., & Finch, J. F. (1996). The robustness of test statistics to nonnormality and specification error in confirmatory factor analysis. *Psychological Methods, 1*(1), 16.

Davidson, B. A. (2014). *Examining the relationship between non-cognitive skills and leadership: The influence of hope and grit on transformational leadership behavior.* (Unpublished doctoral dissertation). University of Kansas. Lawrence, KS.

Duckworth, A. L., & Quinn, P. D. (2009). Development and validation of the Short Grit Scale (GRIT-S). *Journal of Personality Assessment, 91*(2), 166-174.

Duckworth, A. L., Kirby, T. A., Tsukayama, E., Berstein, H., & Ericsson, K. A. (2011). Deliberate practice spells success why grittier competitors triumph at the national spelling bee. *Social Psychological and Personality Science, 2*(2), 174-181.

Duckworth, A. L., Peterson, C., Matthews, M. D., & Kelly, D. R. (2007). Grit: Perseverance and passion for long-term goals. *Journal of Personality and Social Psychology, 92*(6), 1087-1101.

Duckworth, A. L. (2016). *Grit: The power of passion and perseverance.* New York, NY: Scribner.

Duckworth, A. L., Kirby, T. A., Tsukayama, E., Berstein, H., & Ericsson, K. A. (2011). Deliberate practice spells success why grittier competitors triumph at the national spelling bee. *Social Psychological and Personality Science, 2*(2), 174-181.

Duckworth, A. L., & Quinn, P. E. (2009). Development and Validation of the Short Grit Scale(Grit-S). *Journal of Personality Assessment, 91*(2), 166-174.

Hu, L., & Bentler, P. (1999). Cutoff criteria for fit indexes in covariance structure analysis: Conventional criteria versus new alternatives. *Structural Equation Modeling: A Multidisciplinary Journal, 6*(1), 1-55.

Jensen, A. R. (1980). *Bias in mental testing.* New York: The Free Press (London: Methuen).

Kenneth, S., Wood, M. D., Wood, P. K., & Raskin, G. (1996). Alcohol outcome expectancies and alcohol use: A latent variable cross-lagged panel study. *Journal of Abnormal Psychology, 105*(4), 561-574.

Lee, Jihyun and Stankov, Lazar(2013) Higher-order structure of noncognitive constructs and prediction of PISA 2003 mathematics achievement. *Learning and Individual Differences, 26*, 119-130.

Natale, K., Aunola, K., & Nurmi, J. E. (2009). Children's school performance and their parents' causal attributions to ability and effort: A longitudinal study. *Journal of Applied Developmental Psychology, 30(1)*, 14-22.

Oriol. X, Rafael Miranda. R, Oyanedel. J.C, Torres. J. (2017). The Role of Self-control and

Grit in Domains of School Success in Students of Primary and Secondary School. *Frontiers in Psychology, 8,* ISSN 1664-1078.

Pitts, S. C., West, S. G., & Tein, J. Y. (1996). Longitudinal measurement models in evaluation research: Examining stability and change. *Evaluation and Program Planning, 19*(4), 333-350.

Russell, D., Kahn, J., Spoth, R., & Altmaier, E. (1998). Analyzing data from experimental studies: A latent variable structural equation modeling approach. Journal of Counseling Psychology, 45(1), 18-29.

Schiefele, U. (1991). Interest, learning, and motivation. *Educational Psychologist, 26,* 299-323.

Stankov, Lazar and Morony, Suzanne and Lee, Yim Ping(2014) Confidence: the best non-cognitive predictor of academic achievement? *Educational Psychology, 34* (1), 9-28.

Super, D. E. (1955). The dimensions and measurement of vocational maturity. *Teachers College Record, 57,* 151- 163.

Super, D. E. (1957). *The psychology of career.* New York: Harper & Row.

Super, D. E. (1984). Carer and life development In D. Brown, L. Brooks, & Associates(Eds). Career choice and development.: Applying contemporary theories to practice (pp. 192-234). San Francisco: Jossey-Bass.

Super, D. E.(1990). A life-span, life-space to career development. In D. Brown, L. Brooks, & others(Eds.), *Career choice and development: Applying contemporary theories to practice*(2nd de., pp. 197-261). San Fransisco: Jossey-Bass.

Rojas, J. P., Reser, J. A., Usher, E. L., & Toland, M. D. (2012). *Psychometric properties of the academic grit scale.* Lexington: The University of Kentucky Press.

West, M. R., Kraft, M. A., Finn, A. S., Martin, R. E., Duckworth, A. L., Gabrieli, C. F. O., & Gabrieli, J. D. E. (2014). Promise and paradox: Measuring students' non-cognitive skills and the impact of schooling. *Educational Evaluation and Policy Analysis, 38*(1), 148-170.

Pitts, S. C., West, S. G., & Tein, J-Y. (1996). Longitudinal measurement models in evaluation research: Examining stability and change. *Evaluation and Program Planning, 19*(4), 333-350.

Yon, K. J., J. Joeng, & M. Goh(2012), "A longitudinal study of career maturity of korean adolescents: The effects of personal and contextual factors", *Asia Pacific Education Review, 13*(4), 727-739

고등학생의 희망 군집유형별 학습전략의 차이[1)]

Differences in Learning Strategies for High School Students by Cluster Type of Hope

< 요 약 >

이 연구의 목적은 Snyder가 제안한 희망 이론에 대한 이론적 이해와 학교 현장에서의 유용성을 확인하는 것이다. 이에 희망 이론이 우리나라 일반고 학생들에게서 나타나는 군집 유형을 탐색하고, 유형별 학습전략의 차이를 군집분석과 ANOVA를 통해 분석하였다. 연구결과는 다음과 같다. 첫째, 일반고 학생의 희망 군집은 네 유형으로 나타났다. 둘째, 희망과 학습전략은 정적상관관계를 보였으며, 희망의 두 하위 변인 모두 메타인지와 상관관계가 가장 높았다. 연구 결과를 토대로 희망이론은 프로파일 접근을 통하여 성취나 적응 등 다양한 심리변인의 관계구조 연구가 필요함을 제시하였다.

주제어 : 희망, 경로사고, 주도사고, 학습전략, 군집분석, 교육과정개발

Abstract The purpose of this study is to theoretically understand hope theory suggested by Snyder and confirm its utility in the school settings. We analyzed the survey data responded by general high school students to find clustering types of hope and mean difference of learning strategies by each type through ANOVA. Results are as follows. First, hope by cluster analysis resulted in four types. Second, hope and learning strategy showed statistically positive correlation. Especially two sub-variables of hope and meta-cognition had highest correlation. Researchers suggested the direction of a future study to investigate structural relation among hope profile, student achievement, adjustment, and etc.

Key Words : Hope, Pathway Thinking, Agency Thinking, Learning Strategies, Cluster Analysis, Curriculum Development

---

1) 2020년 산업융합연구, 18(3), 1-6. 장봉석 교수와 공동으로 등재된 논문임.

1. 서론

최근 인간의 밝은 면을 부각시키고 치료보다는 예방적 삶을 강조하는 긍정심리에 대하여 관심이 고조되고 있다. 이에 따라서 Snyder(Snyder, 2004)는 강화된 자기평가나 통제에 대한 인식이 심리적·육체적 행복과 긍정적으로 관련되어 있다고 보고 다차원적으로 희망이론을 제시하였다[1].

희망이론은 크게 목표(goals), 경로사고(pathway), 및 주도사고(agency)로 구성된다. 무엇보다도 인간의 행동은 실천 가능한 목표지향성(goal orientation)을 갖는다고 가정하고, 목표를 달성하기 위한 실천방법으로써 경로사고(Pathway thinking)와 이러한 방법들을 지속적으로 실천하기 위한 동기로써 주도사고(Agency thinking)로 구분된다[2]. 그리고 목표달성을 위한 희망사고가 발현되기 위해서는 경로사고와 주도사고 모두 필요한데, 희망적 사고과정에서 두 하위 변인들은 반복적으로 상호 작용을 하면서 작동된다. 또한, 희망의 하위변인 경로사고와 주도사고의 수준이 다르게 때문에 여러 형태로 표출된다. 즉, 하위 변인의 단일패턴이 있을 수 있고, 두 변인 수준이 다르게 표출되는 혼합패턴이 있을 수 있다[1].

한편, Snyder와 동료들(Snyder, Harris et al., 1991)은 희망척도(Disposition Hope Scale)를 통하여 학교생활의 성취, 적응 등 다양한 분야에서 타당화 연구들이 진행되었다[3]. 특히, Snyder의 희망이 학교교육의 적용 가능성만을 세시했을 뿐 실제적으로 희망이론의 하위 요인별 프로파일에 따른 유용성을 확인하지는 못했다[4]. 희망경로 전략으로만 학업성취의 성공을 구체적으로 설명하는 데는 한계가 있다. 학습자가 설정한 목표에 달성하기 위해서는 인지적으로 세운 방법들을 실천하는 구체적인 실천전략이 필요하다[5]. 학습자는 학습과정에서 어떤 학습전략을 가지느냐에 따라서 학업성취가 달라질 뿐만 아니라, 학습자 특성에 따라서 효율적인 학습전략의 차이를 보인다.

본 연구는 일반 고등학생들을 대상으로 Snyder의 희망의 하위 요인의 조합에 의한 군집유형별 학습전략의 차이를 확인해보았으며 그 근거는 다음과 같다.

우선, 학생의 개인차 변인으로써 희망이론에서 하위변인이 단일요인이 아니기 때문에 군집유형에 주목을 하여 실제로 일반 고등학생들에게서 어떤 양상으로 나타나는 지를 확인하는 것은 희망이론을 더 깊게 이해하는 계기가 될 것이다. 조한익(2007)은 미국 대학생 150명의 Educational Belief Survey(HD101) 성취도에서 주도사고는 긍정적인 영향변인이었으나 경로사고는 영향을 미치지 않았다[6].

또한, 학습전략은 개인의 학업성취 상황을 이해함에 있어서 가장 주목을 받는 변인 중 하나이다. 학습전략은 학생들의 인지적 측면에서 가장 명확한 목표를 갖는 심리변인이다. 희망은 사신에게 의미 있는 목표가 명확하면 이를 성취하고자 하는 동기를 일으키고(주도사고), 목표달성을 위한 다양한 방법들을 생성하는 것을 인지하면(경로사고) 적극적으로 학습전략을 세우려고 노력한다[2]. 희망이론에서 하위변인들의 기능이 다르고 상호작용이 있으므로 희망의 군집 유형에 따라서 학습전략의 차이가 있을 것으로 보았다.

본 연구 결과의 확인들은 희망이론의 이론적 정교성과 유용성을 확인할 수 있을 것이다.

본 연구의 구체적인 연구문제는 다음과 같다.

첫째, 일반고 학생의 희망은 어떤 군집유형을 표출되는가?

둘째, 희망 군집유형에 따라서 학습전략은 어떤 차이가 있는가?

2. 선행연구

2.1 희망 이론

희망이론은 인간행동은 목표지향성을 갖는다고 가정하고, 목표는 인지요소로써 이론의 기본이다[7]. 희망이론에서 말하는 목표와 관련하여 목표기간은 단기 혹은 장기적일 수 있고, 특성화 정도에 따라서 다양하며, 높은 수준의 희망은 구체적 목표를 추구하는 방법이나 동기를 갖는다. 그리고 목표는 지속성을 가질 만큼의 충분한 가치가 있어야 한다[2].

특정한 목표를 추구하는 희망수준이 높은 사람인에게 경로사고는 하나의 자신감을 갖는 방법들을 고안하게 되며, 낮은 사람보다 높은 사람은 결단력이 있다. 경로사고는 직업 목표에도 지지되었고[8], 높은 희망수준은 낮은 사람에 비해서 긍정적이고 내적 경로사고 메시지(예: 이 작업을 수행할 수 있는 방법을 찾을 것이다.)를 갖는다[9]. 경로사고는 목표 달성과정에서 해결순서를 정교하고 정확해진다. 즉, 특성 희망수준이 높으면 목표달성을 위한 방법들을 효과적으로 빨리 속도를 조절할 수 있다.

주도사고는 목표달성을 위하여 동기를 부여하는 요소인데, 경로사고를 사용할 수 있는 인지된 능력이다. 희망이 높은 사람들은 자기 동기를 지속한다. 주도사고는 특히 어려움에 직면할 때 의의를 갖는데, 가장 유용한 경로사고를 전환하도록 동기를 부여한다[10].

희망적인 사고가 작동되기 위해서는 경로사고와 주도사고 모두 필요하다. 희망적 사고가 발현되면서 두 하위 변인들은 상호 작용을 하면서 작동된다. 즉, 주어진 목표를 달성하기 위한 희망의 경로사고와 주도사고는 상호작용하며 반복적 성격을 지닌다[2.3.10].

2.2 희망과 학습전략

희망과 학습전략과의 관계에 대한 논의는 매우 부족한 상황이지만 희망이론의 본질을 보면 학습전략과 밀접한 관련이 있음을 알 수 있다. 희망은 목표달성을 실현하기 위하여 해결방법을 찾고 지속적으로 동기를 부여한다. 희망적 사고는 경로사고와 주도사고가 상호작용을 하면서 작동되므로 희망은 문제해결전략과 동기를 동시에 가진다. 조한익(2012)은 초등 6학년을 대상으로 희망은 학습전략에 정적인 영향을 미친다고 보고했다[5]. 이런 결과는 희망 수준이 높은 학습자는 자신의 목표가 뚜렷하고 동기와 해결방법을 인식하여 적극적으로 자신만의 학습전략을 세우고 실천한다. 다만 하위변인의 수준에 의해서 표출되는 단일패턴과 혼합패턴은 상호 반복적 사고과정이 다르게 나타남에 따라서 학습전략에 차이가 있을 것으로 예측된다.

또한 아시아 지역 대학생을 대상으로 수행된 연구에서 희망은 학생들의 학습 전략과 매우 밀접한 관련성을 가지고 있는 것으로 나타났다[15]. 동시에 긍정적 심리 개념을 적용하여 학습 논리를 강화하는 등의 구체적인 효과도 보고되었다.

3. 연구방법

3.1 연구대상

2019년 12월에 세종특별자치시 소재 일반고 3학년 학생 중에서 참여에 동의한 285명이 교과담임의 지도 아래 자기보고식으로 설문을 진행하였다. 불완전한 설문 5명 응답을 제외한

280명(남자 116명, 여자 164명)의 자료를 최종 분석하였다.

3.2 측정도구

3.1.1 희망

본 연구에서는 김택호(2004)의 희망척도를 사용하였다[11]. 이는 Snyder와 Harris 등의 특성희망 척도(Trait Hope Scale)와 Snyder와 Sympson 등의 상태희망 척도(State Hope Scale)를 강이영(2003)이 번안한 것을 일부 수정한 것으로 총 14문항이다[3.7.12]. 경로사고 7문항, 주도사고 7문항, 그리고 중립(filter) 변인 4문항으로 척도는 5점 Likert 형식(매우 아님~매우 그럼)으로 측정되고 중립 문항은 채점에서 제외되었다. 설문형태는 일반적인 자신의 생각에 대한 설문이므로 특성희망을 측정한 것이다.

문항 예시로써 경로사고 측정 문항은 "복잡한 일이 생기면 해결하려고 여러 방법들을 생각할 수 있다.", "문제를 해결하는 데는 수많은 방법이 있다." 등으로 구성되었으며, 주도사고에는 "나는 나의 목표를 의욕적으로 추진한다.", "나의 과거 경험은 나의 미래를 잘 준비하게 해준다." 등이 해당된다. 측정도구에 대한 신뢰도 분석 결과, 경로사고 .794, 주도사고 .798로 나타났다.

3.1.2 학습전략

학습전략의 측정도구는 윤혜경(2011)이 학습동기 전략 질문지(MSLQ)를 수정한 설문지를 사용했다[13]. 학습전략은 총 25문항으로, 시연 4문항, 정교화 6문항, 조직화 7문항, 상위인지전략 8문항이며, 응답형태는 Likert 척도의 6단계(전혀 아님~매우 그럼)이며 자기보고 형식이다.

문항 예시로써 시연 측정 문항은 "가장 중요개념이 무엇인지 스스로 상기시켰다.", "중요 개념과 암기내용을 정리하였다." 등으로 구성되었으며, 정교화는 "학습주제와 관련된 다른 과정의 개념들을 연결시켜서 생각하였다.", "이미 알고 있는 학습내용과 관련하여 공부하였다." 등이 해당된다. 조직화 측정 문항은 "나만의 공부 방법으로 개념을 이해하고자 했다.", "수업시간에 결론이나 주장을 읽거나 듣게 되면 가능하면 하나를 선택해서 생각하였다." 등으로 구성되었으며, 메타인지는 "각각의 공부에서 달성해야 할 목표와 행동을 분명하게 알았다.", "수업시간에 노트필기를 못하면 수업시간을 마친 후에라도 꼭 했다." 등이 해당된다. 측정도구에 대한 신뢰도 분석 결과, 시연 .705, 정교화 .800, 조직화 .813, 메타인지 .755로 나타났다.

3.3 자료 분석

통계는 SPSS 24.0을 이용하여 다음과 같이 처리했다. 우선, 변인들의 기술통계, 가정의 검토 및 Pearson의 적률상관계수를 구했다. 다음으로, 희망의 하위변인(경로사고, 주도사고)에 대한 군집분석을 했다. Hair와 Black(2000)이 제안한 2단계 군집분석으로 Wards 분석과 K-means 분석법을 순차적으로 적용했다[14]. 그리고 희망 군집유형별 학습전략 차이는 일원변량분석(ANOVA)과 Scheff□ 사후 검증을 통하여 확인했다.

4. 연구결과

4.1 측정자료 검토

측정변인들의 정규분포성에 대한 가정의 검증 결과는 Table 1과 같다. 왜도검증 결과, 학습전략의 시연, 정교화, 조직화 변인들이 음(−)의 값으로 부적 편포했으나 모든 변인들 값들이 절대값 1 이하로 정규성을 충족했고, 첨도 역시 정규성을 충족하였다.

Table 1. Normality of variables

	Hope		Learning Strategy			
	Path	Agency	Rehearsal	Elaboration	Organization	Matacognition
Skewness	.152	.387	.163	−.148	−.586	−.207
Kurtosis	.225	.452	.231	.659	.616	.055

한편, 측정변인들의 상관계수, 평균(M) 및 표준편차(SD)는 Table 2와 같다. 측정변인들의 상관계수는 .218부터 .817까지 분포되었는데, 모두 정적상관을 보였다.

Table 2. Results of correlation and descriptive analysis

	x1	x2	x3	x4	x5	x6
x1						
x2	.808**					
x3	.218**	.221**				
x4	.280**	.282**	.790**			
x5	.282**	.262**	.800**	.817**		
x6	.425**	.419**	.603**	.705**	.613**	
M	26.16	25.82	16.17	25.01	28.09	31.26
SD	3.07	3.36	1.99	3.20	3.20	3.66

**p ⟨.01

x1(경로), x2(주도), x3(시연), x4(정교화), x5(조직화), x6(메타인지)

4.2 희망의 군집모형

본 연구의 하위변인 경로사고와 주도사고를 군집변인으로 설정해서 일반 고등학생들에게 나타나는 양상을 확인했다. 2단계 군집분석을 실시했는데, 1단계는 Wards 방법으로 위계적 군집분석(Hierarchical cluster Analysis)을 실시하여 군집수, 초기 군집점을 결정하였다. 1단계 군집변인들의 각 군집별 평균치를 조기 중심점으로 투입하여 2단계 K-means 분석으로 각 군집별 사례를 결정했다. 본 연구 자료들은 4개 군집으로 분류할 때 가장 차별화가 뚜렷해서 Table 3과 같이 4가지 집단으로 구분하여 명명했다.

Table 3. Centroid of type of hope by cluster analysis

Cluster	Group1 (N=38) High Hope	Group2 (N=118) High Path	Group3 (N=60) High Agency	Group4 (N=64) Low Hope
Path	.440	.284	−.356	−1.199
Agency	.577	−.258	.388	−1.436

4.3 희망의 군집유형별 학습전략의 차이

본 연구에서는 일반 고등학생을 대상으로 희망의 군집유형별 학습전략의 차이가 있는지를 알아보기 위하여 네 개 군집유형을 독립변인으로, 학습전략을 종속변인으로 한 일원변량분석(ANOVA)을 실시한 결과는 Table 4와 같다. Scheff□의 사후검증 결과, 높은 희망 집단, 높은 경로사고 집단, 높은 주도사고 집단의 평균이 낮은 희망 집단의 평균보다 더 크게 나타났다. 또한 메타인지의 경우에는 높은 희망 집단의 평균이 높은 경로사고 집단과 높은 주도사고 집단 보다 더 크게 나타났다.

Table 4. Mean differences by type of hope

Category	Group	M	SD	F	Scheff□
Rehearsal	High Hope	16.66	1.45	16.054***	a,b,c>d
	High Path	16.80	2.40		
	High Agency	16.57	1.15		
	Low Hope	14.90	2.05		
Elaboration	High Hope	25.81	2.49	12.877***	a,b,c>d
	High Path	25.76	3.08		
	High Agency	25.63	2.61		
	Low Hope	23.15	3.72		
Organization	High Hope	29.10	2.29	11.052***	a,b,c>d
	High Path	28.60	2.36		
	High Agency	28.52	2.63		
	Low Hope	26.46	4.49		
Metacognition	High Hope	33.10	3.65	36.077***	a,b,c>d
	High Path	31.60	2.09		a>b,c
	High Agency	30.94	2.66		
	Low Hope	28.12	2.98		
Total	High Hope	104.67	9.05	22.718***	a,b,c>d
	High Path	102.76	8.99		
	High Agency	101.68	7.52		
	Low Hope	92.65	11.86		

5. 논의

본 연구는 Snyder에 의해서 제안된 희망이론이 우리나라 일반고 학생들에게서 나타나는 군집유형을 알아보고 그 유형별 학습전략의 차이를 알아보았다. 연구결과를 바탕으로 한 논의는 다음과 같다.

5.1 희망의 군집 유형

일반고 학생들을 대상으로 희망 데이터를 군집분석은 먼저 Wards 방법에 의한 위계적 군집 분석과 위계적 방법으로 K-means 분석을 실시한 결과, 최종적으로 최적화 군집은 네 가지 유형(높은 희망, 높은 경로, 높은 주도, 낮은 희망)으로 표출되었다. 이는 기존 희망연구를 주도사고와 경로사고를 합한 총점수를 희망총점 위주로 했는데 희망의 하위변인들의 역할과 기능을 간과할 수 있다. 주도사고는 목표 지향적(예, 자아효능감)인 측면을 반영하고 경로사고는 목표(희망하는 목적을 달성하기 위하여 사용되는 특수전략 등)를 직면하는 계획방법들을 의미한다. 따라서 높은 희망(경로사고와 주도사고가 모두 높음)은 목표추구과정에서 경로사고와 주도사고 간에 유동적이고 빠르게 반복되는 특성을 갖고, 낮은 희망(경로사고와 주도사고가 모두 낮음)은 경로사고와 주도사고의 상호작용이 정지되거나 매우 느리게 작동할 수 있다. 군집2, 군집3과 같은 혼합된 희망 사고유형은 약한 주도사고나 경로사고의 구성요소 간의 상호 반복적인 사고과정이 원활하지 못할 수 있다.

5.2 희망의 군집 유형에 따른 학습전략 차이

희망과 학습전략 간 상관은 모든 하위변인 간에서 통계적으로 유의수준 α<.01에서 정적 상관이 나타났다. 이는 조한익(2012)의 주장을 지지하는 연구결과이다[11]. 구체적으로 경로사고와 주도사고 모두 학습전략의 메타인지와 가장 상관계수가 높았고 시연이 상대적으로 약했다. 이는 목표달성을 위한 방법의 모색이나 지속적으로 자기 동기화를 시도하는 학습자의 희망 변인은 학습내용을 반복적으로 시도하는 것(시연)보다는 학습상황에서 학습자가 목표달성을 위해서 사용하는 전략을 선정하고 조절하며 이를 효율적으로 수행하는 총괄적 인지 전략(메타인지)과 많은 연관이 있음을 알 수 있다. 이는 희망의 군집유형별 학습전략의

차이에서도 잘 나타난다. 즉, 학습전략의 모든 하위변인들은 경로사고나 주도사고가 높은 경우가 모두 낮은 유형보다 학습전략의 사용에 차이가 있다. 특히 학습자의 학습계획, 점검, 및 조절 등 인지전략을 총괄하여 간여하는 메타인지의 경우에는 높은 희망유형이 경로나 주도 중 하나만 높은 혼합 유형보다 높았다. 이는 메타인지를 사용하는 과정에서 경로사고와 주도사고 등 두 사고가 상호 작용하면서 희망사고가 발현된다고 볼 수 있다.

이상과 같은 연구결과를 통해 볼 때, 희망이론이 학교교육 현장에서 학생들의 성취나 적응 등 실천적 측면에서 중요한 심리적 구인으로 되기 위해서는 프로파일별 접근이 중요함을 시사해 준다.

6. 결론 및 제언

본 연구는 최근 인간의 긍정적인 측면을 이해하고 측정하려는 시도에서 주목을 받고 있는 Snyder가 제안한 희망이론의 군집유형과 이에 따른 학습전략의 차이를 알아보았다. 결과는 다음과 같다.

먼저, 일반고 학생들을 대상으로 희망 데이터를 군집분석은 네 가지 유형(높은 희망, 높은 경로, 높은 주도, 낮은 희망)으로 표출되었다.

다음으로, 희망과 학습전략 간 상관은 모든 하위변인은 정적상관을 갖는다. 특히, 경로사고와 주도사고 모두 학습전략의 메타인지와 가장 상관계수가 높았다.

다만 본 연구는 특정 지역의 단일 학교 3학년으로 국한하였으므로 전제 일반고의 일반화에 한계점을 갖는다. 따라서 후속연구에서는 지역, 학년 등을 안배가 필요하다. 그리고 학교 현장에서 희망이론의 적용 타당성 연구에서 성취, 적응 등 학생들의 목표와 관련된 다양한 심리변인과의 관계구조가 필요하다. 또한, 희망변인의 종단연구를 통하여 변화과정을 확인하는 것은 교육과정을 통한 희망교육의 시사점을 얻을 수 있을 것이다.

REFERENCES

C. R. Snyder (2004). Hope and Depression: A Light in the Darkness. *Journal of Social and Clinical Psychology,* 23(3), 347-351.

C. R. Snyder (2002). Hope Theory: Rainbows in the mind. *Psychological Inquiry,* 13, 249-275.

C. R. Snyder, C. Harris, J. R. Anderson, S. A. Holleran, & L. M. Irving (1991). The will and the ways: Development and validation of an individual-differences measures of hope. *Journal of Personality and Social Psychology,* 60, 570-585.

J. C. Kim (2015). A relationship between hope and academic achievements and its implication for educational evaluation, The International Journal of Creativity & Problem Solving. 2015.

H. I Cho (2012). The Effect of Achievement Goal Orientation, Hope, and Learning Strategy on Academic Achievement and School Adjustment. *Korean Psychological Association: School,* 9(3), 465-483.

H. I Cho (2007). The Effects of Hope and Study Time on Academic Achievement of University Students, *Korean Psychological Association: School,* 21(2), 349-365.

C. R. Snyder. S. C. Sympson. S. T. Michael. & J. Cheavens. (2000). *The optimism and hope constructs*: Variants on a positive expectancy theme. In E. C. Chung(Ed.), Optimism and pessimism. Washington, DC: American Psychological Association.

C. A. Woodbury (1999). The relationship of anxiety, locus of control and hope to career indecision of African American students. *Dissertation Abstracts International,* 59Y(1-A), 4072.

C. R. Snyder. A. B. Lapointe. J. J. Jr. Crowson & S. Early (1998). Preferences of high-and low-hope people for self-referential input. *Cognition & Emotion, 12,* 807-823.

C. R. Snyder (1994). *The psychology of hope: You can get there from here.* New York: Free Press.

T. H. Kim (2004). *The effects of Hope and Meaning of Life on Adolescent's Resilience,* Doctor's Theis, The Graduate School of Hanyang University, Seoul.

L. Y. Kang (2003). *Development and Application of Counselling Process Hope Scales,* Doctor's Theis, The Graduate School of Sungkyunkwan University, Seoul.

H. K. Yoon (2011). *The relations among the MBTI preferences, study types and learning strategies*, Doctor's Theis, The Graduate School of Kookmin University, Seoul.

J, F. Hair & W. C. Black (2000). *Cluster analysis*. In L. G. Grimm & P. R. Yamold(Eds.), Reading and understanding more multivariate statistics(pp. 147−205). Washington, DC: American Psychological Association.

A. B. I. Bernardo., M. G. C. Salanga., A. Khan., & S. S. Yeung. (2016). Internal and External Loci−of−Hope Predict Use of Individual and Collaborative Learning Strategies: Evidence from University Students in Four Asian Cities. *The Asia−Pacific Education Researcher, 25*, 367-376.

방학, 공부 잘하는 비법은[1)]

요즘 학교는 한창 기말고사를 보거나 마치고 학기말을 정리하는 단계에 놓여 있다. 그러고 나면 곧 여름방학을 맞이한다.

여름방학의 사전적 의미는 학교에서 무더위를 피해 일정 기간 수업을 쉬는 일을 말한다. 따라서 여름방학 동안 도서관과 가정, 학원 등 학습 장소는 학생마다 다를 수 있다.

이쯤 되면 단골메뉴처럼 등장하는 사회 이슈 중 하나가 사교육비 문제다.

사교육비 통계는 사회적 불평등 수준, 가정의 가처분소득 규모 등을 알 수 있는 유의미한 사회적 지표 중 하나다.

지난해 우리나라 사교육비 총액은 약 20조원에 이르고, 학생 1인당 사교육비는 약 29만원 정도라고 하니 사교육공화국이라는 느낌을 지울 수 없다.

여름방학이 시작되면, 많은 학부모들이 만병통치의 심정으로 특강반이나 단기코스 등에 대한 학원 문의를 한다. 모든 물가가 오르는 데 '아빠 월급'과 '아들 성적'만 안 오른다는 걱정과 함께 '우리 아이는 아무리 해도 안 된다'고 하소연 하는 어느 학부모의 푸념을 생각하면서, 심리적 관점에서 공부에 대한 몇 가지 조언을 하고자 한다.

첫째, 이번 여름방학 동안 자신의 메타 인지(meta-cognition)를 확인해보길 권한다.

메타인지란 자신이 아는 것과 모르는 것을 스스로 알고 문제점을 발견해 해결하고 계획·실행·평가 등 공부과정을 조절할 줄 아는 지능이다. 즉, 효율적인 공부 방법을 터득하는 것이다. 모든 일에는 자기만의 스타일이 있다. 공부 잘하는 학생들은 일정한 학습이해 과정에서 그들만의 스타일이 있다.

많은 과목, 많은 학습내용들이 존재하지만 기억 용량은 한정돼 전부 기억할 수 없기 때문이다. 따라서 수업시간이나 공부과정에서 선생님이 강조하는 것, 반복설명하는 것들을 기록해 밑줄 치기, 연결하여 암기하기 등을 통해 자신만의 방법으로 체크해 둔다.

---

1) 세종포스트 특별기고(2019.07.10.)

이와 함께 국 · 영 · 수 등의 원리를 중심으로 공부한다. 즉, 과목별 다양한 공부 내용들을 자신만의 방법으로 수행해낸다. 온 · 오프라인 학습, 아니면 두 가지 방법을 혼용하는 방법들도 결국 자기에게 적합한 공부와 결합할 때 긍정적인 효과가 있다.

둘째, 공부는 머리 탓이 아니란 사실을 인정해야 한다.

보통 IQ지수가 성취를 결정함에 있어 36~49%를 차지한다고 한다. 현대 지능학자들은 지능을 지적인 측면에서 벗어나 자기의지와 동기 등 인성과 태도로까지 확대하고 있다. 공부의지는 자기결정성의 심리적 요인이 작용한다. 공부 과정에서 힘들 때는 자기 스스로 목표를 되새기고 해결방법을 스스로 찾도록 노력해 보자.

셋째, 분산학습(distributed learning)을 적용할 필요가 있다.

분산학습은 일정 시간을 나눠 도중에 휴식을 취하면서 공부하는 방법으로, 만일 영어 기말고사에 필요한 공부시간이 9시간이라면 3일 동안 3시간씩 학습하는 것이다. 인지심리학자 스턴버그(Sternberg)는 학습기간이 길수록 집중학습보다 분산 학습이 공부 내용을 장기 기억하는 데 더 효과적이라고 했다.

넷째, 부모님들은 자식에 대하여 긍정적인 신념을 갖도록 신뢰를 줘야 한다.

하버드대 심리학자 로버트 로젠탈 교수는 칭찬의 긍정적 효과를 '로젠탈 효과(Rosenthal effect)'라고 말한다. 반대로 미국 사회학자 하워드 베커(Howard S. Becker)는 낙인이론(Labeling theory)을 제창하면서 아이들에게 부정적인 기대와 믿음을 가질 때, 아이들이 더욱 부정적인 행태를 보인다고 했다.

부모님이 아이들에게 '너는 잘 할 수 있다'란 자기 믿음을 줄 때, 아이들은 공부도 잘할 수 있을 것이다.

바야흐로 여름의 절정이다. 우리 학생들에게 이번 여름은 미래 행복을 위해서 피서도 가지 못하고 각자 방법으로 학습하는 여름방학 공부 시간이다. 학교 선생님 지도에서 벗어나니 진정으로 '자기주도 학습'으로 공부가 된다. 진정으로 자신의 공부 방법을 고민하고 자신만의 공부 방법을 터득해 보자.

근대 심리학 창시자 윌리엄 제임스(William James)가 '우리는 행복하기 때문에 웃는 것이 아니고 웃기 때문에 행복하다'고 주장했듯이, IQ지수가 높아서 공부를 잘하는 것이 아니라 공부를 잘하면 IQ지수는 높아진다.

슬퍼서 우는 것이 아니라 울기 때문에 슬퍼지듯이, 공부를 못하기 때문에 자녀를 믿지 못하는 것이 아니라 자녀를 못 믿으면 공부를 못하게 된다.

이번 여름방학 동안 새로운 마음으로 공부 방법을 터득해보자. 자기 의지와 결정을 믿고 직접 자기 주도적으로 자신만의 공부 방법을 실천해 보자. 다가오는 2학기에는 울지 말고 웃어서 행복해 보자

교육과정의 다양성과 특성화 시사점

중학교 3학년 학생들의 진로 공동교육과정 참여가 진로성숙도에 미치는 효과 분석[1)]

Effects of 9th Grade Students' Participation in Career Curriculum Cluster on Career Maturity

<Abstract>

Purpose: This study aims to investigate the factors affecting 9th grade students' participation in Career Curriculum Cluster and to evaluate its effects on career maturity. **Method:** 415 students' responses were analyzed through logistic regression analysis and analysis of covariance. **Results:** First, the rate of 9th grade students' participation in Career Curriculum Cluster was higher for students who showed higher level of volunteer work experience, self-efficacy on student achievement, and parents support and in schools located in big-sized cities. Second, the students participating in Career Curriculum Cluster showed higher degree in career planning, career self-understanding, and the total of its sub-categories than those who did not take part in the program. **Conclusion:** The results could provide implications on enhancing career maturity through Career Curriculum Cluster.

Key words : *Career Curriculum Cluster, curriculum policy, career maturity*

1) 이 논문은 세종특별자치시교육청 정책연구 본문을 학술지 특성에 맞게 수정, 보완한 것으로서, 장봉석 교수와 함께 교육혁신연구, 2019, Vol. 29, No. 2, pp.357-378에 등재된 논문임.

Ⅰ. 서론

아동기에 진로발달이 시작되어 청소년기에 급속하게 진행되는 것으로 보고한 선행연구 결과를 고려하면 중학교는 학생의 진로 고민과 결정 단계에서 매우 중요한 시기이다(홍향연, 유태명, 2008; Keller & Whiston, 2008). 이런 측면에서 2013년도부터 도입된 자유학기제는 중학교 교육과정의 혁신을 통해 학생들을 위한 진로교육의 재정립을 시도하는 것으로 해석될 수 있다. 청소년을 위한 진로교육의 목표가 좁은 의미에서는 학생들의 학과, 학교 및 직업 결정을 돕는 것으로 정의될 수 있으나, 보다 근본적인 진로교육의 목표는 청소년의 진로에 대한 의식, 지식, 탐색 및 결정 등에 대한 진로성숙도의 제고로 논의되기도 한다(정윤경, 이상은, 2005).

진로교육 분야의 대표적 학자인 Super(1953)는 진로성숙을 진로역량과 유사한 개념으로 이해하였다. 이에 개인이 진로선택이나 진로 관련 의사결정 과정에서 자기 자신을 정확하게 파악하고 현실과 타협하면서 현명한 선택을 내리기 위한 준비 과정이라고 정의하면서, 진로성숙을 핵심적인 진로교육의 요소라고 주장하였다. 진로성숙도는 학생 스스로 자신의 진로탐색과 계획과정에서 요구되는 인지적인 능력과 정의적인 태도를 토대로 도출한 방안을 실행하는 능력을 의미한다(박춘성, 김진철, 2016). 따라서 진로성숙도는 자기 주도적 진로탐색 및 결정에 중요한 역할을 하므로 중학생을 위한 진로교육 영역에서 간과되어서는 안 될 중요한 요인이다.

새 정부 출범 이후 교육부는 모든 학생들이 4차 산업혁명시대의 급변하는 직업 세계에 대응하며, 자신의 진로를 주체적으로 선택하고 설계할 수 있는 역량을 함양하도록 지원하기 위해 진로교육 활성화 방안을 확정하여 발표하였다(교육부, 2018). 이러한 상황에서 중학교 3학년 시기는 초기 청소년기에 해당하며, 고등학교와 연계되는 진로전환기이기 때문에 진로중심 교육과정의 역할이 특히 더 부각될 수 있다는 의견이 논의되기도 하였다(조영아, 이재은, 2019).

한편, 교육부는 자유학기제의 성과와 긍정적 반응을 토대로 2018년에 약 1,500개 희망학교를 중심으로 자유학년을 운영하고, 자유학기 · 자유학년 이후에도 약 500개교에서 교실수업 개선에 중점을 두는 연계학기 운영 계획을 발표하였다(교육부, 2018). 그러나 이 같은 변화에도 불구하고 과거 2017년에는 대한민국 정책평가 중 교육문화 분야의 10개 정책에서 자유학기제가 낮은 평점(2.98점/5점)을 받은 바 있다(임우선, 2019.06.10.). 따라서 자유학년제 교육과정에서 진로교육 운영체제에 대한 성찰이 필요할 것으로 판단된다.

자유학기제 도입 초기에는 진로교육을 강화하는 방향으로 전개되는 듯 했으나, 최근에는 교수·학습 개선으로 논의의 초점이 전환되면서 수업과 평가가 중심이 되는 교육과정 혁신이 강조되고 있다(신철균, 김은영, 황은희, 송경오, 박민경, 2014). 따라서 자유학년제로 확대되는 상황에서는 교육과정을 통한 진로교육을 보다 효율적이며 균형 있게 실행할 수 있도록 적절한 방안들이 모색되어야 한다. 그 이유는 바로 초등학교부터 시작된 학생들의 진로인식이 중학교 시기에 이루어진 진로·직업 탐색 결과를 통해 대학 입시에 절대적으로 영향을 줄 수 있기 때문이다(이현미, 2016). 그러나 현실적으로 학교 현장에서는 진로관련 프로그램 개발이 어렵고, 학교 밖 체험을 위한 다양한 인프라가 부족한 이유 등으로 인해 학생들이 실제적이고 효과적인 진로교육을 경험하지 못하고 있는 실정이다. 이에 자유학년제로의 전환 과정에서 진로·직업 탐색의 중요성을 환기하고 학교안팎의 활동을 연계한 교육과정 운영에 대한 심사숙고가 필요하다(정윤경, 2016). 또한 중학교 진로 교육과 관련하여 학생의 요구에 따른 프로그램들을 단위학교에서 모두 개설하지 못하는 경우에는 교육청이나 지역 사회의 자원을 활용하여 다양하게 운영할 필요가 있다. 이를 통해 중학교와 고등학교 사이의 진로 선택중심 교육과정에 대한 유연한 연계 역시 가능하기 때문이다(조영아, 이재은, 2019).

위와 같은 상황을 고려하여 세종특별자치시교육청(이하 세종교육청)은 2017년부터 캠퍼스형 공동교육과정이라는 교육 프로그램을 운영하고 있다. 이는 세종교육청 소속 학생이 적성과 흥미에 따라 인근 학교로 이동하여 원하는 수업을 수강하도록 지원하는 프로그램으로써 크게 Ⅰ형과 Ⅱ형으로 분류된다. Ⅰ형은 정규교육과정을 중심으로 진행되며, Ⅱ형은 맞춤형 진로중심으로 진행된다. 특히, 2017년 2학기부터 캠퍼스형공동교육과정 Ⅱ를 중학교 3학년 학생까지 확대하여 운영하고 있는데 이는 교육청 주관으로 실시되는 전국 최초의 중학교 공동교육과정이다. 중학교 3학년 학생을 대상으로 하는 캠퍼스형공동교육과정의 개설 및 운영을 통해 학생들은 맞춤형 진로과정을 스스로 선택하고 체험할 수 있다. 동시에 고교 진학 이후에도 2015 개정 교육과정의 취지에 부합하는 개인 맞춤형 진로관련 선택중심 교육과정과 연계하는 중요한 계기가 될 수 있다.

따라서 이 연구는 중학생들의 진로적성 중요성에 대한 인식이 강조되는 상황에서 공동교육과정 참여에 대한 영향 요인을 분석함으로써 중학생들의 진로 교육과정 참여에 대한 발전방안을 모색하기 위해 실행되었다. 또한 시·도교육청 차원에서 중학교 3학년을 대상으로 국내

최초로 시행된 진로관련 공동교육과정의 참여가 학생들의 진로성숙도에 어떠한 영향을 주는지 분석하는 것을 그 목적으로 한다.

구체적인 연구 문제는 다음과 같다. 첫째, 캠퍼스형공동교육과정에 참여한 중학교 3학년 학생들의 참여 결정 요인은 무엇인가? 둘째, 캠퍼스형공동교육과정 참여는 중학교 3학년 학생들의 진로성숙도에 효과가 있는가?

Ⅱ. 이론적 배경

1. 진로교육과 진로성숙도

1) 진로교육

진로교육의 개념을 파악하기 위해 먼저 진로와 직업의 정의를 살펴보면 다음과 같다. 진로는 한 개인이 자신의 일생을 통해 수행하는 일의 전체를 의미하는 개념이다(이용근, 2006). 따라서 진로는 생애, 직업 등으로 해석될 수 있으며, 개인의 미래나 장래에 대한 전망으로 이해되기도 한다. 또한 진로는 직업보다 더 확장된 개념이며, 개인의 생애, 직업 선택의 과정과 내용을 지칭하는 용어로써 인간이 삶을 영위하는 동안 실천하는 모든 활동으로 정의되기도 한다(강건우, 2013).

한편, 진로교육은 1970년대 이후 새롭게 등장한 개념으로써 그 이전에는 직업교육이라는 용어가 통용되었다. 당시의 직업교육은 고등학교 수준에서 학생들이 특정 직업을 선택하여 취업이 가능하도록 기능 훈련을 실시한다는 의미로 사용되었으며, 특정 직업을 원하거나 필요로 하는 사람들에게만 적용되는 것이었다. 따라서 진로교육은 직업교육의 의미를 내포하는 동시에 보다 넓은 개념으로써 생애 교육을 의미하는 것으로 정의될 수 있다.

2) 진로성숙도

진로성숙은 1950년대 발달이론가들이 직업선택에 대한 연구를 수행하면서 정립한 개념이다. 당시 연구자들은 이전의 학자들이 단일 의사결정으로서의 직업선택 및 그와 관련된 개인

차를 규명하기 위해 노력했던 것과는 달리 직업행동의 전개와 그 구체적 선택과정에 대한 이해를 시도하였으며, 진로 행동을 발달 이론적 관점에서 논의하였다(유준상, 서우석, 2013).

진로성숙의 정의와 관련하여 Super(1953)는 진로발달의 탐색기부터 쇠퇴기에 이르는 연속선상에서 특정인이 도달한 위치라고 주장하였다. 이와 함께 Crites(1978)는 동일한 연령대의 학생들과 비교하였을 때 발견되는 상대적인 개념이며, 직업 준비의 정도로 설명하였다. 또한 김봉환 외(2017)는 개인이 자신과 직업 영역에 대한 개인적 선호를 토대로 자신이 추구하는 인생 목표와 연계하여 일생을 결정하는 진로를 고려하고 계획하는 과정에서, 자신과 동일한 발달단계에 속한 집단이나 유사한 연령대의 발달과업 수행 정도에서 보이는 상대적인 위치로 정리하였다. 따라서 진로성숙은 개인의 발달 단계에서 다음 단계로 진행하기 위한 준비 과정으로 이해하는 관점과 발달을 연속적 개념으로 이해하고 각 개인이 발달 단계에서 어느 위치에 포함되어 있는지를 평가하는 관점을 통합한 개념으로 인식되기도 한다. 이와 함께 개인의 진로성숙 수준은 그가 소속된 연령층에게 기대되는 행동과 비교했을 때 어느 정도 일치하는지에 의해 평가된다.

진로성숙도를 측정하는 경우에 고려되는 하위요인은 일반적으로 자기이해, 직업과 교육적 선택에 대한 지식, 자율성 등이 포함되며, 이를 통해 교사는 학생들의 진로발달 과정과 수준에 대한 종합적 이해가 가능하다(김혜림, 김효정, 2018). 따라서 학생들은 자신의 진로성숙도 수준을 이해하고, 자신이 노력해야 할 방향을 선택하기 위한 적극적인 시도를 어느 분야에서 수행해야 하는지에 대한 정보를 제공받게 된다.

진로성숙도를 측정하는 대표적인 도구로서 Crites(1978)와 한국교육개발원(1992)의 측정모델이 자주 인용된다. 먼저 Crites(1978)의 진로성숙검사는 성인지능검사에 적용된 연령연계 점수화 방법을 활용하고, 진로선택에 대한 태도와 의사결정의 측면에서 학생 진로성숙도를 측정하기 위해 구성된 척도이다. 초등학교 6학년 학생부터 고등학교 3학년 학생까지 활용 가능하다. 이는 태도 척도와 능력 척도로 구성되는데, 태도 척도는 진로선택 과정에서 학생들의 태도와 진로결정에 영향을 주는 성향과 태도를 측정한다. 능력 척도는 진로의사결정의 단계에서 중요한 지식 영역과 관련 있으며, 직업정보, 자기평가, 목표 설정, 계획, 문제해결의 다섯 영역을 측정한다.

둘째, 한국교육개발원(1992)의 진로성숙도검사는 단위학교에서 중등학생들의 진로교육 필요와 문제점을 파악하고 진로계획 정립 과정에서 활용할 수 있도록 개발된 척도이다. Crites의 진로성숙검사에 기반하며, 국내의 사회 문화적 환경을 고려하여 개발된 검사도구이다. 검사는 중학교 2학년 학생부터 고등학교 3학년 학생까지 사용 가능하다. 하위영역은 진로성숙 태도와 능력으로 구분된다. 태도 영역에는 계획성, 독립성, 결정성이 포함되며, 능력 영역에는 의사결정 능력, 직업세계 이해력, 직업선택 능력이 해당된다.

3) 중학생에 대한 진로교육 효과

중학생을 대상으로 실시된 진로교육 프로그램들의 효과와 특성을 메타분석을 통해 종합적으로 정리한 연구 결과를 중심으로 살펴보면 다음과 같다.

첫째, 조중현과 김진숙(2014)은 중학생 대상 진로집단상담 프로그램의 효과를 연구한 65편의 논문을 분석한 후, 전체 효과크기를 1.122로 보고하였다. 이는 진로집단상담 프로그램의 효과가 매우 큰 것으로 해석될 수 있다. 구체적으로 상담이론, 심리검사, 및 매체를 활용한 프로그램의 효과가 진로 요인만을 포함한 프로그램 보다 더 큰 것으로 나타났다. 성별에 따라 동성집단의 효과크기가 혼성보다 더 크게 나타났으며, 학년을 통합하여 운영한 프로그램의 효과크기가 단일학년으로 운영한 프로그램 보다 더 높았다.

둘째, 서현주(2015)는 직업카드를 활용한 진로지도 프로그램의 효과에 대한 57편의 논문들을 메타분석을 통해 종합하였다. 그 결과 중학생 대상 프로그램의 효과크기는 2.01로써 매우 크게 나타났으며, 이는 초등학생 집단과 고등학교 및 대학생 집단보다 훨씬 높은 수치인 것으로 확인되었다.

셋째, 양지훈과 김민아(2016)는 메타분석을 통해 청소년 멘토링 프로그램의 효과를 논의한 21편의 연구 결과를 종합하여 제시하였다. 그 결과 진로계획에 대한 효과크기가 1.764로 매우 크게 나타났으며, 이를 통해 멘토링 프로그램이 청소년들의 진로 정체성을 확립하고 학생들의 진로발달과 진로결정의 수준을 향상시키는데 도움이 된다고 주장하였다. 또한 중학생 대상 프로그램의 효과크기가 0.932인 것으로 나타나 매우 높은 수준의 효과가 있음을 확인하였다.

한편, 개별연구를 통해 밝혀진 중학생 대상 진로교육 프로그램의 효과를 정리하면 다음과 같다.

첫째, 김하나와 김혜연(2015)은 중학생을 대상으로 진로코칭 프로그램을 실행한 결과, 실험에 참여한 학생들의 자기효능감과 진로성숙도가 모두 향상된 것으로 보고하였다. 그리고 학생들은 진로코칭 프로그램 중 가장 유익한 활동으로 일대일 코칭을 선택하였다.

둘째, 중학생 대상 진로교육과 진로체험활동은 진로성숙도와 진로인식에 긍정적인 영향을 주는 것으로 나타났다(박현진, 백성혜, 2015; 심재희, 오정아, 조오숙, 2017). 박현진과 백성혜(2015)는 자유학기제에서 시행된 진로체험활동의 효과를 분석한 결과, 학생들은 진로 관련 긍정적 인식 확립, 희망 진로의 변화, 관심 있는 진로 발견 등의 의견을 제시한 것으로 나타났다. 심재희, 오정아와 조오숙(2017)은 중학생 대상 진로교육 및 진로체험활동의 효과를 분석한 결과, 실험에 참여한 학생들의 진로 독립성, 진로계획과 직업태도, 자기이해 수준이 향상된 것을 확인하였다.

앞서 제시된 선행 연구 결과를 종합 정리하면, 중학생 대상 진로교육 프로그램에는 진로집단상담 프로그램, 직업카드를 활용한 진로지도 프로그램, 청소년 멘토링 프로그램, 진로코칭 프로그램, 진로교육과 진로체험활동 프로그램 등이 포함되며, 대부분 진로성숙도 향상 등의 긍정적인 효과를 보고한 것으로 나타났다.

2. 진로교육에서의 선택중심 교육과정

중학교 선택중심 교육과정과 연계된 진로교육의 구체적 내용을 이해하기 위해 교육과정 실행 수준을 국가, 시·도교육청, 단위학교, 지역사회 등으로 구분하여 정리하면 다음과 같다(장봉석, 2017).

첫째, 국가 수준의 교육과정 실행과 관련하여 교육부(2017)는 자유학기제를 내실화하고 확대하기 위하여 중학교 자유학기제 확대·발전 계획을 발표하였다. 자유학기제 운영은 크게 주제선택 활동, 예술체육 활동, 동아리 활동, 진로탐색 활동으로 구분된다. 주제선택 활동은 학생의 흥미, 관심사를 반영하여 여러 전문 프로그램을 운영함으로써 학습동기를 유발하기 위한 활동이다. 예술체육 활동은 다양하고 내실 있는 예술·체육 교육을 통해 학생들의 소질과 잠재력을 계발하기 위한 활동이며, 동아리 활동은 학생들의 공통된 관심사를 기반으로 동아리를 조직·운영함으로써 학생 자치활동을 활성화하고 특기·적성을 개발하는 것이다. 그리고 진로탐색 활동은 학생이 적성과 소질을 탐색하여 스스로 미래를 설계할 수 있도록 체계적인 진로교육을 실시하는 것이다.

둘째, 시·도교육청 수준에서는 교육부 중학교 진로지도 교육정책 방향을 상황에 맞게 진행하고 있다. 예컨대, 지역 교육청별로 진로교육 협력문화를 조성하기 위해서 진로체험지원센터를 제공하고 진로체험지원단을 운영하고 있다.

셋째, 단위학교 수준에서는 자유학년제 교육과정을 통하여 중학생의 진로교육을 학교상황별로 특성화하고 다양하게 진행하고 있다. 예를 들어, 세종교육청의 경우 1H3S벨트형 외국어 및 스포츠 교육과정을 운영한 바 있다. 외국어(영어 · 중국어) 공동교육과정의 경우, 4개의 중학교가 통합 벨트형 프로그램으로 운영하는데, 희망 학생들 중 수준별로 영어 3학급, 중국어 1학급을 원어민 중심으로 운영하고 중학교 소속 교사들이 협력교사로 활동하였다. 중학교 간 학교별 벨트화를 통한 공동교육과정은 각 학교별로 강점을 갖는 물적 · 인적 자원을 최대로 활용하여 학생들의 진로교육을 다양화하고 특성화하는 새로운 시도이다. 이는 2012년 진로전담교사 양성 프로그램이 보급된 이후 학생들의 맞춤형 진로 과목에 대한 수요가 급속하게 증가한 상황을 반영한 것이다.

이 밖에도 지역사회 수준에서의 진로교육과정 실행은 교육청, 학교 및 지역사회와의 연계 관점으로 이해될 수 있다. 예컨대, 세종교육청에서는 각 지역마다 마을교육 공동체 인적자원을 발굴하여 양성하고 이를 확대하는 방안을 적극적으로 실천하고 있다.

3. 진로성숙도에 대한 영향 요인 분석

진로성숙도에 영향을 주는 요인을 분석한 선행연구 결과를 개인, 가정, 학교 요인으로 구분하여 정리하면 다음과 같다.

첫째, 개인 요인 중 성별에 따른 차이를 분석한 연구에서는 일반적으로 여학생의 진로성숙도가 남학생보다 더 높게 나타난 것을 확인할 수 있었다(조세연, 김기찬, 2014; Omvig & Thomas, 1977). 그러나 남학생이 상대적으로 더 높은 진로성숙도를 보인 연구 결과도 보고되었으며(이나경, 2014; 정윤경, 이상은, 2005), 성별에 따른 차이가 유의하지 않은 것으로 보고한 선행 연구도 발견되었다(임현정, 이영주, 2014).

또한 자아존중감이 높을수록 진로성숙도의 수준도 높게 나타난 것을 확인하였다(길혜지, 윤지윤, 2014). 이와 함께 김성경(2008)은 자기효능감의 수준이 높게 나타날수록 진로성숙도 역시 높은 것으로 보고하였고, 이 결과를 토대로 효과적인 진로지도를 위해 자기효능감 증진 프로그램을 개발하여 실행하는 것을 제안하였다.

마지막으로 자기주도 학습능력이 진로성숙도와 관련된 변인으로 나타났다. 김지선, 원새연, 이원재(2014)는 학생들의 진로의식이 자기주도 학습과 정적 상관관계를 보인다고 설명하였다. 그리고 길혜지와 윤지윤(2014)은 스스로 학습하는 시간과 숙제 시간이 많을수록 학생들의 진로성숙도 수준이 더 높은 것을 발견하였다. 정윤경과 이상은(2005) 역시 학생들의 독서량이 증가할수록 진로성숙도가 더 높게 나타난다고 주장하였다.

둘째, 가정 요인 중 월평균 가구소득이 높을수록 진로성숙도가 더 높은 것으로 보고되었다(길혜지, 윤지윤, 2014). 이와 관련하여 Super(1953)는 개인의 진로 결정과정에서 부모의 사회경제적 수준이 중요한 요소라고 설명한 바 있다. 그리고 부모와 자녀의 관계가 좋을수록 진로성숙도의 수준도 더 높은 것으로 나타났다(길혜지, 윤지윤, 2014; 윤현, 2011). Keller와 Whiston(2008)은 부모 양육태도가 청소년 진로발달에 긍정적으로 영향을 미친다고 보고했으며, 이주연과 조연희(2015)는 어머니의 학력이 학생의 진로성숙도와 긍정적 관계가 있다고 설명하였다.

셋째, 학교 요인 중 봉사활동 경험과 그에 따른 만족도가 높은 경우에 학생들의 진로성숙도가 높은 것으로 나타났다(홍은숙, 이화숙, 2015). 또한 동아리 활동 경험이 진로성숙도를 향상시키는 요인으로 밝혀졌으며(임현정, 김난옥, 2011), 학교만족도와 관련하여 학교시설, 환경 등에 대한 만족도가 높은 학생일수록 진로성숙도의 수준이 높은 것으로 나타났다(정윤경, 이상은, 2005).

이상과 같은 선행연구 분석 결과를 토대로 이 연구의 필요성을 제시하면 다음과 같다. 중학생들의 진로적성 중요성에 대한 인식이 강조되는 사회적 상황에서 현재까지 실시된 중학생 대상 진로교육 프로그램은 대부분 진로성숙도 향상 등의 긍정적인 효과를 보고한 것으로 나타났다. 이와 함께 학생들의 진로성숙도에 대한 영향 요인은 개인적 특성 외에도 가정, 학교 등의 복합적 변인들을 고려하여 종합적으로 분석될 필요가 있음을 확인할 수 있었다. 그러나 적성과 흥미에 따라 제공되는 전공 연계 수업에 대한 중학생들의 참여가 진로성숙도에 미치는 영향을 분석한 연구는 아직까지 실시되지 않았으며, 학생들의 참여 결정 요인에 대한 논의 역시 현재까지 이루어지지 않은 것으로 나타났다.

4. 세종교육청 캠퍼스형공동교육과정

세종교육청에서 운영하는 캠퍼스형공동교육과정은 세종교육청 소속 학교 간 공동체성에 기반한 학생 맞춤형 공동교육과정을 의미한다(세종특별자치시교육청, 2018). 특히 캠퍼스형공동교육과정 Ⅱ는 중학교 3학년 학생들에게 확대·운영되는 프로그램으로써, 중학교에서 지속 가능한 진로 탐색, 그리고 학교 간 연계를 통한 통합적 진로 과정으로 이해될 수 있다. 캠퍼스형공동교육과정의 세부사항을 살펴보면 다음과 같다.

〈표 Ⅱ-1〉 중학교 3학년 공동교육과정 개설 현황 예시

영역	전공	강좌명
어문	국문, 문예창작	웹 소설 창작기초
어문	세계사	생활 속의 세계 역사와 문화
어문	일본문화	일본만화를 통한 동아리문화
어문	프랑스문화	프랑스문화와 프랑스어기초
어문	항공서비스	항공승무원 진로탐색과 체험
어문	인문학	과제탐구와 보고서작성법
사회과	방송영상	TV 방송 제작의 기본
사회과	방송영상	TV 공익광고 제작
사회과	심리학	심리게임
예체능	디자인+홍보융합	시각디자인과 커뮤니케이션
예체능	미술+심리 융합	미술심리치료사반
예체능	가야금	12현,25현가야금
예체능	미술(목공+디자인)	생각하는 가구 디자인
예체능	체육+경제경영	스포츠마케팅의 세계
공학	드론	하늘의 산업혁명 드론
공학	멀티미디어	CSS와 HTML을 사용한 웹디자인
공학	멀티미디어	컴퓨터코딩(코드크리에이터)
공학	로봇	피지컬컴퓨팅(햄스터로봇)을 활용한 SW코딩
공학	기하학	조노돔: 직접조립하고 체험하면서 배우는 기하학
공학	멀티미디어	안드로이드 어플리케이션 기획 및 개발
공학	멀티미디어	안드로이드 앱 만들기
생활과학	의류학	패션일러스트레이터
생활과학	의류학	패션디자인 이해
생활과학	네일아트	네일아트 디자인

구체적으로 살펴보면, 5개 영역에서 24개 강좌가 개설되었다(세종특별자치시교육청, 2018). 강좌는 거점학교별로 운영되며, 교수, 석 · 박사과정 학생, 세종교육청 소속 교사, 국책연구단지 연구원, 특정재능 보유자 등이 교수자로 초빙되었다. 또한 거점학교에서 진로 전공별로 프로그램이 진행되었는데, 이를 위해 교육청에서 운영을 위한 거점학교를 공모하고 담당자를 선정하였다. 수업 실행 이전에는 학생설명회, 강사 오리엔테이션, 교육과정 지원단을 구성하고, 운영 후에는 교육청에서 학생의 평가기록을 취합하여 재확인하였다. 그리고 최종결과를 참여 학생의 학교에 전달하고, 학교에서는 내부결재 후 담당자가 학교생활기록부 진로영역 특기사항에 기록하였다. 이처럼 캠퍼스형공동교육과정은 진로 맞춤형 공동교육과정으로써 도시가 하나의 교육공동체 공간을 형성하고 중학생의 진로 수업 선택을 확대하는 특성을 지닌다.

Ⅲ. 연구방법

1. 연구대상

중학교 3학년 학생 415명의 자료가 최종적으로 분석에 활용되었다. 캠퍼스형공동교육과정에 참여한 228명이 실험집단, 미 참여 학생 187명이 통제집단으로 선정되었다. <표 Ⅲ-1>에 제시된 바와 같이, 두 집단 모두 단성보다는 남녀공학이 많으며 지역 또한 읍 · 면지역보다는 동지역의 대상자가 많았다. 한편, 통제 집단은 단순무선 표집을 위해 캠퍼스형공동교육과정에 미 참여한 전체 학생 중 자발적으로 설문에 응답한 학생들만을 대상으로 구성하였다.

〈표 Ⅲ-1〉 연구대상자 (단위: 명)

구분	성별		남녀공학		지역	
실험집단	남	112	공학	178	읍 · 면	62
	여	116	단성	50	동	166
통제집단	남	90	공학	121	읍 · 면	60
	여	97	단성	66	동	127

2. 변인 특성 및 설명

이 연구에 투입된 종속변인의 측정 처리에 대한 설명은 다음과 같다. 진로성숙도를 측정하기 위해 경기교육종단연구의 설문지를 활용하였다(성기선, 김준엽, 박소영, 민병철, 2012). 진로성숙도는 진로에 대한 계획성(5문항, 예: 나는 미래를 위해서 다양한 경험을 쌓으려고 생각하고 있다)과 진로에 대한 자기이해(5문항, 예: 나는 내가 잘하는 일이 무엇인지 안다) 등의 두 가지 하위요인으로 구성되어 있다. 분석 결과 진로성숙도의 신뢰도는 높은 수준이었다.

〈표 Ⅲ-2〉 종속변인의 특성

변인	내용	변인처리	신뢰도
참여여부	참여 1, 불참 0	더미변수	
진로성숙도	계획성 5문항 (4점 척도)	원 점수(20점 만점) - 점수가 높아질수록 계획성 높음	.886
	자기이해 5문항 (4점 척도)	원 점수(20점 만점) - 점수가 높아질수록 자기이해 높음	.873

이와 함께 독립변인의 측정 처리에 대한 설명은 다음과 같다.

〈표 Ⅲ-3〉 독립변인의 특성

변인		내용	변인처리
개인	성별	남 1, 여 0	더미변수
	주당 독서	측정시점에서 시간 값	원 점수
	직전 학기 봉사시간	측정시점에서 시간 값	원 점수
	동아리 참여	참여 1, 불참 0	더미변수
	학생회 임원	임원 1, 아님 0	더미변수
	성취 효능감	매우 우수 5, 우수 4, 보통 3, 낮음 2, 매우 낮음 1	점수가 높을수록 학업성취도가 높다고 생각
가정	부모 지원	매우 우수 5, 우수 4, 보통 3, 낮음 2, 매우 낮음 1	점수가 높을수록 가정 지원이 높다고 생각
	지역	동지역 1, 읍 · 면지역 0	더미변수
학교	남녀공학	공학 1, 단성 0	더미변수

위 표와 같이 독립 변인들은 척도와 더미변수로 구성되어 있음을 확인할 수 있다.

3. 자료 수집

먼저 연구 참여집단과 비참여 집단을 대상으로 진로성숙도 사전 검사를 실시하였다. 그 후 캠퍼스형 공동교육과정을 진행하였고, 프로그램 종료 후 진로성숙도에 대한 사후 검사를 실시하였다.

한편, 프로그램 진행 전에 교수·학습이 학생 중심으로 진행되도록 연수를 실시하였으며 강의계획서의 예시는 다음과 같다.

〈표 Ⅲ-4〉 강의계획서 예시

<table>
<tr><td>강좌</td><td colspan="2">시각디자인과 커뮤니케이션</td><td>지도교사</td><td colspan="2">○○○</td></tr>
<tr><td>대상</td><td>중3</td><td>수준</td><td>중</td><td>교재명</td><td>유인물, ppt 파일</td></tr>
<tr><td colspan="3">토</td><td colspan="3">오전(10:00-12:50)</td></tr>
<tr><td colspan="3">수업일정</td><td colspan="3">총 5회 * 3시간 =15시간</td></tr>
<tr><td colspan="6">학습목표</td></tr>
<tr><td colspan="6">1. 시각디자인은 대중과 소통하는 학문으로, 시각디자인의 대표적인 타이포그래피와 심볼마크, 브랜드 로고타입의 사례를 통해 시각디자인 전공진로에 대하여 구체적으로 탐색해 본다.
2. 주제에 따른 탐구를 바탕으로 아이디어 발상과 전개, 그리고 표현을 통해 결과물을 완성 발표한다.</td></tr>
<tr><td colspan="6">학습 내용</td></tr>
<tr><td colspan="6">1. 타이포그래피와 심볼 마크, 브랜드로고타입이 대중과 어떻게 커뮤니케이션 되고 있는지 사례를 통해 감상하고 탐구한다.
2. 매시간 주제와 관련된 사례를 통해 토의 후 새로운 주제에 대하여 개인별 아이디어 발상과 전개 그리고 표현까지 완성해 본다.
3. 결과에 대하여 발표 후 다 같이 토론 후 마지막 차시 포트폴리오 완성(A4클리어파일)</td></tr>
<tr><td colspan="6">유의 사항 및 기타</td></tr>
<tr><td colspan="6">1. 매시간 연필(2-3가지), 지우개, 자, 채색용 컬러펜슬 또는 필기도구
2. A4클리어 파일 준비(수업 유인물 및 아이디어 전개 파일 정리용)</td></tr>
</table>

자료 수집은 연구취지를 설명한 후 자발적인 참여의사를 밝힌 학생들을 대상으로 실시하였으며, 검사 진행상의 편향을 통제하도록 사전 및 사후 검사 모두 동일한 보조교사가 실시하였다.

참고로 이 연구에 참여한 학생들의 캠퍼스형 공동교육과정의 참여 영역과 참여 동기에 대한 분포는 다음과 같다.

〈표 Ⅲ-5〉 참여 영역과 참여 동기 (단위: 명)

구분	영역	학생수
참여 영역	인문어문부	78
	사회과학부	35
	예 · 체능부	67
	자연공학부	26
	생활과학부	22
참여 동기	스스로	114
	교사권유	73
	친구권유	28
	기타	13

앞서 제시된 바와 같이 이 연구에서 중학교 3학년 학생들이 참여한 캠퍼스형 공동교육과정 영역은 인문어문과 예 · 체능이 주를 이루었고 사회과학, 자연공학, 생활과학의 순으로 분포되어 있다. 그리고 캠퍼스형 공동교육과정에 참여하게 된 동기를 살펴본 결과, 50%의 학생들이 스스로 참여를 선택하였으며 교사와 친구 등도 참가결정에 많은 영향을 주고 있음을 알 수 있다.

4. 연구 설계 및 분석 방법

첫째, 중학교 3학년 학생들의 캠퍼스형 공동교육과정 참여에 대한 영향 요인을 파악하기 위하여 로지스틱 회귀분석(Logistic Regression)을 실시하였다. 종속변인은 더미변수로써 캠퍼스형 공동교육과정의 참여 여부이며, 독립변인은 개인 특성, 가정 특성, 학교 특성으로 구분하여 설정하였다. 그리고 각 독립변인의 영향력을 종합적으로 탐색하기 위해 입력(Enter) 방법으로 분석한 후, 통계적인 유의성을 확인하였다. 둘째, 중학교 3학년 학생들의 캠퍼스형 공동교육과정 참여가 진로성숙도에 미치는 효과를 확인하기 위해 다음과 같이 연구를 설계하였다.

〈표 Ⅲ-6〉 연구 설계

실험 집단	O_1	X	O_2
통제 집단	O_3		O_4

X : 캠퍼스형 공동교육과정
O_1: 실험집단 사전검사
O_2: 실험집단 사후검사
O_3: 통제집단 사전검사
O_4: 통제집단 사후검사

앞서 제시된 연구 설계에 따라 캠퍼스형 공동교육과정 참여가 진로성숙도에 미치는 효과를 파악하기 위하여 실험집단과 통제집단 간 사전검사 결과의 집단별 평균 차이를 분석하였다. 이후, 사전검사 점수를 공변인(covariate variable)으로 설정하고 사후검사 점수에 대하여 공변량분석(ANCOVA)을 실행하였다. 자료 분석을 위해 SPSS 23.0 프로그램을 활용하였다.

Ⅳ. 연구 결과

1. 자료의 검토

분석에 앞서 자료에 대한 기본 가정의 검토를 실시하였다. 왜도(-.978~.990)와 첨도(-.981~.994)들은 모두 정상 범위였다. 잔차의 독립성 검증에서 Durbin-Watson 통계치

또한 1.82로서 2에 근접하고 있어 잔차 간에 자기상관이 존재하지 않았으며, 다중공선성 검정을 위한 VIF(Variance Inflation Factor) 값 역시 모두 10 이하(1.174~4.888)로서 기본 가정을 충족하였다.

2. 캠퍼스형공동교육과정의 참여 영향 요인

중학교 3학년 학생들의 캠퍼스형공동교육과정 참여에 대한 영향 요인을 탐색하기 위하여 로지스틱 회귀분석을 실시하였다. 종속변인은 캠퍼스형공동교육과정 참여 여부로써 더미변수이며, 참여 값은 1, 참여하지 않는 값은 0이다. 독립 변인은 개인 변인(성별, 주당 독서시간, 직전 학기 봉사시간, 동아리 참여, 학생회 임원, 성취 효능감), 가정 변인(부모 지원, 지역), 학교 변인(남녀 공학)으로 구분하여 설정하였다. 명명척도로 측정된 변인들을 제외한 후, 기술 통계 자료를 제시하면 다음과 같다.

〈표 Ⅳ-1〉 기술 통계

변인			평균	표준편차
종속변인		캠퍼스형공동교육과정(1=참여)	-	-
독립변인	개인	성별(1=남)	-	-
		주당 독서시간	1.54	1.66
		직전 학기 봉사시간	5.09	4.80
		동아리 참여(1=참여)	-	-
		학생회 임원(1=임원)	-	-
		성취 효능감	3.31	.92
	가정	부모 지원	3.85	.85
		지역(1=동 지역)	-	-
	학교	남녀공학(1=남녀공학)	-	-

한편, 모형의 적합 검정을 위하여 분류 정확도를 알아본 결과는 다음과 같다.

〈표 Ⅳ-2〉 분류표

관측됨		예측		
		캠퍼스형공동교육과정		분류 정확 퍼센트
		참여	미 참여	
캠퍼스형 공동교육과정	참여	42	123	25.6
	미참여	29	221	88.0
전체				63.4 (263/415*100)

위의 분류표는 모형평가 기준의 고려사항으로, 실제 종속변인과 모형에 의해 예측된 종속변인 간에 올바르게 분류한 빈도와 잘못 분류한 빈도를 제시한 것이다(김원표, 2017). 즉, 독립변인에 의한 캠퍼스형공동교육과정 참여 여부를 분류하는 예측력은 63.4%로써 대체로 양호한 결과였다.

한편, 캠퍼스형공동교육과정 참여에 대한 독립변인들의 통계적 유의성을 분석한 결과는 다음과 같다.

〈표 Ⅳ-3〉 캠퍼스형공동교육과정 참여에 대한 영향 요인 분석

변인		B	S.E.	Wals	자유도	유의확률	Exp(B)
개인	봉사시간	.054	.025	4.825	1	.028	1.056
	성취 효능감	.248	.123	4.077	1	.043	.780
가정	부모 지원	.317	.132	5.795	1	.016	1.373
	지역	1.908	.676	7.974	1	.005	6.738
학교	남녀공학	1.752	.642	7.456	1	.006	5.766

앞서 나타난 바와 같이, 중학교 3학년 학생들의 캠퍼스형공동교육과정 참여는 개인, 가정 및 학교 요인이 모두 설명력을 갖는 것으로 나타났다. 개인 요인에서는 직전학기 봉사시간과 성취 효능감 변인이 통계적으로 유의한 수준에서 영향을 주는 것으로 나타났다. 직전학기 봉사시간이 높을수록 참가하는 경향성이 높았고, 성취 효능감이 높을수록 참여 경향성은 높았다. 가정 요인에서는 부모 지원과 지역이 캠퍼스형공동교육과정 참여에 대해 통계적으로 유

의한 수준에서 영향을 주는 변인이었다. 즉, 부모지원이 높다고 생각할수록, 동 지역에 거주할수록 캠퍼스형공동교육과정에 대한 참여 경향성이 높았다. 마지막으로 학교 요인에서는 남녀공학 여부가 통계적으로 유의한 변인으로 나타났다. 구체적으로 남녀공학이 단설보다 참여 경향성이 높았다.

3. 캠퍼스형공동교육과정 참여의 효과

중학교 3학년 학생들의 캠퍼스형공동교육과정 참여가 진로성숙도에 대한 효과가 있는지 파악하기 위해 두 집단 사전검사 평균과 표준편차, 사후검사 평균과 표준편차, 교정 평균을 계산한 결과는 다음과 같다.

〈표 Ⅳ-4〉 집단별 진로성숙도 검사 결과

변인	집단명	사전검사		사후검사		교정 사후	
		M	SD	M	SD	M	SE
진로 계획성	실험집단	3.01	.43	3.16	.39	3.14	.02
	통제집단	2.96	.49	2.95	.41	2.97	.01
진로 자기이해	실험집단	2.97	.49	3.13	.44	3.11	.02
	통제집단	2.93	.56	2.97	.52	2.99	.01
전체	실험집단	2.99	.40	3.13	.34	3.12	.01
	통제집단	2.94	.46	2.96	.39	2.98	.01

위와 같이 실험집단의 경우, 진로 계획성에 대한 사전-사후검사 점수 간에 0.15, 진로 자기이해는 0.16, 진로성숙 전체에서는 0.14의 차이가 있었다. 통제집단의 경우, 진로 계획성에 대한 사전-사후검사 점수 간에 –0.01, 진로 자기이해는 0.04, 진로성숙 전체에서는 0.02의 차이가 있었다. 두 집단별 사후검사 평균 차이가 통계적으로 유의미한지 검증하기 위해 공변량분석을 실시한 결과는 다음과 같다.

〈표 Ⅳ-5〉 공변량분석 결과

변인	변량원	제곱합	자유도	평균제곱	F	유의확률
진로 계획성	공변인	50.313	1	50.313	1141.255	.001
	집단	2.921	1	2.921	66.249	.001
	오차	18.163	412	.044		
진로 자기이해	공변인	82.519	1	82.519	1811.589	.001
	집단	1.477	1	1.477	32.427	.001
	오차	18.767	412	.046		
전체	공변인	51.030	1	51.030	2512.183	.001
	집단	2.126	1	2.126	104.649	.001
	오차	8.369	412	.020		

앞서 제시된 바와 같이, 사전검사의 영향을 제거한 후, 두 집단 간 진로 계획성[F(1, 412)=66.249, p〈.01], 진로 자기이해[F(1, 412)=32.427, p〈.01], 진로성숙도 전체[F(1, 412)=104.649, p〈.01] 점수에서 통계적으로 유의미한 차이가 있었다. 그리고 실험집단이 통제집단에 비해 진로 계획성, 진로 자기이해 및 진로성숙도 전체 점수가 높게 나타났다. 따라서 중학교 3학년 학생들의 캠퍼스형공동교육과정 참여가 그들의 진로성숙도 향상에 효과가 있음을 확인할 수 있었다.

V. 논의 및 제언

1. 논의

이 연구는 중학교 3학년 학생들의 진로 공동교육과정 참여에 대한 영향 요인을 분석하고, 진로 공동교육과정 참여가 학생들의 진로성숙도에 미치는 효과를 파악하기 위해 실시되었다. 연구 결과는 다음과 같다.

첫째, 중학교 3학년 학생들의 캠퍼스형공동교육과정 참여에 대한 영향 요인으로 개인, 가정 및 학교 요인이 모두 포함된 것으로 나타났다. 이는 진로 공동교육과정을 성공적으로 운영하기 위해서는 교육 주체의 다양한 요인들이 복합적으로 고려되어야 함을 의미하는 것으로 해석될 수 있다.

개인 요인에서는 직전 학기 봉사시간이 높을수록 캠퍼스형공동교육과정 참여에 참가하는 경향성이 높았다. 이 결과는 학생들의 자원봉사활동 경험과 진로성숙도가 긍정적인 관계가 있음을 보고한 박관숙(2012)의 연구와 맥락을 같이 한다. 이와 함께 성취 효능감이 학생들의 캠퍼스형공동교육과정 참여에 대해 통계적으로 유의미한 영향 요인이었다. 성취 효능감은 학업적 자기효능감을 의미하며, 학생이 학업성취에 대하여 지각하는 능력을 뜻한다. 이 연구 결과는 학업성취가 높을수록 교육과정클러스터에 참여하는 경향성이 높다는 장봉석(2017)의 결과와 유사하다. 자신의 성취에 대한 효능감이 높은 학생은 어려운 과제에도 과감하게 도전하듯이(Pintrich & De Groot, 1990; Schunk, 1991), 성취 효능감이 높은 학생은 진로에도 적극적인 태도를 가짐으로써 진로 공동교육과정 선택에 긍정적인 영향을 준다고 이해될 수 있다(박현희, 김순희, 2016). 그리고 성취에 대한 효능감이 높을수록 진로이해, 진로선택능력 및 합리적인 의사 결정이 높게 작용하여 진로 관련 공동교육과정에 더 많은 관심을 가지고 참여할 수 있다(장봉석, 2017).

가정 요인과 관련된 연구결과에서는 부모 지원이 캠퍼스형공동교육과정 참여에 대해 영향을 주는 것으로 나타났다. 이는 청소년들의 진로에 대한 고민 속에서 가장 큰 영향력을 발휘하는 사람이 부모라는 점과 연계하여 이해될 수 있다(정주영, 2010). 이 연구 결과는 선행연구 결과를 뒷받침하고 있으며(최옥현, 2006; Baker, 1999), 학생의 진로교육과정 선택에서 부모 지원이 믿음을 더해 주는 것으로 해석 가능하다. 또한 캠퍼스형공동교육과정 참여에 대하여 동 지역 거주가 통계적으로 유의미한 영향 요인이었다. 이와 같은 결과는 세종시의 동 지역 학교 간 거리가 밀집된 특성으로 공동교육과정 운영에 유리한 환경을 지닌 상황과 관련이 있다. 이로써 거점학교 중심의 다양한 진로 교육과정 참여에 대해 읍·면 지역보다는 동 지역이 긍정적인 역할을 하고 있음이 확인되었다. 이 결과는 선행연구와 일치하는 것으로 나타났으며(김미란, 2006; 장봉석, 2017; 정제영, 정예화, 장선희, 이슬아, 2017), 진로 관련 공동교육과정에 대한 도·농 지역 차를 보여 주고 있기 때문에 읍·면 지역 중학생들을 위한 진로 공동교육과정의 개발·운영에 대한 추가적인 지원이 필요함을 시사하고 있다.

학교 요인에서는 남녀공학의 영향력이 통계적으로 유의한 것으로 나타났다. 이 결과로부터 남녀 혼성이 단성보다 진로적성 관련성을 높게 평가하고 있으며, 성 고착에서 벗어난 다양한 진로 탐색이 단성보다 혼성학교에서 유리하게 작용하고 있음을 확인할 수 있었다(Omvig & Thomas, 1977).

둘째, 캠퍼스형공동교육과정에 참여한 학생 집단이 통제 집단에 비해 진로에 대한 계획성, 진로에서의 자기이해, 진로성숙도 전체에서 상대적으로 높은 수준을 보이는 것으로 나타났다. 이는 중학생의 진로체험 활동 참여 학생이 미 참여 학생보다 진로성숙도가 높다는 선행연구 결과와 일치한다(이기정, 김영식, 2016). 따라서 중학생들의 진로교육과 관련하여 단위학교에서 프로그램 개설이 어려운 경우에는 학생들의 흥미와 적성을 고려하여 다양하고 특성화된 소인수 진로 공동교육과정을 개설 · 운영하는 것이 효과적이라는 사실도 확인할 수 있었다(김재춘, 박소영, 2004).

2. 제언

연구 결과를 토대로 제언을 제시하면 다음과 같다.

첫째, 중학생들의 진로성숙에 대하여 공동교육과정 운영이 효과적인 것으로 나타났다. 중학교 진로교육이 활성화되기 위해서는 진로 공동교육과정 참여를 중학교 3학년에 제한하지 말고 중학교 전 학년에 걸쳐서 실시하는 것도 고려되어야 할 것이다.

둘째, 학교 간 공동교육과정의 성공적인 사례 발굴을 통해 긍정적 효과를 확대하기 위한 방안을 논의해야 할 것이다. 예를 들어, 자유학년제를 통해 중학교 공동 교육과정의 시범학교 또는 선도학교를 운영하고 그 사례들을 종합적으로 정리하는 것도 고려될 수 있다.

셋째, 중학생의 공동교육과정 참여에 영향을 줄 수 있는 개인, 가정, 학교, 지역 사회 관련 변인 등에 대한 자료를 지속적으로 수집하고 이를 위계선형모형을 통해 분석하는 연구도 고려되어야 할 것이다. 연도에 따라 종단으로 수집된 자료들을 분석함으로써 중학생들의 공동교육과정 참여에 대한 변화가 있는지, 그리고 그러한 변화를 설명하는 변인이 무엇인지에 대한 분석이 이루어진다면 학생 참여를 제고하기 위한 방안을 마련하는데 도움이 될 수 있을 것이다.

넷째, 중학생들의 진로 관련 교육과정에서는 무엇보다도 진로체험 기회를 다양하게 제공해야 하며, 이와 관련된 시설 구축을 고려해야 할 필요가 있다. 그리고 학생들이 교육활동에서 성공의 경험을 많이 갖도록 함으로써 자신의 성취에 대한 긍정적인 힘을 축적하도록 돕는다면 진로탐색을 위한 교육과정에 적극적으로 참여할 수 있을 것으로 예측된다.

다섯째, 중학교 진로 교육과정의 내실화를 위해서는 학생 맞춤형 진로교육과정에 대한 교사들의 이해와 적극적인 참여가 요구된다. 그리고 지역 상황을 고려하여 교육청, 지자체 차원의 인적 및 물적 지원을 활성화함으로써 교사들의 부담을 최소화하고, 단위학교에 자율성을 부여함으로써 학교 간 활발한 진로 교육과정이 운영될 수 있도록 많은 노력이 이루어져야 할 것이다.

참고문헌

강건우(2013). 진로지도 프로그램 연구 및 개발. 중앙대학교 대학원 석사학위논문.

교육부(2017). 중학교 자유학기제 확대 발전 계획. 세종: 교육부.

교육부(2018). 2017년 자유학기제 성과 발표회 자료집. 세종: 교육부.

길혜지, 윤지윤(2014). 고등학생 유형 결정요인 탐색: 진로성숙도와 성취도를 중심으로. 직업교육연구, 34(6), 73-91.

김미란(2006). 이과계열 전공 선택에 있어 남녀 차이. 제2회 한국교육고용패널 학술대회 논문집. 한국직업능력개발원.

김봉환, 김은희, 김효원, 문승태, 방혜진, 이지연, 조붕환, 허은영(2017). 진로교육개론. 서울 : 사회평론.

김성경(2008). 고등학교 청소년의 진로성숙도 영향요인에 관한 연구-성별 및 학교계열별 집단 비교를 중심으로-. 청소년학연구, 15(6), 145-170.

김원표(2017). 고급회귀분석. 서울: 와이즈인컴퍼니.

김재춘, 박소영(2004). 중학교 선택 과목의 편성, 운영 실태 분석 및 개선 방안 탐색. 교육과정연구, 22(2), 111-133.

김지선, 원새연, 이원재(2014). 경기도 중 · 고등학생의 자기주도적 학습, 건강 및 의식, 교사사기, 진로의식 간의 관계 분석. 제1회 경기교육종단연구 학술대회 논문집. 경기도교육연구원.

김하나, 김혜연(2015). 진로코칭프로그램이 자기효능감과 진로성숙도에 미치는 효과-제주도 지역아동센터의 중학생을 대상으로-. 코칭연구, 8(1), 59-78.

김혜림, 김효정(2018). 미술과 자유학기제 진로동아리 활동이 진로성숙도에 미치는 영향. 미술교육연구논총, 54, 141-176.

임우선(2019.06.10.) “2017 대한민국 정책평가 교육문화 분야 10대 정책 평가.” http://www.donga.com/news/List/Series_70000000000614/article/all/20171219/87808866/1 에서 2019.06.10. 인출

박관숙(2012). 청소년 자원봉사활동이 시민의식 형성에 미치는 효과. 순천대학교 대학원 석사학위논문.

박춘성, 김진철(2016). 혁신학교와 일반학교 학생의 자기주도 학습능력, 생활관리, 진로성숙도 및 학교만족도의 변화에 대한 탐색적 종단연구. 교육문화연구, 22(2), 49-76.

박현진, 백성혜(2015). 자유학기제를 활용한 진로체험활동이 학생들의 진로인식 변화에 미치는 영향. 청람과학교육연구논총, 21(1), 11-31.

박현희, 김순이(2016). 간호대학생의 학업적 자기효능감과 회복탄력성이 진로준비행동에 미치는 영향. 한국엔터테인먼트산업학회 논문지, 10(6), 369-378.

서현주(2015). 직업카드를 활용한 진로지도프로그램의 효과에 대한 메타분석. 진로교육연구, 28(2), 127-147.

성기선, 김준엽, 박소영, 민병철(2012). 경기교육종단연구 연수설계 및 문항개발 연구. 경기도교육연구원.

세종특별자치시교육청(2018). 2018 세종교육 주요업무계획. 세종: 세종특별자치시교육청.

신철균, 김은영, 황은희, 송경오, 박민경(2014). 중학교 자유학기제 정착 방안 연구. 한국교육개발원.

심재희, 오정아, 조오숙 (2017). 중학생의 진로교육 및 진로체험활동과 진로성숙도 향상 효과. 한국청소년상담학회지, 2(4), 67-92.

양지훈, 김민아(2016). 청소년 멘토링 프로그램의 효과에 관한 메타분석. 한국청소년연구, 27(1), 65-94.

유준상, 서우석(2013). 진로성숙과 심리적 변인에 대한 메타분석. 진로교육연구, 26(3), 165-183.

윤현(2011). 초등학생의 진로성숙도에 영향을 미치는 요인에 관한 연구 -성별에 따른 차이를 중심으로-. 사회복지 실천과 연구, 8, 97-124.

이기정, 김영식(2016). 중학생의 진로체험활동 참여와 진로성숙도간의 관계. 교육과학연구, 47(4), 125-143.

이나경(2014). 중학생이 지각한 부모의 양육태도와 진로성숙도와의 관계. 한남대학교 사회문화대학원 석사학위논문.

이용근(2006). 학생진로지도에 대한 중 · 고등학교 교사의 인식. 계명대학교 대학원 석사학위논문.

이주연, 조연희(2015). 부모의 양육태도가 남녀 아동의 진로성숙도에 미치는 영향. 열린부모교육연구, 17(2), 53-70.

이현미(2016). 어머니의 양육행동 및 유아의 자기 의도적 통제가 유아의 행동문제에 미치는 영향. 교육연구, 1(1), 139-158.

임현정, 김난옥(2011). 학교활동 경험이 진로성숙에 미치는 영향. 한국청소년연구, 22(3), 261-281.

임현정, 이영주(2014). 초등학생의 진로성숙도에 대한 가정과 학교의 영향력 비교 분석. 제8회 한국교육종단연구 학술대회 논문집. 한국교육개발원.

장봉석(2017). 일반고 학생의 선택중심 교육과정 참여에 대한 영향요인 분석. 교육과정연구, 35(4), 303-324.

정윤경(2016). 자유학기제의 개혁적 의미와 과제. 교육철학연구, 38(4), 105-129.

정윤경, 이상은(2005). 우리나라 청소년의 진로성숙도와 관련 변인 - 개인, 가정, 학교 특성을 중심으로. 제1회 한국교육고용패널 학술대회 논문집. 한국직업능력개발원.

정제영, 정예화, 장선희, 이슬아(2017). 지역규모에 따른 고등학생 학업중단의 학교요인 탐색. 아시아교육, 18(1), 75-94.

정주영(2010). 청소년의 진로지도 및 진로교육에 영향을 미치는 요인에 관한 구조적 분석. 진로교육연구, 23(1), 21-39.

조세연, 김기찬(2014). 중 · 고등학생들의 진로정체감, 진로결정수준이 진로성숙도에 미치는 영향. 청소년학연구, 21(9), 325-349.

조영아, 이재은(2019). 국내 중등단계 진로관련 경험에 관한 통합적 문헌 고찰. 진로교육연구, 32(1), 35-60.

조중현, 김진숙(2014). 중학생 대상 진로집단상담 프로그램의 효과에 대한 메타분석. 상담학연구, 15(6), 2291-2310.

최옥현(2006). 대학생의 애착관계 및 유형과 진로탐색효능감이 진로발달에 미치는 영향. 숙명여자대학교 대학원 박사학위논문.

한국교육개발원(1992). 중 · 고등학생용 진로성숙도 검사요강. 서울: 한국교육개발원.

홍은숙, 이화숙(2015). 청소년의 자원봉사활동 경험이 진로의식 성숙에 미치는 영향에 관한 연구. 한국콘텐츠학회논문지, 15(11), 137-153.

홍향연, 유태명(2008). 중학생의 진로성숙도에 영향을 미치는 변인 분석. 한국가정과교육학회지, 20(3), 49-64.

Baker, H.(1999). *Attachment style and career development among college-aged adults.* Unpublished doctoral dissertation, University of San Francisco, San Francisco, CA.

Crites, J. O.(1978). *Career maturity inventory: theory and research handbook.* Monterey, CA: CBT/McGraw Hill.

Keller, B. K., & Whiston, S. C.(2008). The role of Parental Influences on Young Adolescents' Career Development. *Journal of Career Assessment, 46,* 167-178.

Keller, E., & Whiston, A.(2008). The role of attitudes toward work among upper elementary school ages children. *Journal of Vocational Behavior, 1*(4), 387-397.

Omvig, C. P., & Thomas, E. G.(1977). Relationship between career education, sex, and career maturity of sixth and eighth grade pupils. *Journal of Vocational Behavior, 11*(3), 322-331.

Pintrich, P. R., & De Groot, E. V.(1990). Motivational and self-regulated learning components of classroom academic performance. *Journal of Educational Psychology, 82*(1), 33-40.

Schunk, D. H.(1991). Self-efficacy and academic motivation. *Educational Psychologist, 26*(3), 207-231.

Super, D. E.(1953). A theory of vocational development. *American Psychologist, 8*(5), 185-190.

국문초록

중학교 3학년 학생들의 진로 공동교육과정 참여가 진로성숙도에 미치는 효과 분석

연구목적: 이 연구는 중학교 3학년 학생들의 진로 공동교육과정 참여에 대한 영향 요인을 탐색하고, 진로성숙도에 미치는 효과를 분석하기 위해 실시되었다. **연구방법:** 세종특별자치시 학생 415명의 자료가 활용되었으며, 로지스틱 회귀분석과 공변량분석을 실시하였다. **연구결과:** 첫째, 진로 공동교육과정에 대한 영향 요인으로써 개인 요인에서는 봉사활동 실적이 많을수록, 성취 효능감이 높을수록, 가정 요인에서는 부모 지원이 높다고 생각할수록, 동지역일수록 공동교육과정의 참여경향이 높았다. 학교 요인에서는 남녀공학 재학생들의 공동교육과정 참여 경향이 상대적으로 높았다. 둘째, 진로 공동교육과정에 참여한 학생들의 진로 계획성, 진로 자기이해, 진로성숙도 전체 수준이 미 참여 학생들보다 더 높게 나타났다. **논의 및 결론:** 연구결과를 토대로 중학생들의 진로 공동교육과정 참여를 통해 진로성숙도를 제고하기 위한 방안들과 시사점을 제시하였다.

주요어 : 진로 공동교육과정, 교육과정 정책, 진로성숙도

투고일 : 2019.05.08. / 심사일 : 2019.05.13. / 심사완료일 : 2019.06.20.

「캠퍼스형공동교육과정」을 통하여 학생중심교육의 희망을 본다[1)]

프랑스 철학자 사르트르(Jean Paul Sartre)의 핵심 키워드는 '자유와 선택'이다. 이에 대하여 많은 사람들은 'Life is C between B and D'라고 표현하였다. 인생은 태어날 때(birth)부터 죽을 때(death)까지 선택의 연속이라는 의미이다. 바야흐로 고등학교 현장에서도 '선택(choice)'단어가 대세이다.

요즘 고교학점제, 교과중점학교, 진로중점과정 등 교육과정 혁신의 키워드는 학생 스스로 자신의 진로에 맞게 교과를 선택할 수 있도록 학교에서는 다양하고 특성화 된 과목을 개설하는 것이다.

사실 선택교육과정이 도입된 것은 7차 교육과정이었지만 20년 이상 변함없이 학교자율편성 86단위는 교사중심으로 편성되었고, 인문, 자연으로 진로는 정해졌었다.

혁신교육과 일반고 살리기 위한 교육과정의 변화는 2012년부터 수도권을 중심으로 이어졌으며 시·도교육청별로 이름을 달리하였지만 학교 간 공동교육과정 운영으로 이어졌다. 하지만 정규과목, 진로 등 일부 과목을 중심으로 진행됨에 따라서 수요자의 만족에는 한계가 있었다.

한편, 2017년부터 세종특별자치시교육청에서는 「캠퍼스형공동교육과정」이름으로 세종시 전체가 학습도시로 변화하는 공동교육과정의 혁신모델을 제시하고 운영함에 따라서 전국적으로 관심을 끌게 되었다. 3월 29일(월)부터 시작되었던 이번 학기는 오는 7월 27일(토)까지 운영된다.

물론 첫해에는 교육주체들이 복잡한 고교 교육과정을 이해하는 데 한계가 있었지만 2년이 지나면서 활성화되어 고교학점제 중심 교육청으로서 자리매김하고 있다.

세종시교육청의 「캠퍼스형공동교육과정」은 다음과 특징과 의의를 갖는다.

우선, 학교여건 상 과목 개설이 어려운 가운데 자신의 진로에 맞는 과목선택이 다양한 유

---

1) 학교 간 공동교육과정 보도 원고(2019.7.3., 중도일보)

형으로 통합하여 운영된다는 점이다. 정규과목 중심으로 운영되는 공동교육과정Ⅰ은 46개 과목, 47반, 734명이 참여하고 있고, 진로중심으로 이루어지는 공동교육과정Ⅱ는 150강좌, 150반, 2,185명이 학습중이다. 이번 학기부터 캠퍼스형공동교육과정Ⅲ으로 쌍방향 온라인 공동교육과정이 진행 중이다. 위와 같은 통합적 운영은 학습도시로서 세종시가 갖고 있는 최적의 환경이 뒷받침해준다. 학교 간의 지리적 인접성, 국책연구단지, 중앙부처, 대학교의 우수한 인적자원을 최대로 활용할 수 있다.

또한, 전국적으로 최초로 중학생을 대상으로 자유학년제를 연계하여 공동교육과정 형태로 운영하고 있다는 점에서 주목받고 있다. 자유학년제 이후 고등학교 진학 이전에 진로를 모색하고 고등학교 선택중심교육과정을 미리 경험하고 있는 중학생들이 작년보다 네 배 정도 증가할 정도로 활성화 단계에 있다. 필자는 교육혁신연구(2019 제 29권 제2호)를 통하여 중학교 3학년 학생들의 진로 공동교육과정 참여가 진로성숙도에 긍정적인 효과가 있음을 밝혔다.

이 밖에도, 교육과정 운영에서의 학교와 교육청이 협력하여 이루어지고 있다는 점이다. 교육자치 시대가 강조됨에 따라서 시·도교육청의 교육과정 역량 발휘가 우려되고 있다. 하지만 세종시 교육청과 단위학교가 긴밀하게 협력하여 학생들이 진로에 맞는 교육과정을 선택할 수 있도록 적극적으로 지원하는 것은 교육과정 자치역량의 성공적인 모델을 보여주는 것이다.

4차 산업혁명 특징들이 교육환경의 인프라를 급속하게 변화시키고 있다. 이에 고등학교 교육과정에서도 패러다임의 전환을 요구하고 있다. 고등학교 학생들의 선택중심 교육과정은 입시경쟁중심의 교육에서 진로를 개척하는 역량을 함양하는 고등학교 본래의 기능을 회복할 절호의 기회이다. 이제 학교 유형의 다양화가 아닌 학생의 선택을 존중하는 교육과정의 다양화가 필요하다. 「캠퍼스형공동교육과정」성공적 운영이 반드시 되어야 하는 이유이다.

1학기 기말고사의 시작과 함께 1학기 「캠퍼스형공동교육과정」도 마무리될 시점이다. 세종시 모든 고등학생이 2학기에도 원하는 과목을 선택하여 배울 수 있고 모든 교실에서 배움이 즐거운 수업이 이루어지기를 기대한다.

영국 속담에 '편안한 바다는 결코 훌륭한 항해사를 만들지 못한다.'는 말이 있다. 급격하게 변화하는 교육혁신의 길목에서 이제 해답은 학생중심교육의 길이다.

Change(변화)에서 시작한 「캠퍼스형공동교육과정」은 학생중심교육의 Chance(기회)가 되지 않을까?

YISS(Youngsan International School of Seoul) 교육과정과 고교학점제 시사점[1)]

용산 국제학교는 미국 외국인 사립학교로서 초·중·고등학교 통합 캠퍼스의 형태로서 미국 연방, 주정부, 교육구의 통제를 받지 않는 자율학교다. 이 학교 Robin Parsons(용산국제학교 교육과정 코디네이터)와의 인터뷰를 통하여 우리나라 고등학교 교육과정의 혁신방향의 시사점을 얻고자 한다.

1. 교육과정 구성

○ Graduation Requirements

Subject Area	Required for graduation	Recommended for university	Graduation with Honors
English	4 credits	4 credits	4 credits
Mathematics	2 credits	3~4 credits	4 credits
Science	2 credits*	3~4 credits	3 credits
Social Studies	3 credits**	3~4 credits	3 credits
Foreign Education	1 credits	3~4 credits	3 credits
Physical ducation	1 credits	2 credits	1~3 credits***
Fine Arts	2 credits	2~3 credits	1`3 credits***
Computer	1 credits	1 credits	1 credits
Theology Ethics & Value	4 credits	4 credits	4 credits
Electives(non-compulsory)	4 credits	4 credits	4 credits

* Credits must be from Biology, Chemistry, or Physics

** U.S. citizens planning to attend U.S. institutions are required to take U.S. History

*** Fine Arts and Physical Education classes may be combined to achieve Honors Diploma status. A total of four credits in the two areas is necessary to accomplish this goal.

1) 2018년 미국 자율고등학교인 용산국제학교의 교육과정과 고교교육과정 혁신방향 모색 보고서

– 개인차 교육을 위한 안내(Academics)

Designed to connect students to university-level success and opportunity, teachers create student-centered classrooms that enhance learning, accelerate achievement, and develop the critical thinking necessary for success in college and beyond. Advanced Placement (AP) In high school, our school' s college preparatory focus includes a robust Advanced Placement (AP) program, providing YISS students with an array of university-level academic courses that give them an advantage when applying to top colleges and universities around the world.

위와 같이 학교에서 제시하는 교육과정을 보면, 교과목 졸업필수 이수학점, 대학입시를 위한 이수학점, 우수졸업학점 등을 제시하고 있다. 미 연방정부는 주로 교육정책 및 재정 지원을 하고, 주 정부는 주의 교육정책, 교육과정의 대강화, 교육구 관리에 초점을 두고 있다. 한편, 교육구에서는 해당 커뮤니티의 유·초·중·고 학교의 장학 및 재정 지원 등의 관리하며. 실제적으로 교육과정은 학교에 위임하여 운영하였다.

2. 학교교육과정

대학에서 입학준거 교육과정 지침을 준다. 예컨대 대학교 교과목별 필요학점을 고지하고 학교는 최소학점을 필수 학점으로 지정한다. 모든 교실은 교과교실제, 교장실(1명), 교감(2~3명), 행정실(3~4명) 정도로 운영되고, 행정실이 항상 현관 위치해서 안내하였다. 학급과 담임제도는 없이 학생 개인별 시간표에 의해서 학사가 운영되었다. 학생들은 아침 7시 반 등교, 7시 50분 수업시작하여 15시 30분 정도에 하교하였다. 수업은 주로 블록시간표로서 쉬는 시간 5분 오전 2과목, 오후 2과목 정도 총 하루 4과목을 수강하였다. 극소수 공강 시간에는 교내 카페에서 친구들과 학습 및 프로젝트를 수행하였다. 학생들의 대다수는 점심 도시락을 준비하였으며, 교실 학습은 작은 규모 학생은 6명 정도에서 많은 경우 35명 정도가 학습하였다. 교과서는 출판사를 채택하고 있는데 학교에서 교과목별 회의와 학교관리자의 재가를 받은 후 사용하는데 교재 채택은 대략 6년 동안 지속적으로 사용하고 있었다.

한편, 교사 전문적학습공동체는 교과재구성. 평가방법 및 타당성, 공정성, 신뢰성의 담보 등에 대하여 1주일에 1시간 정도 공동협의를 하였다.

학생평가는 100% 교사 재량인데, 서술식 평가, 정의적 평가 등도 역시 교사 재량이었다. 학부모·학생의 이의신청 시에는 교장, 교감, 교사 함께 면담을 실시하는데, 대부분 결과를 인정한다. 인정하는 경우는 예컨대 중간고사와 기말고사 합산결과 총점이 다른 경우 등이며 전반적으로 평가와 관련하여 학부모의 신뢰는 높았다.

학생성적표는 과목명, 백분위 점수, 등급화, 학생코멘트 등으로 구성되었다. 교과목세부사항은 기록의 예시로 30가지 정도가 있다. 이 중에서 해당되는 문구를 중심으로 성적표 하단에 기록한다. 즉, 학생의 태도, 발표, 정의적 발달 상황 등을 기입해 주었다. 그리고 교사들의 점수 부풀리기는 거의 발생하지 않는다.

3. 고교교육 가치

모든 학생이 대학교육을 받을 수 있도록 준비되어야 한다고 본다. 진로는 개인의 선택으로 T, 창체, 진로의 날 등은 카운슬러가 학생이 선택하여 상담한다.
학생은 자기 자신의 주도로 진로를 모색하는데 대학진학, 직업 등은 학생의 자율적 판단을 존중한다. 즉, 대학진학에 몰입하는 수업은 아니라고 볼 수 있다. 학교평가는 외부기관에 위임한다. 1주일 이상 학교에 상주하면서 학교의 중도 탈락률, 수업관찰, 교직원 면담 등이 이루어진다.

4. 대학교 입시

대학입시는 크게 객관적 평가와 주관적 평가가 종합해서 이루어진다. 2700여개 4년제 대학은 반드시 SAT나 ACT 점수 제출한다. SAT(Scholastic-Aptitude Test)는 미국의 대학 입학자격시험으로 비영리회사인 College Board가 감독실시하고 ETS(Educational Testing

Service)가 개발, 편찬, 채점을 한다. 비평적 독해(Critical Reading, 70분), 수학(절대값, 함수, 기하학, 통계, 대수학, 70분), 작문영역(선택+에세이, 85분) 등의 문항이 있다. ACT (The American College Testing Program)는 미국 표준화된 학업성취도 검사(인지적 영역의 교육발달 검사)인데, 고교 교육과정에 기초한 학업성취도를 측정한다. 예컨대, 영어, 수학, 읽기, 과학추리 검사 등이 있다. 학교성적표(GPA, Great Point Average), 추천서(학부모, 카운슬러, 외부인사, 교사 등 다양), 자기 Essay(자기소개서) 등을 제출한다. 하지만 전문대학의 경우는 SAT, ACT은 제출하지 않는다. 전문대은 대부분 입학이 가능한데, 목적은 후에 4년대학을 편입하거나 취업을 목적으로 한다.

5. 교원제도

교감·교장은 대학원 과정, 석사, 박사 후, 인턴 1년 이상 후 교장 자격증을 받을 수 있다. 교감경력 이후에 교장이 된다. 교감은 장학, 생활지도 등 전문 영역별 전담한다. 예컨대, 학생의 학교폭력 발생 경우 카운슬러와 함께 학부모 소환, 학생면담, 경찰서와 연계 업무 등을 한다. 교장은 학교 총책임자로서 교사임용 등 모든 행정업무를 처리한다. 교장은 토, 일, 휴일에 등교하여 학교업무 수행의 경우도 발생한다. 법적으로 종신제이지만 과중한 업무로 인하여 소수를 제외하고 3~4년 후 이직하는 경우도 종종 발생한다.

교사는 1년 단위의 계약직이다. 학교상황에 따라서 보수도 다양하다. 예컨대 지역물가에 따라서 차등지급하는 경우도 있다. 교사평가는 교감·교장의 수업관찰, 학교교육 철학, 동료평가 등 종합 체크리스트에 입각하여 재계약을 결정하는데, 특별한 문제가 없는 한 대부분 재계약을 한다.

6. 우리나라 고교학점제와 교육과정 정책에 주는 시사점

먼저, 교사가 교육과정에 몰입할 수 있도록 전문적학습공동체 활성화, 교무행정 업무의 간소화 노력이 우선된다. 학생중심 수업, 평가, 기록의 전문성 함양을 위한 역량계발이 필요하기 때문이다. 그리고 학교단위별 교육과정 전문가 양성과 배치가 매우 중요하다. 학생이 자신의 진로를 모색하도록 안내하는 역할이 앞으로 매우 중요한 학교과제가 되기 때문이다.

다음으로, 학생의 학점신청에 따른 교사의 전문성 확보를 위하여 인접 학교 교사와의 교류가 수시로 이루어져야 한다. 교사 자격증을 소지하고 있는 마을 교사의 활용도 함께 고민해야 한다.

또한, 고교학점제 실행을 위한 자방자치단체와의 상시 교육협력시스템이 구축되어야 한다. 교육과정의 다양성과 특성화는 학교 안 교육과정 다양화→ 학교 간 교육과정 연계→ 학교 밖 교육과정으로 순서대로 발전할 수 있다.

이 밖에도 교사들의 미래관련 과목의 부전공, 전공연계 연수 활성화, 온라인 수강제 등이 안착되기 위한 학교 간 연계 전문적학습공동체 확산을 제안한다.

그리고 학점제 미 이수 가능성을 가진 학생들의 세심한 대책도 필요하다. 주말, 방학기간, 이수대체 관련 기관의 연계 이수 등도 필요하다.

고등학교 공교육과 IB DP(International Baccalaureate Diploma Program)의 비판적 고찰[1)]

1. 들어가면서

우리나라 대학입시에 대한 논란은 항상 뜨겁다. 전 국민이 교육전문가이며, 교육이 정치, 경제, 사회문화를 바꾸기도 한다. 최근에도 고2, 고1, 중3의 대입방법이 달리 적용된다고 천지가 들썩 거린다. 수능시험의 개혁, 수시와 정시의 황금 분할, 상대평가와 절대평가의 논란, 성취평가제의 안착, 거기에 고교학점제까지 가세하니 해결의 실마리를 찾기는 참 어렵다. 교육이 모든 학문과 얽혀 있기 때문이다. 모두 공정한 평가란 무엇인가? 그리고 합리적인 평가는 존재하는가? 에 귀결되는 문제이다. 철학의 입장에서는 정의론 입장에서 설명하고, 사회학적으로는 기업임금-대학서열-고교서열화로 이어지는 구조적인 문제로 접근하기도 한다.

이런 와중에 최근 들어서 일본이 공교육 혁명을 말하고 있다. 객관식위주의 대입시험을 2020년부터 서술형문제/ 절대평가 중심으로 시험을 치른다고 발표했는데, 그 중심에는 IB 교육과정이 있다. 2018년 200여개 학교에서 IB 과정을 도입할 예정이라고 한다.

우리나라도 최근 제주와 충남에서 IB를 도입하여 추진하겠다고 발표하면서 관심이 고조되었으며, 대구시교육청에서는 IB교육과정이 핵심 공약사업 중 하나이기도 하다. 우리나라는 대략 17개 정도(필자가 이리저리 알아본 것으로 명확한 문서화된 것은 아님) 교육기관에서 인증을 받고 있는 상태인데 주로 외국인(국제) 학교 중심이다. 예컨대, 인천 청라지구의 달튼 외국인 학교(CDS), 부산 국제외국인 학교, 제주 노스 런던 칼리지잇스쿨(NLCS) 등이다. 경기도 의왕에 소재하고 있는 경기외고가 2011에 인증을 받아 운영하고 있다. 앞으로 세종특별자치시 5,6 생활권 경우에는 한류를 고려한 초등 외국인학교(용역 최종보고서 발표에서 행복청 관계자에게서 들었던 이야기) 계획을 하고 있다. 우리시에 국제영재, 예술영재 등이

1) 2019년 4월 12일(목) 교육청 토론 발표 자료

길러지고 있어서 그런지 IBDP에 대한 관심이 많아지고 있다.

이와 관련하여, 오늘 토론회에서 저의 사견임을 전제로 다음과 같이 IBDP의 본질과 가능성, 한계, 그리고 방향 등에 대하여 논해본다.

2. IB는 무엇인가?

IB 프로그램은 스위스 제네바에 있는 국제학위기구인 IBO에서 학교시설, 교육과정, 교사역량 등에 대하여 엄격한 심사를 한다. 준비하는 데 최소한 2년 이상 소요된다. IBDP (International baccalaureate Diploma Program)은 국제공인 교육과정이다. 즉, 국제교육프로그램으로 특징은 전 세계 고등학교의 국제적으로 통용되는 교육과정(세계적으로 통일된 커리큘럼)이라고 볼 수 있다. 미국 아이비리그와 영국 옥스퍼드대 등 130여 개국 3000개 대학교에서 IB디플로마 신입생을 선발하고 있다. 이는 다음과 같이 초등, 중등, 고등, 직업연계 과정으로 구분된다.

IB프로그램의 과정(http://www.ibo.org/facts/fastfacts/index.cfm)

과정	개설	연령	비고
PYP(초등)	1997년	3-12세	최종시험 : 모국어
MYP(중등)	1994년	11-16세	
DP(고등)	1968년	16-19세	최종시험 : 영, 프, 스, 독, 중
IBCP(직업연계)	2012년	16-19세	

필자는 고등과정에 한정하여, IB 디플로마 프로그램을 살펴보았다. 즉, 11~12학년까지 2년간 고교 교육과정이다. 크게 모국어, 외국어(일본이나 우리나라는 99.9%가 영어선택 상황), 수학, 과학, 인문사회, 예술 등 크게 6개 선택형 과정 아래서 3과목의 부 과목 등 다양한 교과목 형태로 구성되는데, 주 과목은 6개 영역에서 각각 하나의 교과를 선택한다. 이중 3 개 과목은 high level, 나머지 3개 과목은 standard level이며, 6과목 총 점수는 42점으로

써 연구논문(Extended Essay)과 철학 3점을 추가하여 최고 45점 까지 취득이 가능하다. 심화문장(Extended Essay)은 학생 스스로 정한 주제로 연구하고 4,000 단어 내로 작성을 하면서 학업능력을 키워 나가가는데, 각 과목 당 4점 이상, 총 24점 이상이며 졸업이 가능하다. 따라서 학생 스스로 시간표를 작성하고 수준에 맞게 맞춤형 수업을 하게 된다. 38점 이상이면 보통 미국의 아이비리그에, 40점 이상이면 영국 명문대 지원이 가능하다. 미국 명문대의 경우 똑똑한 사람으로 AP나 IB를 본다. 구체적으로는 AP보다 IB를 더 선호하는 경향이 있다. 동부 아이비리그의 대학원 경우 IB 인증학생이 AP보다 2배를 더 잘한다고 평가하기도 한다.

세계 명문대가 IB과정을 선호하는 이유는 무엇보다도 AP제도에 있다. AP는 대학수준의 커리큘럼이라고 볼 수 있다. 매년 5월 시점인데 5점 만점에 일정 이상 점수이면 학점을 인정한다. 과목이 아닌 학생 주도적인 프로젝트 위주의 수업방식도 높게 평가 되는데, 클럽활동이나 교실 안팎의 다양한 체험활동으로 인성을 인정받게 된다. 이렇게 보면 IB프로그램은 난이도가 높은 대학수준의 교육과정을 말한다고 볼 수 있다. 2년 간 교육과정을 이수해야 하며 2년 과정 중 마지막 학기에 IB디플로마 취득 시험에 응한다. 이렇게 포괄적인 교육과 엄격한 평가제도가 가장 큰 특징이다. IB디플로마 이수학생이 일반학생보다 유명대학에 22% 정도 합격률을 갖는다고 알려져 있다.

3. IB DP의 시사점은 무엇일까?

최근 우리나라 평가제도의 대안(?)으로까지 등장한 IB DP 것은 우리나라 교육의 장점도 분명이 있음에도 불구하고 이유를 몇 가지 생각해보자.

무엇보다도 우리나라 현 고교교육에서 평가체제가 확고하게 자리를 잡지 못하고 있다는 증거이다. 그것은 학생선택 중심의 교육이 미흡하다는 점을 말해 준다. 2015 교육과정과 IB DP 교육과정을 다음과 같이 비교할 수 있습니다.

2015개정교육과정과 IBDP의 교과편성 비교(출처: 대정고 우옥희 교장)

2015개정교육과정

영역	교과군	필수이수 단위	자율편성
기초	국어	10	학생적성/진로고려 편성
	수학	10	
	영어	10	
	한국사	6	
탐구	사회	10	
	과학	12	
체·예	체육	10	
	예술	10	
생활·교양	기·가/제2외국어/한문/교양	16	
소계		94	86
창체		24	
총 이수단위		204	

IB DP

교과(군)	과목	시간수	환산단위
1군 언어와 문학	고급	240	20
	표준	150	12
2군 언어습득	고급	240	20
	표준	150	12
3군 개인과 사회	고급	240	20
	표준	150	12
4군 과학	고급	240	20
	표준	150	12
5군 수학	고급	240	20
	표준	150	12
*IBDP는 체육은 별도 운영			
6군 예술	고급	240	20
	표준	150	12
<u>필수이수</u>	소논문(EE)	40	3
	인식론(TOK)	100	8
	봉사교외활동(CAS)	150	12

*소논문+지식론+봉사교외활동+고급3+표준3

*환산단위: 1단위= 50분×17회=850분=141시간 기준으로 하여 실제 운영단위로 환산

위의 표를 보면 2015는 4개 교과에 9개 교과(군)으로 되어 있으며 IBDP는 6개 교과군으로 구성되었다. 우리나라 교육과정이 IBDP보다는 다소 교과목의 분절이 명확하며, 창체 등 비교과 인성분야가 필수영역이 선택영역이며 비중이 다소 약하다고 볼 수 있다. 그리고

IBDP프로그램이 우리보다는 수준의 맞춤형 선택이 확연하게 보이다. 여기에서 IB에 주목할 만한 것은 필수이수로 되어 있는 DP교육과정 2이다. 즉, 소논문, 인식론, 비교과활동이 좀 더 상세하고 실제적이라는 점이다. 앞에서도 언급했듯이 소논문은 4,000단어 정도의 에세이를 작성하는 것이다(일본은 8,000자). 예컨대, 2005년의 예를 들어 보면, 9분 동안 논리적으로 아이디어를 산출하여 논문을 쓰는 것인데, 1,2차 세계대전 중에서 시민들의 공헌에 대하여 논하시오. 등으로 되어 있다, 인식론은 1,600 단오를 이용한 에세이를 작성하고 프리젠테이션이 가미되는 것이다(중립적인 질문을 하지 않고 주관적인 질문, 예시를 들어서 자신의 견해를 기술하시오.). 봉사 및 교외활동 등은 우리나라의 비교과활동을 말한다.

특히 에세이 작성은 학생들이 대학생활이나 학문탐구 함에 있어서 적응력에 많은 도움이 될 것으로 생각된다. 특히 정해진 답이 없는 프로젝트 학습은 학생들의 창의성 함양에 긍정적인 역할을 할 것으로 생각한다.

4. IBDP 도입의 문제점은 없을까?

IBDP의 장점에도 불구하고 지금 우리나라 교육체제에 도입한다는 것은 어떻게 생각할 것인가?

우선, 학생들의 선호를 생각해 보아야 한다. 학생들이 해외 대학에 진학을 얼마나 절실하게 선호하는지? 외국어 능력이 충분한지? 등에 대한 고민을 하게 된다. 국어수업을 제외하고 모두 영어로 수업이 진행되는 데 이에 대한 학생자원이 있는지에 대한 고민이다. IBDP 학교와 이중 언어 사용학교 10교 이상 운영하는 학교 현황을 보면 아시아와 오세아니아에서 인도-중국-호주-인도네시아-일본-홍콩-말레이-태국-파키스탄-뉴질랜드에 이어서 우리와 베트남이 있다(http;//www.ibo.org, 2017.11.1.).

다음으로, 공교육 철학의 문제이다. 소수학생을 위해서 IBDP를 인증받기 위해서 시설, 교원확보, 행정업무를 위한 조직, 교원인사문제, 지속적인 재정지원 등에 대한 공교육에서의 형평성 문제가 있다. 최근 특목고 폐지가 설득력을 얻어 가고 있는 와중에서 추진하는 데 다소 무리가 있을 것으로 예측된다. 조선일보 2017년 10월 30일자 기사에서 보면 경기외고 1인당 학생교육비가 1,855만원(2017년 기준)이라고 한다면 엘리트교육의 고비용은 당연히 예산사용의 형평성 논란이 될 수 있을 것이다.

또한, 대학입시와 연계 문제이다. IBDP 학생이 만약 해외 대입에서 낙방하는 경우는 교육과정이 매우 상이한 우리나라에서의 대학입시에 매우 불이익을 받을 수 있는 상황에 직면하게 된다. 즉, 우리나라 고교교육과정은 우리나라 대학교의 입시와 매우 밀접하게 연결되어 있어서 IBDP이수 학생은 국내 대학 입시지원의 유연성이 떨어질 수 있다.

이 밖에도 국가교육과정과 IBDP 교육과정을 혼용하여 편성하는 경우에 학생들은 교육과정 운영의 혼란과 학생들의 상대적인 박탈감을 가질 수 있다. 예컨대, 경기외고는 1학년 Pre-DP 과정, 2,3학년에 IBDP과정을 설치하는데 신입생모집에서 영어과 학생에 한하여 별도 영어시험과 면접을 통하여 영어 국제반을 편성하여 운영하고 있다. 학교 내에 여러 과정이 우열반으로 여길 수 있는 문제점이 있을 수 있다.

이상과 같은 문제점들은 학생과 학부모와 교사와 교육 행정가들과의 면밀하고도 전략적인 철학의 공감대가 필요한 부분이다.

5. 고등학교 교육력 제고 대안을 논하면서…

최근 IBDP의 등장은 제주특별법에 근거하여 지방자치에서 교육과정의 자율권을 활용하여 우리나라 교육과정에 도입함으로서 논의가 촉발되었다. 물론 IBDP 프로그램은 장점이 있다. 무엇보다도 국제적인 표준교육과정으로서 공정성과 신뢰성을 얻고 있다는 점이다. 창의적 체험활동의 질 관리가 잘 되어 있는 부분도 있고 토론, 글쓰기 중심의 수업은 창의·융합 인재를 양성하기에 유리한 측면도 있다. 다만 우리가 처해 있는 공교육의 철학의 여러 측면에서 무분별하게 도입하는 것은 다소 무리가 있다는 점을 밝혀 둔다.

고등학교 교육 역량은 단위학교에서 학생들의 흥미, 적성을 고려하여 교육과정의 다양화와 특성화를 기함으로서 학생들이 맞춤형 진로를 모색하게 하는 것이다.

2015교육과정에도 다소 흠결이 있지만 우리나라 7차 교육과정, 2009개정교육과정을 거치면서 2015교육과정은 학생중심교육과정의 특성을 유지해왔다. 그리고 대학입시에서도 지금도 논란이 있음에도 불구하고, 수능, 수능+입학사정관, 학생부종합전형의 발달 등 학생중심으로 발전했다.

그리고 2015 개정교육과정과 IBDP의 교과 편제는 어느 정도 맥을 같이 하는 부분도 있다. 예를 들어서, IBDP에서 말하는 level은 2015교육과정에서는 공통과목 속에서도 일반선택과 진로선택으로 구분되어 있다. 2015교육과정의 기초영역에서의 국어, 수학, 영어는 IBDP의 Group1의 언어와 문학, Group5의 수학, Group2의 언어습득에 해당되고, 탐구영역의 사회(역사/도덕포함)는 Group3의 개인과 사회와 대칭되고, 과학은 Group4의 과학과 연계될 수 있다.

위에서 언급했던 일련의 사실들을 바탕으로 IBDP에 뒤 떨어지지 않는 우리의 교육과정 경쟁력을 위한 과제 및 대안을 제안하고자 한다.

무엇보다도, 학생중심의 교육과정의 편성이다. 우리교육청 소속 일반 고등학교의 교육과정을 살펴보면, 2~3학교를 제외하고 86단위를 자율 편성함에 있어서 학생중심으로 교육과정을 운영하고 있는 경우가 매우 드문 실정(전국 1,560개 중 334개 고교가 교과중점학교 운영 상황)이다. 3과목 6단위가 3개 학기에 걸쳐 운영되는 진로중점과정이 드물고, 다음과 같은 과목중점학교가 드물다는 사실이다. 교육부에서는 26단위(30%) 이상 편성으로 하는 느슨한 제안을 함으로써 학교자율성을 많이 부여하고 있으나 시·도에 따라서 다소 타이트하게 제안하는 경우도 있다. 예컨대, 경기도의 경우(필자가 직접 운영해 보았던 경험이 있어서 경기도를 예를 들었음)는 다음과 같이 영역별로 선정 기준을 달리하면서 특성화를 시도하고 있다.

〈예술, 체육, 기술 · 가정, 정보(소프트웨어), 제2외국어교과 중점학교〉

· 3년간 해당 교과중점학교 교과 과목(또는 관련 과목)을 26단위 이상 이수 · 교과중점학교 관련 동아리 3개 이상 운영 · 교과중점학교 관련 학생 봉사 프로그램 운영

〈사회교과 중점학교〉

· 3년간 사회 교과에서 학교 자율편성단위의 50% 이상 운영 (단, 교양 및 전문교과의 관련 과목 편성 단위를 포함할 수 있음) · 사회 교과 관련 동아리 5개 이상 운영 · 사회 교과 관련 학생 봉사 프로그램 운영

〈국제화 중점학교〉

- 3년간 외국어 교과에서 36단위 이상 이수하고 전문교과 Ⅰ의 국제계열 과목을 10단위 이상 편성
- 국제 사회 이해와 관련된 동아리 3개 이상 운영
- 국제 사회와 관련된 학생 봉사 프로그램 운영

〈융합교과 중점학교〉

- 학생의 진로를 고려한 특색 있는 교육과정 운영을 위해 전문교과 Ⅰ, Ⅱ과목을 2개 교과(군)이상에서 총 4과목 이상(또는 20단위 이상) 운영

※ 단, 기초교과군에 해당하는 과목 개설은 인정하지 않음

- 융합교과 중점학교 관련 동아리 3개 이상 운영
- 융합교과 중점학교 관련 학생 봉사 프로그램 운영

과학중점학교는 논란의 소지가 있지만 다른 영역의 교과중점은 교육과정의 다양화와 특화된 진로와 진학에 도움이 될 수 있을 것이다.

다음으로, 200여 대학에서 입시에 대한 정보를 학생들에게 충분히 줄 필요가 있다. 용산국제학교를 방문하고 정리하면 다음과 같습니다(미국의 좋은 것만은 아니지만).

대학교 입시(객관적 평가 + 주관적 평가 종합)

- 2700여개 4년제 대학은 반드시 SAT나 ACT 점수 제출
- SAT(Scholastic-Aptitude Test)
  - 미국의 대학입학자격시험
  - 비영리회사인 College Board가 감독실시하고 ETS(Educational Testing Service)가 개발, 편찬, 채점
  - 비평적 독해(Critical Reading, 70분), 수학(절대값, 함수, 기학학, 통계·통계, 대수학, 70분), 작문영역(선택+에세이, 85분)

- ACT(The American College Testing Program)
  - 미국 표준화된 학업성취도 검사(인지적 영역의 교육발달 검사)
  - 고교 교육과정에 기초한 학업성취도 측정
  - 영어, 수학, 읽기, 과학추리 검사
- 학교성적표(GPA, Great Point Average)
- 추천서(학부모, 카운슬러, 외부인사, 교사 등 다양)
- 자기 Essay(자기소개서)
- 전문대학은 SAT, ACT은 미제출. 전문대은 대부분 입학가능, 학위학생들을 지도해서 후에 4년 편입하거나 취업 목적임.

국내 대학 입시에서 다양한 것들을 고등학교 입학하면서 부터 준비하게 할 필요성이 있다. 이 대목에서 수능 한번으로 인생을 결정하는 것, 너무 하지 않습니까? 그날의 컨디션으로 인생은 망치는 것은 너무 가혹하지요. 2번 정도해서 자격고사로 실시할 필요성도 있다. 그리고 고교정상화에 해치지 않는 범위에서 대학자체별로 입시요소의 자율성을 부여할 필요성도 있다.

종합적으로 말씀드리면, IBDP는 예전에 교육부에서 검토한 결과 공교육에서 도입하기에는 무리라고 판단한 적이 있다. IB 프로그램의 장점과 좋은 취지에서 불구하고 학교단위에서 추진하는 것은 학교 주체들의 판단에 의해서 결정될 것이지만 공적인 측면에서 도입에서는 아직 시기상조라고 여겨진다.

다만 진로중점교육과정, 교과중점학교, 고교학점제 등 학생선택중심 교육과정의 실천으로 어느 정도 충족할 수 있을 것이다. 공동교육과정이나 온라인 공동교육과정 시스템도 결국 학교 안에서 교육과정 다양화와 특성화를 기할 때 시너지 효과를 발휘할 수 있을 것이다.

참석하여 경청해주서서 감사합니다.

참고문헌

2017 제주교육국제심포지엄 자료
경기도교육청 2018학년도 교과중점 편성 사례
우옥희. 2015개정교육과정과 IBDP 교과편성 비교. 2017 제주교육 심포지엄
http://www.ibo.org/facts/fastfacts/index.cfm
http;//www.ibo.org

일반고 교육과정의 혁신방향[1)]

- 교육과정 문해력[2)] 함양을 중심으로-

1. 프롤로그

요즘 일반고 교실현장은 어느 때보다 혼란스럽기 짝이 없다. 수능개편에 따른 지역공청회가 5월 3일부터 충청권에서 시작하여 교육부에서는 8월까지는 2022년 대입방향을 결정해야 한다. 고등학교 2,3학년은 2009 개정교육과정, 올해 입학한 학생은 2015 개정교육과정이 적용되면서 다소 복잡하게 운영되고 있다. 더구나 80% 정도 수시입학이 이루어지고 있는 현실을 감안해 볼 때, 맞춤형 진로진학이란 쉬운 것이 아니다. 수능에 강점을 갖는 학생, 학생부종합전형에 강한 학생, 학생부 교과전형, 또는 논술이나 실기로 대입을 준비하는 학생들이 한 교실에서 혼재하고 있는 실정이지요. 이런 현실은 세종에서만 일어나는 현상은 아닐 것이다. 하지만 정시와 수시의 비율 등을 비롯한 대입정책과는 달리 미래 고등학교 공교육의 교육과정의 방향은 기존 패러다임을 혁신적으로 변화하고 있음은 분명해 보인다. 2022년 고교학점제 도입에 따른 교육부의 추진계획이 비교적 선명해 보이고 있고, 교과중점학교 등 단위학교 교육과정의 다양화와 특성화가 더욱 강조되고 있다.

일반고 학생은 3년간 총 204단위를 이수해야 한다. 1주일 1시간 17주를 이수하면 1단위가 된다. 1주일 5일 34시간이 편성되면 1학기 34단위가 되며, 1년은 68단위이고, 3년간을 합해보면 204단위가 된다. 창의적 체험활동 24단위(408시간)를 제외한, 교과군 총 이수단위는 180단위이다. 필수이수단위 94단위를 제외한 학생 적성과 진로를 고려하여 편성하는 86단위를 고민해 본다. 과연 86단위가 학교위주로 편성하고 학생이 따라가는지? 학생의 요구를 최대로 반영하여 편성하는 노력을 하는지?

---

1) 2019년 ○○○시 교감 자격연수 강의 원고

2) 교육과정 문해력(curriculum literacy)

- 교사가 교육과정 문서를 읽고 해석하여, 학생의 성장·발달에 적합한 수업을 구안·실천하고, 성취 정도를 평가하며 환류하는 교육과정 상용 능력
- 교사가 교육과정을 이해하고 자유자재로 적용할 수 있는 능력

고교학점제, 교과중점학교, 진로중점과정 등이 중요하게 등장하고 있는 공통점은 학생중심 교육과정을 다양화하고 학교의 강점을 최대로 특성화하는 것이다. 따라서 학교 내 교육과정의 혁신은 미래 소중한 자원인 학생의 인권을 존중하는 것이고 학생의 맞춤형 진로를 모색해 주는 단위학교의 핵심 책무가 된다. '무조건 힘들다.'고 하기 보다는 최선을 다하여 할 수 있는 방법을 찾아보아야 할 것이다. 낮은 단계의 학점제, 특성에 맞는 고교학점제, 13개 일반고의 모두 다른 교육과정으로 특성화하여 모두 고르게 성장하고 모든 학교가 함께 연계하여 미래 교육과정을 주도하는 교육수도로서의 역할도 가능하리라고 본다.

인근 학교는 절대로 경쟁대상교가 아니니다. 다 같이 우리 지역 중학생 제자들이 공부해야 할 장소이며, 모두 우리 마을의 학교이다. 내가 후에 근무할 학교이다. 교육과정에 대하여 서로 연계하여 협력해야 상생해야 한다. 행정업무가 아닌 교육과정의 업무는 아이들의 성장을 위한 교사의 숭고한 가치이기 때문이다. 학교 내 교육과정의 다양화로 기본으로 부족한 것은 인근 학교와 함께 해결할 수 있다. 그것도 부족하면 마을과 지역사회의 협력구축으로 해결해야 하며, 온라인 공동교육과정으로 보완하면 될 것이다.

2. 2015 개정교육과정이 방향 이해

단위학교에서 2015 개정 교육과정 편성에 앞서서 몇 가지 방향에 대하여 아래와 같이 알아보자.

가. 주요 개정 방향

1) 인문 · 사회 · 과학기술에 관한 기초 소양 교육을 강화
   - 고등학교에 기초소양 함양을 위해 공통과목 도입, 통합사회, 통합과학 신설
     * 국어, 수학, 영어, 한국사, 통합사회, 통합과학, 과학탐구실험
2) 학생들의 "꿈과 끼"를 키울 수 있는 교육과정
   - 교육과정 편성 · 운영의 자율성 확대. 다양한 선택 과목 개설
3) 핵심역량의 함양 교육과정

- 핵심 개념과 원리 중심, 학습내용을 정선하여 감축, 교수 · 학습 및 평가 방법을 개선

4) 공통 과목을 통한 기초소양 함양. 적성과 진로에 따라 맞춤형
5) 선택 과목(일반 선택/진로 선택)을 개설
   - 진로 선택 과목을 3개 이상 이수
   - 기초교과 영역(국어, 수학, 영어, 한국사) 이수단위 교과 총 이수단위의 50% 초과 금지
   - 특성화고 교육과정은 국가직무능력표준(NCS)과 연계 강화

나. 교과별 주요 개정 사항

1) 수학의 경우, 초등학교 1학년에서 고교 공통 과목까지 학생 발달단계와 국제적 기준(Global Standards)을 고려하여 학습내용의 수준과 범위 적정화
   - '실용 수학' '경제 수학' '수학과제 탐구' '심화 수학 I, II'신설
   - 활동과 탐구 중심으로 교수 · 학습 방법을 제시
2) 영어의 경우, 고등학교에서 '읽기', '쓰기' 학습을 강조
3) '통합사회'는 사회 현상을 종합적으로 이해하는 과목. 협력학습, 프로젝트 수업 등 학생 활동 중심의 수업을 통해 문제해결력, 의사결정력 등 핵심역량을 함양
4) 과학의 경우 "모두를 위한 과학(Science for all) 교육"을 목표로, 고1 '통합과학'까지 주위 자연현상에 대한 궁금증을 과학적인 기초 개념과 연결
   - 고 2학년 이후 진로에 따라 물리학II, 화학II, 생명과학II, 지구과학II를 선택이수
   - 고급 물리학, 고급 화학 등 전문교과 과목을 통해 수월성 교육 실시
   - 문 · 이과 공통 과목으로 '과학탐구실험'을 개설
   - '통합과학'의 경우 학교 밖 현장 체험, 실생활 학습
5) 고등학교에서 소프트교육은 실생활의 문제들을 컴퓨터 과학의 원리를 활용하여 효율적으로 해결하는 능력을 함양하도록 구성.
   - 정보윤리 의식 함양. 소프트웨어 저작권 이해. 정보기술의 올바른 사용법

다. 교육과정 Q & A

1) 문 · 이과 구분 없이 모든 학생들『공통과목』을 이수, 진로에 따른 다양한『선택과목』이수.
2)『공통과목』은『국어』,『수학』,『영어』,『사회』,『과학』(이하8단위),『한국사』(6단위) 구성,『통합사회』와『통합과학』으로 통합적 관점,『과학탐구실험』(2단위) 포함
3) 통합사회
   - 초·중학교 사회의 기본 개념과 탐구방법 바탕 지리, 일반사회(정치, 경제, 법 등), 윤리, 역사의 기본적 내용을 대주제 중심의 통합적 접근을 통해 사회 현상을 종합적으로 이해
   - 대 주제(행복, 자연환경, 생활공간, 인권, 시장, 정의, 인구, 문화, 세계화)
4) 통합과학
   - 중학교까지 학습한 자연과학의 핵심 개념을 적용하여 자연 현상을 통합적으로 이해, 미래 사회에 필요한 과학적 기초 소양을 함양
   - 4개의 핵심 개념(물질과 규칙성, 시스템과 상호작용, 변화와 다양성, 환경과 에너지)
   - 대 주제 학습, 실생활 연계, STS(Science Technology Society) 학습
5)『공통과목』은 해당 교과별 필수이수단위 범위 내 이수. (예) 국어교과,『공통과목』'국어' 8단위 이수 이후, 일반선택이나 진로선택으로 필수이수단위 10단위 이상 이수.
6) 학생의 진로와 적성에 따른 맞춤형 교육과정 운영
   -『일반선택』: 기본 이수단위는 5단위이며 2단위 범위 내 증감 운영.
   -『진로선택』: 기본이수단위는 5단위이고, 3단위 범위 내에서 증감 운영.
   - 진로선택과목을 3과목 이상 이수 편성.

※ 진로에 따른 과목 선택(예시)

교과군		경상계열(사회 중심)		어문계열(외국어 중심)	
		일반선택	진로선택	일반선택	진로선택
기초	국어	문학, 독서, 언어와 매체	고전 읽기	문학, 독서, 화법과 작문, 언어와 매체	심화 국어
	수학	수학Ⅰ, 확률과 통계	**경제 수학**	수학Ⅰ, 확률과 통계	
	영어	영어Ⅰ, 영어Ⅱ	영미 문학 읽기	영어Ⅰ, 영어Ⅱ, 영어 회화	**진로 영어** **영미 문학 읽기** **심화 영어Ⅰ**(전문)
탐구	사회	**세계지리, 세계사, 경제, 사회·문화, 정치와 법**	**사회문제탐구** **고전과 윤리** **한국 사회의 이해**(전문)	한국지리, 생활과 윤리, 정치와 법	
	과학	물리학Ⅰ	과학사	생명과학Ⅰ	
체육예술		체육, 운동과 건강, 음악, 미술		체육, 운동과 건강, 음악, 미술, **연극**	
생활교양		한문Ⅰ, 실용 경제, 진로와 직업, 논술		**중국어Ⅰ**, 한문Ⅰ, 진로와 직업	**중국어 회화Ⅰ**(전문) **중국어Ⅱ**

교과군		예술계열(예술 중심)		이공계열(수학, 과학 중심)	
		일반선택	진로선택	일반선택	진로선택
기초	국어	문학, 독서	**고전 읽기**	문학, 독서, 화법과 작문	
	수학	수학Ⅰ, 확률과 통계		수학Ⅰ, 수학Ⅱ, **미적분**	**기하,** **수학과제 탐구**
	영어	영어Ⅰ, 영어 독해와 작문, 영어회화	**영미 문학 읽기, 실용 영어**	영어Ⅰ, 영어 독해와 작문, 영어 회화	진로 영어
탐구	사회	한국지리, 생활과 윤리	여행지리	사회·문화	
	과학		융합과학	물리학Ⅰ, 화학Ⅰ, 지구과학Ⅰ	**물리학Ⅱ,화학Ⅱ,지구과학Ⅱ, 융합과학**
체육예술		체육, 운동과 건강, **음악, 미술, 연극**	**미술 창작, 드로잉, 매체 미술**(전문)	체육, 운동과 건강, 음악, 미술	
생활교양		일본어Ⅰ, 한문Ⅰ, 진로와 직업, 철학		**기술·가정, 정보,** 진로와 직업, **환경**	

라. 시간배당 기준

구분	교과 영역	교과(군)	공통 과목(단위)	필수이수단위	자율편성단위
교과(군)	기초	국어	국어(8)	10	학생의 적성과 진로를 고려하여 편성
		수학	수학(8)	10	
		영어	영어(8)	10	
		한국사	한국사(6)	6	
	탐구	사회 (역사/도덕 포함)	통합사회(8)	10	
		과학	통합과학(8) 과학탐구실험(2)	12	
	체육 · 예술	체육		10	
		예술		10	
	생활 · 교양	기술·가정/제2외국어/한문/교양		16	
	소계			94	86
창의적 체험활동				24(408시간)	
총 이수단위				204	

※ 공통 과목은 2단위 범위 내에서 감하여 편성·운영할 수 있다. 단, 한국사는 6단위 이상 이수하되 2개 학기 이상 편성하도록 한다.

※ 과학탐구실험은 이수 단위 증감 없이 편성·운영하는 것을 원칙으로 하되, 과학 계열, 체육 계열, 예술 계열 고등학교의 경우 학교 실정에 따라 탄력적으로 운영할 수 있다.

※ 필수 이수 단위의 단위 수는 해당 교과(군)의 '최소 이수 단위'로 공통 과목 단위수를 포함한다. 특수 목적 고등학교와 자율형 사립 고등학교의 경우 예술 교과(군)은 5단위 이상, 생활 · 교양 영역은 12단위 이상 이수할 것을 권장한다.

※ 기초 교과 영역 이수단위 총합은 교과 총 이수단위의 50%를 초과하지 않도록 한다.

3. 교육과정 편성표 자체 점검표

학교 교육과정은 당해 학교의 교육 청사진입니다. 아이들의 총제적인 교육프로그램이지요.

제가 일선학교 컨설팅하면서 작성해 본 점검표입니다. 예시를 참고로 해당 학교의 교육과정 편성표를 점검해 보셨으면 좋겠습니다.

2019학년도 일반고 입학생 교육과정 편성표 결과(예시)

학교명 : (S) 고등학교

컨설턴트 : ○ ○ ○

영역	내용	결과	보완
교과	총 이수단위 204단위 이상 준수 여부	○	
	학기별 8개 교과목 이하 편성 여부	○	
	학교/과정유형별 교과(군)별 필수 이수 단위 준수 여부	○	
	2015 개정 교육과정의 교과목명 준수 여부	○	
	영어교과 개정교육과정 교과목명 준수여부	○	
	"한국사" 필수 이수단위, 학기 편성 여부	○	
	각 교과목별 운영단위의 증감 범위 준수 여부 ±3 전문교과 4이상	○	
	체육교과 10단위이상, 매학기 편성 여부	○	
	기초교과 50% 초과 여부(자사고는 권장)	적정	
	2개 학년 이상에 걸쳐 편성한 교과가 있는 경우, 적정 여부	해당없음	
	선택과목을 2개 이상으로 편성하였는가?(종교 특히 유의)	○	
	위계성을 갖는 과목의 경우 계열성(Ⅰ,Ⅱ) 준수 여부	○	
	신설 교과목에 개설 계획 확인	해당없음	
	운영 과정	외국어 중점	
창의적 체험활동	24단위이상 편성 여부	○	
	학년별 균형 편성 여부	○	
컨설팅 내용	• 계열 공통 – 학생 선택 과목의 경우 어떤 과목들 중에서 몇 개 과목을 선택하는지 잘 드러나 있지 않음: 택 ○개수		

- 외국어중점과정

- 3년 간 영어 교과 36단위, 또는 제 2외국어 교과에서 26점 단위 이상 이수. 외국어 관련 동아리 3개 이상, 외국어 관련 학생봉사활동 프로그램 운영 조건
- 3년 간 영어 36단위 및 단순 영어회화, 제2외국어 16단위 편성
- 단순히 인문사회와 외국어중점. 동아시아(6단위)↔영어회와(6단위)
- 제2외국어 총 16단위는 타교에 비해서 적은 것은 아님.
- 하지만 외국어중점과정은 드러나지 않음

- 조언
- 교과중점학교는 해당교과군 50% 이상으로 편성. 시도교육청 자체규정
- 진로집중과정으로서 3과목 6단위 이상으로 고려
- 장차 학교 간 공동교육과정 과목 표시가 있어 심화 교과임이 부각되었으면 함. 예컨대 스페인어 등 제2외국어 교과군 증대 필요
- 소인수교육과정으로 외국어 관련교과 고려

4. 일반고 교수 · 학습의 혁신

일반고의 교실을 상상해 보자. 대학입시의 변화로 교육과정-수업-평가-기록의 일체화가 강조된다. 장차 학교현장에서는 긍정적으로 변화할 것이다.

가. 교육과정-수업-평가-기록의 선 순환적 체제 구축

일반고의 3년 2학기를 자유학기제로 생각하는 경우가 많다고 한다. 이제는 교육과정 운영의 정상화가 필요하다. 정시, 수시 모두 3학년 2학기에도 교육과정-수업-평가-기록의 일체화를 위한 학교 공동체 협의회와 교과협의회기 지속되어야 한다. 수시입학에서도 심화학습에 대한 교육과정을 모두 살펴보고 있다.

- ○ 전문적학습공동체에서 교사 간 수업 나눔. 교사 간 상호 피드백 제공
- ○ 교과 성취기준, 학생 특성을 반영, 교육과정을 재구성, 수업하고 평가
- ○ 수업 분석 및 성찰의 결과를 교수학습 과정에 수시 반영하기

나. 배움중심수업(학생참여형 수업)

앞에서 언급했듯이, 교과교육과정 문해력은 교육과정을 재구성하는 역량이 포함된다. 수업 시간에 학생들이 졸지 않기 위한 참여활동이 활발해질 것이다.

◦학생 참여형 수업을 실천하여 교과별 성취기준 도달
- 토의 · 토론, 실습, 융합, 프로젝트, 협력 수업 등 교수 · 학습 방법의 다양화
- 학생 참여, 질문이 있는 수업
- 학생들의 진로, 삶과 배움이 긴밀하게 연계되는 수업 실천

◦수업에서 모든 학생의 학습 성취 중시
- 학습에서 소외되는 학생이 없도록 교과 운영 계획 수립 및 실행

◦수업 나눔 · 성찰 문화 확산
- 자발적 수업 상시 공개, 수업 나눔과 성찰 협의회 내실화

다. 성장 중심의 평가(기록)

◦성장 지원을 위한 평가(기록)체제 구축(계획–실천–피드백)
- 교육과정, 수업과 연계한 평가(기록)계획 수립
- 학생활동에 대한 긍정적인 평가를 서술형으로 기록한 성적표 보급
- 교내활동을 관찰하고 누가 기록한 기록으로 학교생활기록부 기록

◦교과협의회 활성화로 평가(기록) 역량 강화
- 성취기준에 근거하여 수업과 연계되는 문항 출제
- 선행학습 및 선행 출제 금지

◦배움중심수업 중에 이루어지는 과정평가 실시
- 수행평가 100% 실시 확대
- 수행평가, 관찰평가, 수업밀착형 평가 확대

◦문항 오류 예방을 위한 상호 검토 강화

◦입시를 위한 평가(기록)가 아닌 정상적 교육활동 과정과 결과로서 평가

라. 고교 교육력 제고 프로젝트

이제 단위학교별로 더 좋은 우리학교의 교육과정 운영을 위한 추진 협의체를 구성하고 진

행해 볼 것을 건의해 봅니다.

○우리학교 교육과정의 핵심 실천과제 추출

○교육과정 중심의 학교 브랜드 만들기

○교육과정-수업-평가(기록)의 일체화 실천

- 학생 참여형 수업 확대
- 학습 소외 학생 예방, 교과 학습부진 학생에 대한 맞춤형 지도 강화

○우리학교 교육과정 운영 평가 결과 분석 및 피드백

6. 나가면서

학교 교육과정이 중요함은 어제, 오늘 새삼스럽게 강조하는 말은 아니다. 학교차원에서는 프로파일이 알리미 사이트에 탑재되고 이는 학생들의 학생기록부를 통해서 완성이 된다. 넓게는 학교교정에서, 학교 밖에서, 좁게는 학교 교실에서 학생과 교사와의 만남을 통하여 진행된다. 그 성과는 학교수준에서 교사에게 보람을, 학생에게는 존경을, 학부모님에게는 만족의 선물로 드러나기 마련이다.

2015개정교육과정, 고교학점제, 그래도 대세인 수시의 학생부종합전형, 교과중점과정, 이 모두 학생의 교과 선택권이 존중되어야 한다. 무턱대고 백화점식 과목의 나열이 아니며 학생의 희망과 진로에 맞는 절실한 마음이 담겨져 있어야 한다. 아이들은 선택의 두려움보다는 희망의 설렘이 있어야 한다.

그러면 자연스럽게 학교상황에 맞는 매우 다양하고 특성화된 교육과정이 만들어 진다. 다양한 교육과정이 존재하는 학교를 볼 수 있다. 외국어, 과학, 융합, 예체능, 국제화, 창업 등 강점이 달라야 중학생들의 선택의 폭이 크고 다 같이 성장한다. 먼저 선생님들의 강의계획서를 제시하고 학생의 선택을 받는 방법, 학교 인사소요 등을 고려하여 낮은 단계로 기초영역, 탐구영역, 체육 · 예술영역, 생활 · 교양 영역 내에서 선택하는 방법, 탐구영역만 우선 선택하는 방법, 모든 영역에서 선택하는 방법 등 노력하면 얼마든지 생각할 수 있다. 단, 학생의 교과 선택권을 존중하는 마음이 최우선임을 잊지 말아야한다.

일반고 학교교육과정의 최종 실천자인 선생님들과 학생들의 교육과정의 문해력 신장으로 다 같이 성장의 정점에 도달할 것을 기대해보자.

고등학교 교과중점 학교의 이해[1)]

최근 일반고 교육과정이 혁신되어야 한다는 주장이 강하게 일면서 단위 학교에서는 교육과정 특성화에 대하여 많은 관심이 일고 있다. 고등학교 교육과정의 특성화는 교과중점 학교를 통하여 더욱 선명하게 드러나게 된다. 이에 학교 컨설팅을 다녀 온 후 교과중점 학교에 대한 이해를 돕고자 아래와 같이 Q&A를 작성해 보았다.

학생중심에서 교육과정을 고민하고 학생 진로 맞춤형 교육에 많은 도움이 되기를 바란다.

[학생 관련]

1. 교과중점학교는 무엇입니까?

☞ 특정 분야에 소질과 적성이 있는 학생이 특성화된 교육을 받을 수 있도록 특정 중점교과 관련 과목을 다양하게 개설·운영하는 학교를 말합니다. 따라서 2018학년도에는 무엇보다도 교과중점학교 운영을 유연화 및 다양화하여 모든 학생들이 특성화된 교육을 받을 수 있도록 과목 선택권을 확대 하는 등 맞춤형 교육과정을 제공하는 것이며, 시·도교육청 역시 자율성을 확대하여 지역 여건에 맞는 다양한 교과중점학교를 운영·지원하도록 권장하고 있습니다.

2. 중점교육과정에서 특정 탐구 영역을 많이 선택하면 상대적으로 다른 탐구 영역을 선택할 수 없는데 졸업에 이상이 없나요?

☞ 중점교육과정 학생들의 경우 교과의 필수 이수단위는 모두 채우면서도 특정 교과를 더

1) 2018년도 교육부와 한국교육개발원에서 교과중점학교 사례집 개발 시 교과중점학교 질의 응답부분을 경기도교육청의 의견을 기본으로 여러 교육청의 의견을 수렴하여 집필한 내용

배울 수 있도록 한 것이기 때문에 졸업에는 이상이 없습니다.(예를 들어 탐구 영역에서 교과별 이수단위는 사회교과 10단위, 과학교과 12단위) 그러나, 교과영역 간 학생 선택이 많은 학교의 경우 학생들에게 과목을 선택 할 때 교과 필수 이수단위에 대한 안내가 필요합니다.

3. 교과중점학급만의 성적 산출로 내신의 불이익에 대한 방안이 있나요?

☞ 현재 고등학교는 성취평가제가 도입되어, 석차 기준 상대 평가인 '9등급제'와 성취도 기준 절대 평가인 '성취평가제' 두 가지 방법으로 내신 성적을 산출하고 있습니다. 하지만 현재 대부분의 대학은 수시모집 학생부 교과전형, 학생부 종합전형에서 '9등급제'를 내신 성적의 기준으로 활용하고 있습니다.

현행대로 '9등급제'로 내신 성적을 반영한다면 반드시 불리하다, 유리하다 단언할 수 없습니다. 구체적으로 살펴보면, 교과중점학급에 편성된 모든 과목이 다른 학급과 다른 것은 아니며 학기별로 일부 과목만 다릅니다. 일부 다른 과목의 경우에 다소 적은 인원이 수강하므로 학생부 교과전형의 내신 성적 산출에 불리함이 작용할 수 있지만 학생의 진로와 관련된 다양한 학습 경험을 할 수 있기 때문에 학생부 종합전형 등을 통하여 향후 진학에 도움이 될 수도 있습니다. 향후 성취평가제의 결과로 학생 개인의 역량을 평가하는 제도가 확정된다면 소수의 학생이 참여하는 과목의 내신 성적 산출 불리함도 해소 될 것으로 판단됩니다.

4. 진로가 국제화나 특정 중점교육과정이 아닌데도 전문 교과 선택이 가능한가요?

☞ 교과중점학교 운영교에서는 자유수강제로 교육과정을 편성하여 학생의 과목 선택권을 확대합니다. 즉, 중점교과 전부 또는 일부를 개방하여 교내 타 학생들도 수강할 수 있도록 유연하게 운영함으로써 전문 교과 선택도 가능합니다. 이 경우 선택 과목 간 위계성을 갖는 경우, 계열적 학습이 가능하도록 보통교과 선택과목을 먼저 이수할 수 있도록 권장합니다. 단, 학교 실정, 학교의 요구, 과목 성격에 따라 탄력적으로 편성 및 운영할 수 있습니다.

5. 교과중점학교는 일반고내의 특별반이 아닌가요?

☞ 학생의 흥미, 적성, 진로를 고려한 다양한 교육과정 편성·운영과 학생의 교과목 선택

권을 강화하자는 취지에서 교과중점학급을 운영하고 있습니다. 학생은 본인의 순수 희망에 따라 교과중점학급을 선택하고 있으며, 교과중점학급 대상 신입생 우선 선발 및 우열반 형태의 운영을 금지하고 있습니다. 일반고 내 서열화, 학생 간 차별화가 발생하지 않도록 유의하여 운영하고 있습니다.

6. 교과중점학교는 언제부터 시작되나요?

☞ 2018학년도 1학년 또는 2학년부터 적용합니다. 1학년의 경우는 중점 교과군과 연계된 동아리, 창의적 체험활동 등을 운영하며, 2학년의 경우는 교과중점학급을 편성하여 교과중점 교육과정을 운영합니다.

7. 2학년 때 선택한 중점교육과정을 중도에 포기하고 다른 교육과정을 선택하는 것도 가능한가요?

☞ 특정 분야의 소질 적성이 있는 학생이 특성화된 교육을 받을 수 있도록 하는 중점교육과정의 특성상 되도록 중도에 포기하지 않는 것이 좋습니다. 그러나 중간에 진로 변경 등의 이유로 중점교육과정을 중도에 포기하고자 하는 경우 중점교육과정의 전문교과 이외의 과목을 수강할 수 있도록 안내해야 합니다.

8. 교과중점학교에 진학하면 모든 학생이 그 교과중점으로 배우고, 진학도 그 방향으로 이루어집니까?

☞ 그렇지 않습니다. 교과 중점 교육과정이 편성, 운영되는 학급은 해당 진로·진학과 연계된 학생들을 대상으로 2학년 과정에서 일부 학급으로 편성되며 그 외의 학생들의 경우는 기존의 교육과정을 이수하게 됩니다. 교육부에서도 시·도 및 학교 여건에 따라서 일반·중점과정의 구분 없이 모든 학생들에게 중점교과를 제공하거나, 일부 과목을 일반과정 학생들도 수강할 수 있도록 유연하게 운영하도록 권장하고 있습니다.

9. 예컨대, 국제화중점교육과정이라고 하지만 사탐영역에서의 한 두 과목에서만 차이가 있지 기존의 인문 계열과 차이가 크지 않은 것 같습니다. 뭐가 다릅니까?

☞ 기존 일반 과정에서는 보통교과 선택과목을 중심으로 편성되지만 국제화 중점과정은 일반 과정에서 다뤄지지 않는 국제계열의 전문교과를 운영합니다. 더불어 국제 · 경제 관련 심화 과목의 학습 기회 제공과 특색 있는 다양한 비교과 활동으로 국제 · 경제 방면으로 진학을 희망하는 학생의 진로 탐색을 돕습니다.

10. 교과중점 교육과정을 개설한 학교를 선택하면, 동일학교 내에서 그 과정을 선택하지 않은 학생들과의 차이점은 무엇입니까?

☞ 동일학년 내에서 다른 교육과정을 이수하는 학생들보다 학생이 진로나 적성과 관련된 교과목과 교과 관련 과목을 더 배우고, 대신 다른 과목을 그만큼 덜 배우게 됩니다. 그러므로 해당 교과와 연계된 진로·진학 과정 선택 시 학교생활기록부, 자기소개서 등에 기재될 연계 과목수가 다른 학생들보다 더 많아지게 됩니다. 따라서 선택한 학생은 관심이 있거나 지원 전공(계열)과 관련된 분야에 대하여 관심과 이해, 그리고 노력과 준비가 일반학생보다는 차이가 많을 것으로 봅니다.

11. 교과중점학교에 진학하면 모든 학생이 그 교과중점으로 배우고, 진학도 그 방향으로 이루어집니까?

☞ 그렇지 않습니다. 교과 중점 교육과정이 편성, 운영되는 학급은 해당 진로 · 진학과 연계된 학생들을 대상으로 2학년 과정에서 일부 학급으로 편성되며 그 외의 학생들의 경우는 기존의 교육과정을 이수하게 됩니다. 예를 들어 중국어 교과중점 교육과정을 개설한 학교를 선택하면, 동일학년 내에서 다른 교육과정을 이수하는 학생들보다 중국어 교과 관련 과목을 더 배우고, 대신 다른 과목을 그만큼 덜 배우게 됩니다. 중국어 교과와 연계된 진로 · 진학 과정 선택 시 학교생활기록부에 기재될 연계 과목수가 다른 학생들보다 더 많아지게 됩니다.

12. 교과중점 교육과정을 선택하면 대학입시에 어떤 점이 유리합니까?

☞ 최근 대학입시가 학교생활 충실도를 고려하여 선발하는 학생부 종합 전형이 대세입니다. 예전에는 단순히 동일한 과목을 배우고, 해당 과목에 대한 내신 성적만 가지고 선발하던 체계가 학교생활기록부에 기록된 내용을 가지고 학생을 평가하는 정성평가로 바뀌어 가고 있는 중입니다. 고교 시절부터 어떤 분야에 관심이 있어서, 그 분야의 공부를 더 깊이 했다는 측면에서 유리하고, 일찍부터 자신의 진로분야를 탐구한 학생들을 선호하는 학생부종합전형의 취지이기도 합니다. 학생부종합전형 평가기준의 공통평가요소가 학업역량, 전공적합성, 인성, 발전가능성 등을 이루어진다면 교과중점을 선택한 학생들은 일반학생에 비해서 전공(계열)과 관련된 분야에 대한 관심과 이해, 노력과 준비 정도라고 본다면 차이가 많을 것으로 봅니다. 특히, 학업태도와 의지, 깊이 탐구하는 활동, 전공 관련 활동과 경험, 창의적인 문제해결력 등에서 많은 성장이 있을 것으로 기대합니다.

13. 교과중점 교육과정을 선택하면 학급수가 적어서 내신 성적 산출에 불리하지 않습니까?

☞ 대학은 수시모집 학생부 교과전형, 학생부 종합전형에서는 9등급제로 되어 있는 상대평가 성적을 활용하고 있습니다. 하지만 현재 학교는 고등학교까지 성취평가제가 도입되어, 단순히 성적을 상대적으로 평가하는 상대평가제와 성취도를 기준으로 절대평가의 형식을 취하는 성취평가제 두 가지의 성적이 산출하고 있습니다. 현행대로 대학이 9등급제로 내신 성적을 반영한다면 반드시 불리하다, 유리하다 단언할 수 없습니다만, 향후 성취평가제의 결과로 학생 개인의 역량을 평가하는 제도가 정착된다면 상대적 내신 성적 산출로 인한 불리함이 해소 될 것으로 판단됩니다. 또한, 모든 학생에게 중점교과를 제공하거나 일부 과목을 일반과정 학생들도 수강하도록 유연하게 운영하면 다소나마 내신 성적 산출 불리를 극복할 수 있을 것입니다.

14. 고등학교를 선택하는데 반드시 교과중점학교의 개설된 교과만 보고 결정해야 하는지요?

☞ 그렇지 않습니다. 교과중점 교육과정은 교육과정 클러스터, 주문형 강좌 등과 함께 학생 중심의 교육과정을 운영하기 위한 편성 체계입니다. 일반고에서는 특성화된 교과 중점 교

육과정 이외에도 학생들의 진로 · 진학을 위한 다양하고 특색 있는 프로그램들이 운영되는 경우도 많습니다. 학생들이 본인에게 맞는 진로 · 진학 로드 맵을 가지고 지역 내 고등학교의 안내 자료를 토대로 선택하기를 권장합니다.

15. 지역 관내 고등학교를 선택하는데 반드시 교과중점학교의 개설된 교과만 보고 결정해야 하는지요?

☞ 그렇지 않습니다. 교과중점 교육과정은 학교 간 공동교육과정과 함께 교육과정 다양성과 특성화된 교육과정을 운영하기 위한 편성 체계입니다. 학생 주위에 일반고나 자립형 공립고에서는 특성화된 교과 중점 교육과정 이외에도 학생들의 진로·진학을 위한 다양하고 특색 있는 프로그램들이 운영되고 있습니다. 학생 개인이 가지고 있는 꿈을 실현하기 위해 본인에게 맞는 진로·진학 로드 맵을 가지고 고등학교의 안내 자료를 토대로 본인에게 맞는 학교를 선택하고, 최종 진학하게 되는 학교에서 최선을 다한다면 반드시 좋은 기회와 결과가 주어질 것입니다.

16. 고교중점학교의 학생은 어떻게 선발하나요?

☞ 시·도교육청 및 학교여건에 맞게 자율적으로 실시합니다. 다만 교사, 학부모, 학생들에게 리플릿이나 설명회를 통하여 교과중점학교의 정보를 충분하게 제공하시기 바랍니다. 무엇보다도 희망학생이 진로에 맞게 선택하도록 세심한 배려가 필요합니다.

[교사 및 업무 관련]

17. 교과중점학교는 모든 고등학교가 지정되나요?

☞ 아닙니다. 지정대학교는 일반고와 자공고입니다.

18. 교과중점학교에서는 모든 교과를 운영할 수 있습니까?

☞ 아닙니다. 국제, 경제, 사회, 제2외국어, 융합 등으로 다양화는 되지만 기초교과(국어, 영어, 수학), 과학, 예술, 체육을 제외한 모든 과목에 해당됩니다. 학생선발 등 운영 방법이나 중점학급의 명칭 등도 개별학교에서 자율적으로 운영할 수 있습니다(예: 로봇공학융합형 중점학교→로봇공학중점학교).

19. 중점교육과정은 학생 중심의 선택을 중요시하여 담당 교사가 적은 교과의 경우 학년이 확대 될수록 교사의 담당 교과목 수가 증가합니다. 이런 경우 적절한 해결방안은 무엇입니까?

☞ 학생선택이 본격화되는 2~3학년 과정에서는 담당교사가 적은 교과의 경우 다 과목 교수에 대한 부담이 증가하는 것이 사실입니다. 그러나 학생 선택권이 강화되는 시대적 흐름에 따라 다 과목 교수의 필요성은 특정 교과목에만 한정되는 것은 아니고, 향후에는 모든 교과교사들에게 요구되는 역량 중 하나라고 할 수 있습니다. 담당교사의 전문성을 보완해 줄 수 있는 전문성을 갖춘 강사와의 코티칭을 통해 교수 역량을 강화시키고 궁극적으로는 교사 전문성의 외연을 확장할 필요가 있습니다. 다 과목 교수의 경우 시수 배분이나 행정업무 등에 있어서 학교 차원에서의 배려가 필요합니다. 교육과정 중심의 교원조직으로 재구조화를 한다는 것은 이와 같이 다 과목 교사들이 수업과 평가에 더욱 집중할 수 있는 여건을 마련해주는 것과 관련이 있고, 교유과정 중심의 학교문화를 정착하는 데 있어서 중요한 요소라고 할 수 있습니다.

20. 교과중점학교의 다양한 운영 방법은 어떤 것들이 있나요?

☞ 우선, 학교나 지역의 여건과 학생수요를 고려하여 다양하게 개설할 수 있습니다. 운영 형태에서도 캠퍼스형 교과중점, 중점학교 간 공동교육과정, 일반학교와 특성화고와의 연계 방안, 지역 거점학교, 교육청 단위에서 공동교육과정 등 다양한 형태로 운영하여 학생의 과목 선택권을 확대할 수 있습니다. 따라서 인근 학교 간 협력체제가 무엇보다도 중요합니다. 편성·운영 면에서도 중점교과를 1학년부터 편성·운영하여 점차 심화, 실험·실습 등 탐구·체험위주의 교과프로그램을 제공할 수도 있습니다.

21. 교과중점학급에서 일반학급으로 변경 가능하나요?

☞ 2015 개정교육과정에서의 가장 큰 특징 중 하나가 학생선택의 존중입니다. 따라서 매 학년도 학생 희망 여부가 교과중점학급 운영을 결정하기 때문에 희망하는 학생의 수에 따라 매 학년도 교과중점학급 수가 달라질 수 있습니다. 학교에서 정한 시기에 학생이 변경을 희망하면 교과중점학급에서 일반학급으로 이동하는 것도 가능합니다. 다만 학생의 진로와 관련이 있다면 가급적이면 변경을 안 하는 것이 바람직합니다.

22. 교과중점 업무는 어느 부서에서 맡아야 할까요?

☞ 학교 업무 분장에 따라 다를 수 있습니다. 업무 협의를 통해 교과 중점과 관련된 교육과정 편제 및 수강신청 및 학급 편성 업무 등은 해당 학교 업무 담당자가 할 수 있도록 하여, 교과 중점에 해당하는 교과 수업 교사가 모든 업무를 도맡아 하는 것은 지양되어야 할 것입니다.

23. 중점과정 운영 시작 시 학교운영위원회 등 관련 절차를 거쳐 자율학교 신청이 권장되고 있는데, 그 이유는 무엇입니까?

☞ 개별 학생의 적성 · 능력 개발을 위한 다양하고 특성화된 교육과정을 운영하는 학교인 경우 자율학교 신청을 할 수 있습니다(초중등교육법 제61조). 자율학교로 지정되면 학교 또는 교육과정을 자율적으로 운영할 수 있습니다. 예를 들어 교장공모가 가능하고 교사 초빙 비율(50%) 등에 있어서 유연성을 활용하여 특색 있는 학생 중심 교육과정을 시동할 수 있습니다.

24. 교육과정에서 중점교과의 비중은? 자율편성단위(86단위) 중 30%(26단위)을 반드시 넘어야 하나요?

☞ 시·도교육청에서는 필요 시 지역실정에 맞게 교과중점과정 편성·운영 지침을 최소 수준으로 마련하여 학교에 안내할 수 있습니다. 학교별 3년간 자율편성 단위(86단위)의 30%(26단위) 이상을 중점 교과 관련 과목을 개설과정에서 해당 교과의 필수이수 단위까지 포함하여 가

능합니다. 하지만 하는데 하지만 시 · 도별로 정한 교과중점학교별 교육과정 운영 기준을 준수해야 합니다. 일반고와 자공고을 대상으로 시·도별로 처해진 여건, 학교의 희망, 지원조건, 평가절차 및 방법, 평가지표, 평가구성위원회 구성 등 역시 시·도 지침에 따르게 됩니다.

(예시) 2018학년도 신입생의 '경기도교육청 지정 교과중점학교' 교육과정 운영 기준을 보면 다음과 같습니다.

▶ 예술, 체육, 기술·가정, 정보(소프트웨어), 제2외국어교과 중점학교

· 3년간 해당 교과중점학교 교과 과목(또는 관련 과목)을 26단위 이상 이수
· 교과중점학교 관련 동아리 3개 이상 운영
· 교과중점학교 관련 학생 봉사 프로그램 운영

▶ 사회교과 중점학교

· 3년간 사회 교과에서 학교 자율편성단위의 50% 이상 운영
(단, 교양 및 전문교과의 관련 과목 편성 단위를 포함할 수 있음)
· 사회 교과 관련 동아리 5개 이상 운영
· 사회 교과 관련 학생 봉사 프로그램 운영

▶ 국제화 중점학교

· 3년간 외국어 교과에서 36단위 이상 이수하고 전문교과 Ⅰ의 국제 계열 과목을 10단위 이상 편성
· 국제 사회 이해와 관련된 동아리 3개 이상 운영
· 국제 사회와 관련된 학생 봉사 프로그램 운영

▶ 융합교과 중점학교

· 학생의 진로를 고려한 특색 있는 교육과정 운영을 위해 전문교과 Ⅰ, Ⅱ과목을 2개 교과(군) 이상에서 총 4과목 이상(또는 20단위 이상) 운영
※ 단, 기초교과군에 해당하는 과목 개설은 인정하지 않음
· 융합교과 중점학교 관련 동아리 3개 이상 운영
· 융합교과 중점학교 관련 학생 봉사 프로그램 운영

25. 교육과정 편성에서 전문교과Ⅰ, Ⅱ의 편성 가능여부는 어떻게 되나요?

☞ 교과중점학교 운영은 교육과정을 유연화하고 다양화하여 학생들이 특화된 교육을 받을 수 있도록 과목선택권을 확대하여 운영합니다. 교육과정 편성·운영 지침에 의거 전문교과 Ⅰ, Ⅱ를 보통교과의 진로 선택 과목으로 대체 또는 교체 편성하여 운영할 수 있습니다. 이때 보통교과 진로선택과목의 평가 방법을 따릅니다.

26. 2015 개정 교육과정에 따른 1학년은 공통 과목들을 배우기 때문에 교과 중점과 관련된 과목이 2학년부터 있습니다. 1학년 때 동아리 및 봉사 프로그램만 운영해도 괜찮을까요?

☞ 학교에서 편성한 교육과정 편제대로 운영하시면 됩니다. 학년 때 교과 중점과 관련된 과목이 없어도 중점 교육과정 관련 동아리 및 학생 봉사 프로그램은 운영하서야 합니다.

27. 해당 중점과정의 이수단위 확대하는 경우 기초 교과 영역 50% 이하 이수 기준을 충족시켜야 하나요?

☞ 특정교과를 중심으로 운영함에 있어서 이수단위 확대하는 경우에도 기초교과 50% 이하 이수 기준을 충족해야 합니다. 예를 들어 교과(군) 이수 단위가 180단위에서 186단위로 확대하는 경우 186단위의 50%인 93단위 이하 이수 기준을 충족해야 합니다.

28. 교과중점학교 운영상 교사들의 협력관계 형성은 어떻게 하나요?

☞ 우선 참여와 소통의 교원 문화가 실천되어야 합니다. 학교 조직을 학년, 교과 단위의 팀별 체제로 전환하고 협업 활동을 강화해야 합니다. 행정 업무 중심의 분업적 교무조직 개편 및 교원의 행정업무 경감에도 함께 고민하고 실천해야 합니다. 교원, 학부모, 지역인사, 전문가, 학생이 참여하는 학교교육과정위원회의 역할도 재정립되고 활성화 되어야 합니다.

29. 일반고에서 융합교과중점과정은 전문교과Ⅰ, Ⅱ과목을 2개 교과(군)이상에서 총 4과목 이상(또는 20단위 이상) 운영하게 되는데 융합교과가 두 교과인 경우 최소 4과목을 어떻게 편성해야 되나요?

☞ 융합교과인 경우 학교에서 계획된 융합중점과정에 맞는 과목을 적절히 편성하시면 됩니다(예: SW(과학융합)중점과정인 경우 SW교과 2과목, 과학교과 2과목 또는 SW교과 3과목, 과학교과 1과목으로 편성).

30. 중점학교 운영을 위한 다양한 전공 선택 및 심화과정 교과 개설시 교사 수업 시수 부담해결을 위해서 어떻게 하면 좋을까요?

☞ 중점 교과 교사의 수를 늘려 수업 시수를 줄이고 협력 강사 등 수업지원 강사를 충분히 확보하는 것이 중요합니다. 현재 교과중점학교를 운영하기 위한 정원 외로 별도의 교사 추가 배치는 없습니다.

31. 교과중점학교 사례집 내용이 꼭 지켜야 되는 매뉴얼 성격을 가지고 있나요?

☞ 사례집이 꼭 지켜야 되는 매뉴얼 성격을 가지고 있는 것은 아닙니다. 교과중점학교 운영의 참고자료로만 활용하시기 바랍니다. 단, 시 · 도별로 정한 '교과중점학교 운영 계획'의 세부 내용은 따르는 것이 원칙입니다.

32. 융합교과중점과정의 최소 4과목 중에 일부 과목을 교육과정 편제에서 학생의 주문 강좌로 개설하여 운영해도 되나요?

☞ 가능합니다. 학생의 주문에 의해서 형성되는 강좌는 학생 과목개설 요구가 있으나 교사 수급 문제 또는 반 편성 어려움 등으로 개설이 어려웠던 과목을 학생들의 과목선택권을 확보하기 위해 학교가 별도로 개설 운영하는 강좌입니다. 단 학생의 주문으로 형성되는 강좌는 정규 교육과정이므로 원칙적으로 본교 교사에게 강사비를 지급할 수 없습니다.

33. 교과중점학교 담당교사의 업무지원 인력으로 예산 사용이 가능하나요?

☞ 교원에 대한 연구비, 관리수당 및 교원 업무 경감 또는 한시적 업무지원 인력채용 경비 등 인건비는 집행을 금지하고 있습니다. 교원연수비도 사업비 총액의 5% 이상은 집행이 불가합니다. 구체적인 것은 시·도교육청의 지침을 준수합니다.

34. 교과 중점과 관련된 동아리 활동을 반드시 운영하도록 한다면 동아리는 꼭 교육과정 동아리만 가능할까요?

☞ 자율 동아리여도 상관없습니다. 다만 시·도교육청의 자율적인 지침을 확인하시기 바랍니다.

35. 교과중점과 관련된 봉사 프로그램이 고민입니다. 봉사 동아리를 구성하여 실시거나 아니면 일회성인 경우도 괜찮을까요?

☞ 교과중점 학교에서 요구되는 봉사활동은 교과 중점과 관련하여 학생들이 교과 수업 이외의 다양한 체험과 진로 탐색 활동을 통해 교과에 대한 경험의 폭을 넓히고 사회에 대한 실천력을 높이기 위한 활동입니다. 취지에 맞게 일회성 보다는 지속적인 프로그램 운영을 고민할 필요가 있습니다.

36. 관리자·교원전보 및 업무변경 등에 따른 사업 추진의 연속성 결여 문제에 대한 해결방안이 있나요?

☞ 교과중점학교 운영을 학교의 자생적 역량이 충분해야 합니다. 즉, 학교 스스로 지속 운영할 수 있는 체제 구축과 함께 실천할 수 있는 교원 문화를 구축해야 합니다. 학년, 교과 단위의 팀별 체제로 전환하고 참여와 소통을 통해 업무를 분담하고 함께 동참하는 교원 혁신 문화를 실천해야 합니다. 교육과정 재구성-수업-평가 일체화에 대한 교원 학습공동체 활동과 진로 검사, 진로 상담, 진로에 따른 과목 선택 설명회 등 학생의 소질과 적성에 따른 맞춤형 진로 진학 활동도 강화해야 합니다. 그리고 무엇보다도 중요한 것은 학생존중의 과목선택

이 되도록 교육과정 문해력 역량강화도 중요합니다.

37. 과목중점과정 학급에 따로 교육과정 편제를 하지 않으면서 중점교과 관련 교육과정 편성표를 운영할 수 있는 방법이 있나요?

☞ 2009 개정 교육과정(현행 2, 3학년)에서는 중점과정 학급의 교육과정 편제가 따로 존재하였으나 2015 개정 교육과정(현행 1학년)에서는 학급 구분 없이 하나의 교육과정 편제표에 작성하여 운영하고 있습니다. 편제표 안을 자세히 살펴보면 과목 선택의 흐름에 따라 교과중점학급의 교육과정도 읽을 수 있습니다.

무엇보다도 중학생이 본교의 교과중점학교에 대한 충분한 이해서 선행되는 것이 좋습니다. 관심 있는 진로와 흥미를 미리 알고 고교에 진학하여 자기 주도적으로 교육과정을 맞춤형으로 만들어 갈 수 있기 때문입니다.

38. 일반고에서 융합교과중점과정인 경우 전문교과 과목을 편성하게 되는데 성적은 어떻게 처리 하나요?

☞ 일반고에서는 2009 개정 교육과정의 [전문교과 내 과목]은 [보통교과 내 심화 과목]으로 편성하게 됩니다. 따라서 그 과목의 성적처리는 [보통교과 내 심화과목]의 성적 산출 기준을 따르면 됩니다.

39. 학생 맞춤형 진로에 따른 수강신청에 대한 학생안내 방법 및 과정, 그리고 과목안내서는 어떻게 이뤄집니까?

☞ 교육부에서 학생 진로 · 진학과 연계한 과목 선택 가이드북을 제작하여 학교에 배부했습니다. 교육부에서 제시한 가이드북을 바탕으로 학교와 학생들의 여건과 상황 등을 종합적으로 고려하여 학교자체별로 제작하여 학생들에게 배부해서 안내하면 됩니다. 시·도교육청이나 학교여건에 맞게 안내할 수 있습니다. 일반적인 절차는 다음과 같습니다.

▶ 학생선택형 교육과정 편성 · 운영 절차

1단계: 학교 교육과정 편성을 위한 기초 작업	1 2015개정교육과정 및 고교학점제에 대한 이해 공유 2 학교 여건에 맞는 학교 교육과정 편성 규정 마련
2단계: 의사결정 협의	1 학교 교육과정에서의 개설 과목 범위 설정 2 개설 과목의 이수 단위 결정 3 학교 지정 과목 설정
3단계: 학생 · 학부모 대상 진로별 권장 이수과목 및 과목 선택 안내	1 진로별 주요 선택 과목 안내 2 과목 선택을 위한 진로진학상담 실시
4단계: 학생 선택 기초 조사	1 이수 희망 과목 선호도 조사 2 편성의 방법 및 세부 사항 마련
5단계: 개설 과목 확정 및 과목별 수업시간 배치	1 개설 가능 과목 확정 2 과목별 수업 시간 배치
6단계: 수강 신청 및 수업 시간표 작성	1 과목 선택을 위한 상담 2 수강 신청 3 수업 시간표 작성
7단계: 교사 및 교실 배정 및 각종 자료 생성	1 교사 및 교실 배정 2 학생별, 교사별, 교실별 수업 시간표 출력
8단계: 수업 운영	1 개인별 시간표에 따라 학생 이동 수업 2 공강 발생에 따른 대책 마련

40. 진로집중과정과 교과중점학급은 어떻게 차이가 있나요?

☞ 일반고에서 '학생 맞춤형 교육과정'은 크게 '진로중점교육과정'과 '교과중점학교'를 중심으로 진행되었습니다. 진로집중과정은 2009 개정교육과정 총론에 제시되었습니다. 학생의 요구 및 흥미, 적성을 고려하여 희망 진로에 적합한 교과목들을 집중적으로 이수할 수 있도록 설계된 단위학교의 교육과정으로써 '3과목, 6단위 이상' 의미는 해당 진로집중과정에서만 편성된 교과목이 3과목 이상이고, 그 3과목 이수단위의 합이 6단위 이상이면 다른 과정으로 인정하는 경우입니다. 교과중점학교는 특정교과에 소질이나 적성·흥미가 있는 학생들에게 그 교과에 대한 심화학습의 기회를 확대해주고자 2009년부터 교육과학기술부에 의해서 지정·운영되고 있습니다. 두 가지 과정의 공통점은 학생의 선택을 존중하는 것입니다. 기존의 획일화된 인문사회/자연과학 위주의 교육과정에서 벗어나 학생들의 진로·진학과 직접적으로 연계된 교과 중심의 교육과정 운영을 통해 학생들의 교과 선택권을 보장하는 것입니다. 다만 진로집중과정은 학교차원에서 자율적인 결정을 할 수 있으나, 교과중점학교는 학생맞춤형 교육과정 실현을 위한 정부차원의 정책적이고 제도적인 지원이라고 볼 수 있습니다.

41. 1년 간 중점교육과정에서 수강했으나 진로문제나 부적응 문제 등으로 계열을 변경하고자 희망하는 학생이 있습니다. 변경이 가능한가요?

☞ 네. 변경이 가능합니다. 반대로 일반 학급에서 중점학급으로의 이동도 가능합니다. 대신, 중점교육과정을 꼭 이수하고 싶다면 기본 단위인 26단위를 이수해야합니다.

42. 교과중점 전공교사의 추가배치는 어떻게 구성되나요?

☞ 교육청에서 여건에 따라서 중점학급을 감안하여 추가 배치할 수도 있습니다. 전공교사 배치가 어려운 경우는 규정에 맞게 기간제 교사, 강사 자원을 추가로 활용할 수도 있습니다. 원활한 강사수급을 위하여 시·도교육청 차원에서 지역별/교과별 우수 강사풀을 운영하여 제공하는 방법도 있습니다.

43. 교과중점학교 예산사용은 자율적으로 사용합니까?

☞ 아닙니다. 다만, 사업목적 범위 내에서 법령을 준수하여 최대한 자율적으로 사용할 수 있도록 권장하고 있습니다. 각 시·도별로 관련 법령에 따른 예산 사용의 지침을 준수하여 사용하시면 됩니다.

캐나다 온타리아주 오타와-칼튼 교육청 Ridgemont High school 교육과정과 고교학점제의 시사점 모색[1)]

Ⅰ. 들어가면서

필자는 우리나라 미래 교육의 방향의 모색하기 위한 목적으로 캐나다 고교 교육과정의 다양성과 특성화를 집중적으로 탐색했다. 캐나다와 우리문화는 많은 차이가 있고, 세계에서 제2의 넓은 국토에 세계에서 제2위의 교육수출국, 3,600 만 명의 인구, 10개주의 하나인 온타리아주(오타와는 연방수도로 81만 명, 토론토는 온타리오 주도로서 광역 560만 명) 중에서 6개 교육청 중 하나인 오타와-칼튼 교육청, 그리고 25개 고등학교 중에서 1개교인 리지몬트 고등학교에서 캐나다 교육을 이해하는 것은 터무니없이 부족함을 전제한다. 하지만, 방문하기 전 교육청 및 학교홈피를 통한 사전학습, 캐나다 교육시스템의 학술적 접근, 교민들의 확인 정보 등을 통하여 미리 준비된 질문으로 어려움을 극복하기 위해서 노력했다.

핵심과제를 아래와 같이 추출하였다.

가. 고교교육의 철학과 방향

나. 고교학점제(교육과정의 다양성과 특성화, 진학 및 진로교육의 방향)

다. 교사성장 과정 시스템, 교육 거버넌스 구축

라. 학교 민주주의를 위한 교육청의 역할

1) 2018년 오타와-칼튼 교육청 출장 보고서를 요약함

Ⅱ. 교육청의 교육철학

1. 교육정책의 입안

가. 4년마다 12명의 교육위원이 선출되고, 각 교육지원청 교육장들이 논의해서 미션을 정하고, 각 교육장들은 학교장들과 정기적으로 미팅을 통하여 예산 등을 협의하고 있었다.

나. 각 학교는 부모들의 설문조사를 통하여 준거들을 수집하며, 따라서 학교상황에 따라서 교육청의 미션 중에서 집중하는 부분들이 다르게 적용되고 있었다. 예컨대, 리지몬트 고등학교는 가난한 지역으로 다문화(전체 750명 중에서 40%가 다문화 학생) 학생이 많아서 문화의 다양성, 공정한 기회를 강조하기에 '학교복지'에 집중하고 있었다.

2. 오타와-칼튼 교육청의 교육미션

– 인성 함양 –

가. 목표지향적인 학생(goal oriented)
나. 협력하는 학생(collaborative)
다. 혁신적인 창의성 학생(innovative/creative)

– 역량 개발 –

마. 비판적인 사고능력 학생(critical thinking)
바. 학문의 다양성 학생(academically diverse)
사. 디지털 역량 학생(digitally fluent)
아. 효율적인 의시소통 학생(effective communicators)
자. 윤리적인 의사결정 학생(ethical decision-makers)

3. Ridgemont high school

가. 학제 : 9학년-12학년, ESL(영어를 제2외국어로 사용하는 학생 교육)특성

나. 수업은 9:00~ 15:00

다. 교직원은 95명(교장 1, 교감 2, 행정실 2, 교사 90명)

다. 학문적 토대를 강하게 이루기 위하여 체육, 방과후 프로그램, 지역사회와의 공동체를 강조하고 있으며, 대학진학, 졸업 후 직장에서도 학문적 토대가 중요함을 강조하고 있다.

라. 학교철학(학교장 인터뷰) : 개인차를 존중하는 기회균등의 학교지향, 사회에서 존경받는 글로벌 시민의식, 복지환경에서 도전하는 학생을 위한 배려 등을 강조하고 있었다.

마. 학교 교육과정 특징 : 역동적으로 보살피는 우수한 교직원들이 학생중심 성취와 평가를 중요하게 여김으로서 모든 학생들에게 동기부여, 학습 환경을 풍부하게 해 줌. 특히 컴퓨터, 예술과정, 의사소통기술, 교통관련 학문, 디자인 공학 등 다양한 과목들이 개설되었으며, 특히 공학관련 특성화가 되었다. 그리고 많은 지역사회 단체들과 연계하여 우수한 예술, 체육 프로그램을 운영하고 있었다.

바. 교육과정 코디네이터와의 면담 : 미래교육을 대비하여 위해서 테크놀리지 5개년 계획을 아래와 같이 진행하고 있었다.

- 다양한 하이테크 교재, 장비 구비
- 공평한 기회를 부여하여 코스 선택
- 기술발전하지면 시민의식과의 조화를 강조함- 디지털 Fluent
- 오타와 대학생이 로봇코딩을 후배들에게 가르치고 있었음
- 다문화(이슬람, 아프리카 등) 40% 이상이 되기에 모국어 영어 아닌 학생배려, 글로벌 시민의식을 무척 강조하고 있음.
- 웰빙(복지교육) : 5년 전에 온타리아주에서는 졸업률이 심각하게 낮은 상태이었고 학생들의 스트레스가 심각하여 졸업하기 까지 학생들의 정신, 몸, 건강한 상태에서 졸업하는 목표로 변경하였다.
- 오타와-칼튼 교육청에서 2번째로 많은 사회복지사, 상담사, 간호사 상주하여 정신문제 해결을 위한 정신과 의사 비용까지 지원하고 있었다. 예컨대, 새 이민자들이 소속감, 자존감을 갖도록 well-being 목표로 다문화 공무원이 상주하고 있었다.

Ⅲ. 오타와-칼튼 교육청의 교육과정

전반적으로 교육과정 편제의 권한은 Ontario Ministry of Education (온타리오주 교육부)에 있었다. 각 지역의 특성에 따라 교육청 자체에서 개발하여 교육부의 허가를 받고 진행하는 과목이나 프로그램도 있다. 학점이수에 실패한 학생들은 Summer School 에서 Make-up course를 듣거나 같은 코스가 없으면 대체가능한 다른 과목을 summer school에서 이수하였다. 졸업하는데 지장이 없는 과목이라면 안 들어도 상관없었다.

수업은 선생님 재량이고 국정 또는 검인정 교과서가 따로 없으며 선생님은 추천교재나 교과서 외에 서로 다른 자료에서 교재를 개발하여 재구성을 하였다. 과목에 따라서 교과서를 공유하기도 한다. 교육청에서 학생들에게 모두 지급하고 수업 이후 반납하여 다른 학생들이 사용하기도 한다.

교사의 역할은 온타리오 커리큘럼에 맞게 유용한 교재를 많이 개발하여 학생들이 온타리오 학습목표에 도달하게 하는 것이 제일 중요한 부분이다. 대학입시전형은 각 대학의 입시요강에 따라 Guidance Counsellor들이 학생과의 상담을 통해 진학지도를 한다. 대학지원은 Ontario University Application Center라는 포털사이트에서 온타리오에 있는 모든 대학들에 지원할 수 있고 다른 주들도 같은 시스템이 있었다.

1. 온타리아주 Diploma Requirements- 30 Credits

Full Name							
GRADE 9		GRADE		GRADE		GRADE	
English	☐	English	☐	English	☐	English	☐
Math	☐	Math	☐	Math	☐		☐
Science	☐	Science	☐		☐		☐
Geography	☐	History	☐		☐		☐
Physical	☐	Civics(0.5)	☐		☐		☐

Education					
French	☐	Career Studies(0.5)	☐	☐	☐
Arts	☐		☐	☐	☐
	☐		☐	☐	☐

* *PLUS* : GROUP1 : English, Third Language, Social Science, Canadian & Word Studies, Guidance **Co-op

GROUP2 : Health and Physical Education Business Studies Art **Co-op

GROUP3 : Science(Grade 11 or 12), Technological Studies(Grade 9-12), **Co-op

Successful completion of Literacy Test in ________

40 *Community* Service Hours

* 1 credit is required from each of the three groups.

** A maximum of 2 Co-op credits may be used within the three groups.

가. 위의 표는 학생 수강신청 표다. 위 표를 보면, 4년 동안 총 30학점의 교과학점의 취득과 사회봉사활동이 40시간 이수하면 졸업이 가능하다. GROUP은 우리나라의 교과군에 해당된다. 예를 들어서 4년 동안 영어는 4학점, 수학은 3학점 등이다. 영어는 매우 중요하게 여기는데, 이 말은 영어를 잘 모르면 캐나다 사회의 주류가 될 수 없음을 의미한다.

나. 우리나라가 3년 동안 204단위 중에서 교과가 180단위, 창의적 체험활동이 24단위(408시간)와 비교하면 우리나라 학생들이 얼마나 교과가 세분화되고 학습량이 많은지를 알 수 있다. 그리고 과목선택은 동일한 영어라고 할지라도 학기가 다를 수 있다. 어떤 학생은 1학기에, 어떤 학생은 2학기에 수강할 수 있다.

다. 우리나라가 3년 동안 180단위 중 학교의무편성이 94단위이고 학교자율편성이 86단위이다. 위 표를 보면 캐나다 고교생은 30단위 중 필수이수단위가 4년 동안 16단위가 필수학점이고 학생선택학점이 14학점이니 이론적이고 실제적으로 학생중심 선택과정이라고 볼 수 있다.

라. 9학년은 학생선택이 1과목 밖에 개설되지 않는다. 이는 학년 초에 대부분 학생들이 청춘의 꿈을 대학교(University)이며 대학(College)이 아니다. 실제로 10학년에 가면 학생이 대학을 갈지, 대학교를 갈지를 결정하게 된다. 즉, 학생들의 선택의 폭이

커지고, 수준도 학생이 결정하게 된다. 대학교 수준, 요구하는 과목, 학생의 전공에 따라서 다양하게 개설되는 과목을 선택하는 것이다.

마. 따라서 우리나라는 '먹고 대학생'은 힘든 고교시절 공부만 하다 대학에 가면 직장- 대학- 보수 등이 서열화가 되어 버리는 구조이다. 반면에 캐나다 학생들의 고교생활은 적은 과목 수, 원하는 진로에 따라서 결정하므로 적합한 표현일지는 몰라도 '먹고 고등학생'이 되는 것이다. 즉, 진정한 학문은 대학교에 가서 진행되므로 우리처럼 빨리 소진이 빨리 되지는 않는다.

위에서 말하는 학년 초기 과학은 통합과학을 말한다. 진급할수록 대학에서/ 또는 직장에서 요구하는 심화과목이나 진로관련 과목을 선택하고 **Co-op는 학교 밖에서 취득할 수 있는 학점을 의미한다. 즉, 식당, 양노원 등 원하는 곳에서 학점을 취득한다. 다만 학기말에 과제를 반드시 제출해야 한다.

바. **Co-op 학교 밖 취득학점은 학점취득을 쉽게 하게하는 최후의 수단도 되지만 시민의식 등 교육철학의 실천과도 관계가 있다.

사. 모든 수업은 블록타임이기 때문에 오전에 2과목 75분 수업, 오후에 2과목 75분 수업입니다. 교과세부특기사항은 없다. 교사가 과제를 제출하면 제출한 과제지에 피드백을 한다.

아. 성적 이의신청은 가능하다. 매우 드믄 현상이지만 신청하면 즉시 회의를 하고 학생과 학부모가 거의 수긍을 한다. 즉, 교사의 평가권을 존중하는 편이다.

자. 수업은 활발하게 학생발표가 중심이었다. 교사들의 전문적학습공동체는 그리 활발하게 진행되지 않았다. 교육청 주최로 교사들이 년 6회 정도 모임을 갖는 데, 교과별 모임, 힐링 모임, 교육청의 교육과정 설명 회 등이다.

차. 우리처럼 전국단위 학업성취도 평가는 없으나 주단위로 해마다 과학, 수학 등 교과별로 실시되는 데 희망학생에 한해서 응시한다. 결과는 발표를 하는데 최근에 가톨릭 모 고등학교가 1위를 해서 놀라움을 금치 못했다고 한다. 캐나다에서도 그 만큼 사립학교가 주류를 이루고 있다. 낙제생이 있는 경우는 사회보조 프로그램 등을 동원하여 최대한 최저학력을 극복하고자 하는 노력의 과정이다.

2. 학교별 교육과정 신청 과정

학교마다 학생들의 희망과 적성에 맞는 교과목은 설정되어 있다. 다만 학교마다 특성화가 조금씩 다르다. 우리나라의 교과중점학교를 보면 이해가 빨리 갈 수 있다. 예컨대, A 고등학교가 영재프로그램이 선정되거나 B고등학교가 과학융합 프로그램이 잘 되거나, C고등학교가 자동차수리 프로그램이 잘 되면 교육청에서 담당직원과 예산을 지원한다.

9월 입학 쯤 학교 교직원이 결정되면 학생들의 수강신청이 넘칠 경우가 발생하는데, 이런 경우를 대비하여 2월 수강신청 시 8과목을 의무, 2과목을 예비신청(back up)을 한다. 주로 60명이 신청 시 기다리지 않고 진행되며 넘칠 경우는 담당 가이던스가 온라인 프로그램이나 다른 과목으로 유도를 한다. 코스를 늘리는 경우는 거의 없었다. 교사가 이미 정해졌기 때문이다. 학교 간 공동교육과정은 우리처럼 강조되지는 않고, 온라인은 미 이수 학생이나 대학선수학점을 받고 심화과정을 위하여 준비하는 등 다양한 이유에서 신청하였다.

3. 대학입시와 학점

캐나다 대학교(University)의 입시는 수능과 같은 점수는 전혀 없는 오로지 내신 성적으로 입시가 결정된다.

가. 고교의 성적은 100% 절대평가이다.

나. 기말고사(리지몬트 고등학교는 6월 21-25일 사이가 기말고사 기간) 성적은 대부분 성적의 20%이다. 중간고사는 별도로 있지 않고 과목 교사에 의해서 수시로 이루어진다. 즉, 때때로 t/f 시험도 있고, 어떤 경우는 선다형도 있는데 주로 주관식이었다.

다. 전국 어디서나 절대평가 학점으로 주로 12학년 1학기 성적으로 결정된다(가끔 11학년 2학기 성적도 봄). 하지만 대학교에서 필수적으로 살펴보는 과목 미 이수 경우는 12학년 2학기 성적으로 조건부 합격여부를 결정된다. 1학기 2월, 새 학기 9월 입학이다.

라. 예컨대, 토론토 대학은 세계적으로 50위 안의 명문대학교이다. 오타와대학교는 고교학점이 대략(학과마다 학점과 학비도 다르지만) 85점 정도이다. 인근 칼튼 대학교는

75점에서 80점 정도이다.

마. 대학에서 안 배운 과목이 있는 경우는 학습의 어려움이 발생되면 개인 튜터를 통하여 보충하고 있다. 따라서 캐나다에서도 사립고의 우월성이 존재하고 다음으로 교육청의 관할에 있는 가톨릭고가 우수하다. 반면에 시골에서 우수한 성적으로 졸업한 일반고 학생의 경우, 대학교에서 어려움을 겪는 경우가 많다고 한다.

4. 미 이수 학생을 위한 대책

미 이수 학생이 발생되지 않기 위해서 다음과 같은 단계별로 노력한다.

1단계: 교사가 중간, 기말성적을 확인하고 교육과정 코스를 모니터하여 위험하면 학부모와 상의를 한다. 그리고 개인차원의 교육, 과외 helper, 보건교사 등 정신문제의 지원을 한다.

2단계: 교장, 가이던스 등 집중지도 팀이 형성된다. 코스 패스를 위해서 학교 밖 코어 프로그램, 학교에서 힘든 이유 등 근본적인 문제 등을 확인한다. 이 과정에서 학습장애 등이 밝혀지면 온타리오 주 정부에서 실시하는 Social 프로그램 등을 최대로 활용한다. 즉, 회사, 가이던스 연계, 실업 특성화프로그램 등에서 학점을 이수하고 다시 정규 학급으로 보내서 졸업하게 한다.

5. 학생 선도 처리

학생들의 등교상황을 살펴보면, 자신의 과목만 수강하기 때문에 공강 시간이 무척 많았다. 10시에 등교하는 학생, 극단적으로 13시에 등교도 있었다. 휴식시간은 5분 정도이었다. 학교폭력을 막기 위함도 있지만 학생들의 자기 주도적 생활태도가 습관화되어 아무런 문제가 없다고 한다. 미국보다는 자가용학생이 없었다. 16세만 되면 면허가 가능하니 20% 정도가 자가용이었다. 학교에 교사용 주차장, 학생용 주차장이 있었다.

학생문제가 발생되면 우선, 담당교사가 해결을 위해서 3회 정도 노력을 한 이후, 가이던스가 노력을 한다. 이 경우에 사회프로그램 등 최선을 다해 노력한다. 그리고 최종적으로 관리자가 학부모를 소환하고 상담을 한다.

현실적으로 퇴학은 거의 없고 정학을 준다. 최근에는 마리화나 흡연자가 증가하여 문제시 되는 경우가 종종 있었다. 우리처럼 심각한 학교폭력은 놀랍게도 발생하지는 않았다.

6. 진로교육

모든 고등학교에 인문계, 실업계 프로그램 있고 이를 위해 학교마다 서로 다른 특별 프로그램 (특수교육 프로그램, 영재 프로램, IB 프로그램, ESL프로그램, 서로 다른 진로프로그램 등), 서로 다른 과목들이 있다. 즉, 우리나라처럼 과학영재고, 특목고, 자사고, 자공고, 특성화고, 마이스터고 등은 없다.

학생들의 적성과 희망진로에 의해서 주로 11, 12학년 수강신청 할 때 대학에서 어떤 공부를 할 것인가에 따라 선택과목(예: 인문사회는 Social Science Stream, 자연과학의 희망학생은 Science Stream)에서 신청을 한다. 또한 이들의 과목군 역시 선택과목일 뿐 배타적이지 않았다.

인문/사회계열의 흥미가 있으면서 특별한 프로그램에 등록되어 있는 경우 (International Certificate Program, International Baccalaureate Program, Art Program, Gifted Program 등), 고등학교 졸업학점 중 선택과목 부분에서 등록된 프로그램들을 마치기 위해 요구되는 과목들을 선택하여 듣는다. 성공적으로 마치면 고등학교 졸업장과 함께 프로그램 Certificate를 함께 받고 졸업한다. 몇몇 프로그램은 대학진학에 중요한 역할을 하지만 꼭 그렇진 않았다. Advanced Placement Course도 있어서 고등학교에서 이수하면 대학에서 학점으로 인정되는 과목들도 있었다.

예를 들어서, http://www.ocdsb.ca/cms/One.aspx?portalId=55478&pageId=215132를 보면 학교를 선택하시고 그 학교에서 들을 수 있는 과목들이 나온다. 어떤 과목에 수강신청이 몰리면 듣지 못할 수도 있고 신청자가 충분하지 않으면 코스는 없어지기도 한다. 학생들은 2월에 다음 학년도 코스선택을 하고, 9월 개학 후 수강신청 변경, 취소할 수 있는 기간이 있다. 우리나라 대학교에서 과목을 수강하는 시스템과 비슷하다. 이런 모든 학점관리 지도는 각 학교의 Student Services Department에서 하게 되는데 담임이 없고 학생마다 담당 Guidance Counsellor가 있었다.

한편, 우리가 말하는 특성화과와 비슷한 프로그램 학생의 경우는 고등학교 졸업 후 취업을 하거나 칼리지로 가려는 학생들이다. 대학진학을 원하는 학생들이 자신의 특성에 맞는 과목을 신청할 때, 진로에 맞는 과목을 선택하거나 또는 특별한 실업계 프로그램을 등록했다면 이를 마치기 위한 과목들을 선택하게 된다. 이런 경우는 오타와-칼튼 교육청의 특별 진로프로그램(Specialist High Skills Major), 즉, http://www.ocdsb.ca/cms/One.aspx?portalId=55478&pageId=216426 에서 참고할 수 있었다. 각 진로프로그램들은 필수로 마쳐야하는 과목들 그리고 학점, Coop이 있고, Coop 필요한 경우 학교 밖 협력이 필요하게 된다. 진로프로그램 중에는 Dual Credit 프로그램도 있는데 고등학교 과정을 하면서 College 학점을 같이 이수 할 수 있는 경우이다. 이런 경우 고등학교 졸업이 좀 늦어질 수 있지만 College는 고등학교에서의 학점을 인정받아 빨리 졸업할 수도 있다.

한편, 오타와-칼튼 교육청에서 인정한 기술관련 특성화된 프로그램이 운영되고 있는 고등학교의 상황은 아래 그림과 같다.

Specialist High Skill Major(SHSH) Program 2018-2019

** Newly Proposed for 2018/19 subject to Ministry Approval

Sector	Program Name	Location
ture	Digital Media and Production	Colonel By Secondary School
ture	Skateboards and Urban Art Production	Frederick Banting Secondary Alternate Program
ture	Communication and Design	Merivale High School
ture	Youth Voices: Aboriginal and Other Cultures	Gloucester High School
ture	Broadcasting and Filmmaking	Sir Wilfrid Laurier Secondary School
	Business: Entrepreneurship/Marketing	Canterbury High School
	Business: Entrepreneurship	Earl of March Secondary School
ι	Construction Projects/Housebuilding	Elizabeth Wynn Wood
ι	Construction Trades	Gloucester High School
ι	Architecture/ Interior Design	Sir Robert Borden Secondary School
ι	Construction Projects	Sir Wilfrid Laurier Secondary School
ι	Construction Projects/Housebuilding	South Carleton High School
ι	Construction Projects/Housebuilding	West Carleton Secondary School
t	Environment through Indigenous lens	Hillcrest High School
t	Green learning	Nepean High School

ellness	Personal Fitness & Nutrition	Brookfield High School
ellness	Healthy Lifestyles: Nutrition & Human Performance	Sir Robert Borden Secondary School
Vellness	Community Support Services	South Carleton High School
& Landscaping	Urban Farming	Sir Guy Carleton Secondary School
& Tourism	Food Preparation & Event Coordination	Lisgar Collegiate Institute
and Tourism	Longfields Culinary Arts Program (L.CAP)	Longfields-Davidson Heights Secondary School
& Tourism	Baking and Culinary Arts	Ottawa Technical Secondary School
and Tourism	Advanced Culinary Education (ACE)	Sir Guy Carleton Secondary School
and Communications	Broadcasting / Digital Media	Sir Wilfrid Laurier Secondary School
and Communications	Digital Photography, Media and Imaging	South Carleton High School
and Communications	Computer Science, Engineering, and Digital Media	West Carleton Secondary School
nmunity Safety and Services	Emergency Services	Osgoode Township High School
nmunity Safety and Services	911 Specialist	Sir Robert Borden High School
ng	Fabrication	South Carleton High School
	Social Justice	Glebe Collegiate Institute
	High Performance Sports	Gloucester High School
	Sports Performance	Woodroffe High School
on	Automotive Repair	Gloucester High School
on	Advanced Program in Automotive Repair Technology (APART)	Sir Guy Carleton Secondary School
on	Automotive Repair and Service Specialist	South Carleton High School

위와 같이 일반고에서 학생들의 적성과 진로희망에 따라서 각 학교에서 기술테크놀로지에 대한 특성화가 이루어져 있음을 알 수 있다.

Ⅳ. 교사양성제도 및 전문적학습공동체

교육의 질은 교사가 결정한다는 말이 있다. 전 세계적으로 우리나라의 교사의 질은 최고라고 한다. 하지만 교육현장에서의 만족은 그렇지 못하다. 문화가 다른 캐나다의 제도를 소개하고자 한다.

1. 교사의 양성제도

가. 학부 4년은 어떤 전공에도 불구하고 2년 teacher's college 이수해야 한다. 교사자격증을 취득하면 사립학교의 경우 교장이 승인하면 바로 교사가 된다. 캐나다 나라는 인적 네트워킹이 매우 중요한 사회이다. 즉, 자격조건이 충족되면 인정받은 위 관리자의 추천이 무엇보다도 필요하다. 그래서 한인사회 등이 형성되는 것은 사회진출을 위한 네트워크의 중요성 때문이라도 한다.

나. 하지만 공립학교 교사의 과정은 좀 더 까다롭다. 교사자격증을 취득하고 공립교사가 되기 위해서 오타와-칼튼 교육청에 Certified teacher로 가입해야 한다. 그리고 등록이 되면 대체교사(1개월 이내 시간강사)가 된다. Full time 교사들이 때때로 여행이나 개인 일로 학교에 결근하는 경우가 종종 있는 데 이 경우에 교육청에서 해당 학교에 안내한다. 대체교사 1년 후에는 Short term(기간제 교사)가 된다. 예컨대, 출산휴가 등 좀 더 기간을 할 수 있는 교사들이다. 따라서 캐나다는 17% 교사(1개 과목만 교사), 35% 교사(2과목 교사), 100% 교사(4과목 period) 교사 등 매우 다양하게 존재한다.

다. 기간제 교사들은 교장의 수업관찰이 매우 소중한 단기 교사에서 영구교사가 되기 위한 조건이다. 따라서 교장추천을 받기 위해서 교사들이 관리자에게 수업평가를 많이 의뢰한다. 그 이면에는 캐나다 사회의 네트워킹 맺기의 중요함을 반영한다고 볼 수 있다.

라. Full Time 교사란 교육청에서 정식으로 임금계약을 체결하는 경우인데 이는 평생직장이 되기 때문에 이 경위는 종신제라고 볼 수 있다.

마. 따라서 개인적으로 A학교에서는 17% 교사이면서 B 학교에서는 35% 교사가 되는 시간강사 등이 흔하다.

바. 관리자의 경우는 교사 경력 5년이 되어야 한다. 이 밖에도 연수, Special teacher 등 여러 가지 자격 요건을 채워야 한다. 시골학교의 경우, 곧바로 교장으로 지원하지만 대부분 교감을 거친 후에 교장을 지원한다. 관리자 역시 종신제라고 볼 수 있다.

사. 캐나다의 교사전문적공동체 운영은 특별히 학교에서 진행되는 것이 아니고, Professional development day, 또는 Professional activities day라고 한다. 즉, 1년에 5-6회 정도 교과의 날, 취미활동, 교육과정의 변경, 평가체제, 비전 설명회 경우에 진행된다.

Ⅴ. 학교자치 실현을 위한 교육청 및 지역 거버넌스 구축

최근 우리나라는 교육혁신의 방향 중 핵심과제로서 중앙집권적인 교육 컨트롤을 벗어난 교육자치, 학교자치, 학교민주주의 등 다양한 언어로서 키워드가 되었다. 캐나다의 경우를 살펴본다.

1. 교육과정의 권한

주 연방 교육부에서 교육과정을 전반적으로 편성한다. 그리고 수업내용 및 학습목표, 교수-학습의 자율성은 100% 학교교사에 의해서 진행된다. 학교교사는 구글 지식을 이길 수 없다고 본다. 하지만 학생의 인성, 특성, 미션 등을 키워야 한다고 본다. 지역 교육청은 주 정부의 허락을 받고, 교육과정, 교과서를 개발할 수 있다. 즉, 지역교육과정의 편성과 운영의 자율성이다. 그리고 최종적으로 학교재량으로 core-program 위주로 교실에서 교육이 진행된다. 따라서 학교 관리자는 오로지 학생중심 교육과정과 교사의 수업관찰을 매우 중시하고 있다.

2. 학교민주주의

학교장은 교사를 매우 존중한다. 토론토나 오타와 모두 학교에서 교사들의 Union은 매우 강하다고 생각한다. 따라서 학교 운영에서 관리자의 독선은 매우 힘든 구조를 지닐 수밖에 없다.

학교에서는 오로지 교육과정 중심으로 진행된다. 우선, 교사는 교과교실에서 수업에 매진하고, 행정실 직원은 대부분 2명-3명으로써 1명은 학생의 근태를 체크하고 학부모와 연결 체제를 갖는다. 1명은 교수-학습의 지원을 위한 재료구입 등을 조력한다.

교육청에서는 관할 교사의 선발 및 계약, 예산, 시설 등을 모두 책임진다. 그리고 특성화

프로그램이 진행될 경우, 학교에 인력과 예산을 동시에 지원한다. 학교에 업무량이 증가되지 않기 위해 최선을 다한다.

3. 지역 거버넌스 구축

교육청은 기금마련을 위해 최선을 다한다. 특히, 복지교육 실현을 위하여 사회기관에서 학점을 얻기 위한 협조가 이루어진다. 학생들의 클럽활동을 위해서 모든 시설을 공유한다. 간호사, 복지사, 병원 등 어려운 학생을 위한 배려와 기회부여를 위한 철학이 강해서 지역사회와의 연계체제가 잘 되어 있었다. 이는 다문화 사회가 강한 사회가 유지되어야 하는 절박감도 있어 보였다.

모든 부문에서 교육무료가 많았다(음식은 알레르기 도시락 준비를 많이 함. 교복은 없음). 외국 유학생은 많은 학비를 받는다. 교육수출로 기금마련이 필요하기 때문이다. 캐나다는 최저 임금은 작년에 12.5달러, 올해 14달러, 내년에는 15달러이다. 복지를 위한 세금의 중요성이 반영되는 결과이다. 고교시절 경제시간에 임금에 따른 세금교육의 경우의 수를 잘 배우고 있기 때문에 노후, 자녀의 복지를 위해서 저항이 없어 보였다. 모두 배려와 복지가 교육 및 각 영역에서 잘 나타나고 있었다.

Ⅵ. 새로운 교육혁신을 위한 시사점

우리나라와 캐나다는 역사, 문화적으로 차이가 큰 배경을 가지고 있어서 교육제도나 내용이나 방법 등에서 역시 매우 다를 수밖에 없다. 양국 교육의 장점과 단점은 명백히 존재한다. 다만, 보편적 복지와 4차 산업혁명을 주도하기 위한 융합적 사고를 중시하는 시점에서 직접 가서 확인한 몇 가지는 중요한 의미를 지닌다. 우리 교육청의 미래교육을 위한 담론을 제시한다.

1. 교육과정의 다양성과 특성화를 통한 진로와 진학

이제 스마트시티에 대한 재해석이 필요할 시기이다. 우리나라에서 제일 앞서가는 교육시설의 하드웨어도 중요하지만 운영되는 교육과정의 시스템이 선진화되어야 한다. 즉, 학교마다 특성화되고 다양한 학생중심의 선택과정이 개설될 필요가 있다. 우리나라 현행 교육과정의 핵심인 창의·융합 학생을 양성하기 위한 학교의 가장 핵심적인 변화는 교육과정에서 출발해야 한다. 그리고 학생들의 요구에 맞는 맞춤형 교육과정이 매우 절실하다. 이는 학생마다 가지고 있는 역량을 길러주는 교육으로 교과중점교육과정, 진로중점교육과정, 학교 간 공동교육과정 등 소인수 수강제이 활성화되도록 교원들의 설득이 필요하다. 학교마다 특색 있는 교육과정을 운영하고, 학생은 흥미·적성·진로에 따라 원하는 교육과정(학교)을 선택할 수 있는 혁신모델을 창출하는 학교장의 리더십이 발휘되어야 할 것이다. 수업에서도 학생들에게 무엇을 가르칠 것인가? 에서 무엇을 하게 할까? 는 교실에서의 호기심과 내적동기가 내면화되는 수업을 교사들이 스스로 만들어 낼 수 있도록 격려하는 학교장의 교육과정 리더십이 중요할 것이다.

2. 거버넌스 구축으로 학생중심교육활동의 강화

교육혁신을 논할 때, '온 마을이 학교'라는 캐츠프라이가 있다. 인구절벽의 상황이 다가오는 가운데 학생 한 사람모두 이제 너무나 중요한 자원이다. 한 학생의 성장은 가정, 학교, 그리고 지역이 모두 협력해야 한다. 경쟁의 가치에서 벗어나 학생들이 협업하고 배려하고 존경하는 사회적 운동이 필요하다. 캐나다 고등학교의 학교폭력이 근본적으로 극소수이고 사회문제가 되지 않은 것은 가정, 사회와 학교가 연계되어 한 아이의 성장을 위한 상호협력의 복지시스템이 발달되어 작동되고 있음을 우리에게 많은 시사점을 던져 준다.

3. 교육지원청의 역할 모색

변화의 속도와 폭이 매우 큰 사회변화에 효율적으로 대처하는 교육방향으로 협치가 강조되고 있으며, 이를 신 지역 거버넌스라고 한다. 캐나다 교육철학은 학생의 발달과 성장이 최우선 가치를 두고 있다. 따라서 사회적 가치를 가정 및 사회교육에서 동시에 강조하기 때문에 자연스럽게 전인교육이 목표가 된다. 이는 우리교육이 지나치게 경쟁가치를 중시한 신자유주의 가치가 주류를 이루어왔다는 점에서 시사점을 갖는다. 캐나다 고등학교에서는 학교시설을 지역사회와 공유하고, 학생의 방과후 학습이나 진로는 지역의 진로센터에서 학점이나 학습을 할 기회가 많았습니다. 우리도 이제 '지역공동체'개념으로 일반화할 필요성을 갖는다. 우리교육청에서 추구하는 북부교육지원센터의 방향은 고령화 사회를 맞이하는 지역 주민의 평생교육, 방과후 프로그램, 돌봄 시스템, 다문화 가정의 지원 등은 다음과 같은 측면에서 가치가 있다.

- 학교자치 실현을 위한 교육청의 진정한 역할의 모델 창출
- 배려와 복지를 통한 학생성장의 기반 조성
- 학교와 지역사회의 연계 프로그램의 개발
- 마을의 교육과정 참여와 학생의 민주시민으로서 접점 찾기 등

이런 일련의 실험은 미래 교육의 협치 모델로서 중요한 가치를 보일 것이다.

4. 학교 관리자의 교육과정의 리더십

미래사회의 학교장은 이제 권위적이고 전통적인 리더십이 통하지 않게 되었다. 소통과 협의는 매우 소중한 가치고, 학교장은 이제 합리적 리더십이 주류를 이룰 것으로 본다. 캐나다 학교관리자가 직접 학생지도에 참여하고, 수업을 진행하는 모습에서 새로운 학교장의 리더십을 쉽게 읽을 수 있다.

학교장의 권위는 자연적으로 발생하게 된다. 따라서 권위는 자랑할 것이 아니지요. 학교장의 영향력이 중요한 가치이다. 영향력은 학부모, 교사, 그리고 학생이 신뢰해야 발생하는 가치이기 때문이다. 결국 이런 학교 관리자의 리더십은 교육과정을 통하여 표출된다.

교육혁신 정책 고찰

교육심리 측면에서 바라본 교육혁신의 조망[1)]

교육혁신의 2기를 맞이하여 교육가족들의 타운미팅, 포럼, 주체별 워크숍 등을 종합하여 교육혁신의 의제로서 「혁신교육」, 「미래교육」, 「책임교육」, 「학습도시」로 선정되었다.

필자는 토요일 학회에 참여하여 강연, 토론회, 논문 발표 등을 듣고 일요일 하루 종일 넓게는 우리교육의 혁신교육의 의제를 중심으로 심리적인 담론을 제시하고자 한다.

1. 혁신교육

혁신의 동기 및 시작과 과정은 결국 한 학교의 교육과정으로 나타난다. 학교 교육과정은 학생을 어떤 과정을 통해서 어떻게 성장하겠다는 학교의 종합플랜이다. 최근 분권화의 강조화 함께 학교민주주의, 교육자치가 중요한 화두가 되면서 자연스럽게 시·도교육청의 교육과정과 학교교육과정의 자율성이 중요하게 여기고 있다. 여기에 각 교육청에서는 「창의적 교육과정」으로 명명하고 지성, 심성, 시민성 등 소위 신 학력을 말하고 있다. 즉, 미래의 학력을 언급하면서 핵심역량이 함께 논의되어 왔다. 이와 관련하여 학력과 비슷한 사전적 개념을 정리해보면 다음과 같다.

공부는 교과학습에 한정하여 가르치고 배우는 것을 의미한다. 학습은 교과/교과 외에서 배우고 익히는 것을 말한다. 학력은 학습의 종착역이다. 즉. 학습의 결과로 나타나는 것이 학력이다. 최근 역량에 대한 논란도 활발하게 진행되고 있음을 밝혀 둔다. 다만 필자의 견해로는 4차 산업혁명이 거론되면서 교수(Teaching)보다는 학습(Learning)이 중요시 되고 있다. 학습은 학(學)과 습(習)으로 구성된다. 세종의 학생들이 제각기 '학'은 하는데 '습'을 제대로 하는지에 대한 점검이 필요하다. 학(學)은 가정, 학교, 학원, 복합커뮤니티, 도서관에서 이루어진다. 하지만 습(習)은 학생 스스로의 지식으로 만드는 것인데… 제대로 된 습(習)이 이루어지는 것은 쉽지 않다. 스마트 폰 검색 창에 키워드만 던지면 원하는 지식을 쉽게 습득하는 세상이다. 다만 내가

1) 2019년 ○○특별자치시교육청 장학관 워크숍 발표자료

필요한 지식은 무엇인지? 어떻게 지식의 융합으로 창의적인 산물을 만들 수 있을까? 고민이 적다. 자기주도 학습능력이 너무 아쉽다. 교육과정의 혁신은 자기주도성을 높이는 데 집중할 필요가 있다. 고교학점제, 교과중점학교는 학생의 자율적인 맞춤형 진로에 맞게 선택중심으로 교과목을 선택한다. 자기주도 학습능력이 함양된 학생은 사교육에 의존하기 보다는 자기 확인으로 가지고 스스로 자신만의 공부하는 방법을 갖는다.

혁신 2기를 맞이하여 이제 현장에서 학생들이 스스로 탐색하고 결정하고 책임지는 자기주도성에 입각한 생각하는 학생을 만들어야 한다. 그 결과 참여하는 시민으로 성장해야 한다. 구현되고 착근되도록 성취수준 및 평가기준을 교육청 차원에서 제시되어야 한다.

2. 미래교육

전통적인 교육 시스템에서 학생은 미성숙의 학습자, 지식전달자로서 교사, 시험과 성적으로 인생을 결정하였다. 새로운 교육은 모든 것들이 변화(Change)이다. 이를 잘 극복하면(g→c) 가능성(Chance)된다. 미래교육에서 학생은 주체성과 자율성의 존재이다. 교사는 조력자와 촉진자이며, 학습에서도 현장과 연계되는 맥락학습이 필요하다. 교육은 이제 학교에서만 이루어지지 않는다. 학습생태계가 형성되었다. 최근 방송에서는 에스토니아에서의 전 초등학생에게 실시하는 코딩학습이 새롭게 조명하였다. 2015 개정교육과정에서 초 · 중학교에서도 PBL(문제 중심 학습), 하브루타 방법 등이 적용되고 초등학교에도 소프트웨어 소양교육이 17시간이 확보되고 중학교에서는 컴퓨팅 능력을 함양하기 위한 정보과목을 필수로 지정하였다.

다만 앞에서 기계학습이 주목되면서 코딩학습은 비단 정보에서만 일어나는 것이 아니라 수학에서 준비가 필요하다. 필자는 세종교육축제에서 수학코너를 보면서 수학이 얼마나 문제해결능력에서 필요한 학문인지를 새삼 느꼈다. 필자처럼 수학을 못하는 학생에게 문제해결의 호기심을 불러일으킬 수 있는 것은 수학을 재미있게 접근하는 것이다.

필자는 미래교육과 관련하여, 최근 시 · 도 교육청에서 교실 공간 재구조화에 대한 토론이 생각났다. 이제 전통적인 교실로 학생들의 창의력을 이끌 수 있는지에 대한 논의가 필요한 시점이다. 미국의 지능정보기술 활용 교수학습의 사례(Teach to One: Math를 도입한 학교에서의 7학년 수업장면)는 학생 맞춤형을 위한 교실 공간의 혁신이 필요함을 암시해 준다. 중학생 맞춤형 단계별 수업은 다음과 같다.

가. 학생들은 전형적인 교실이 아니라 4개 교실을 합해서 열린 공간(수학센터)에서 수업을 한다.
나. 수학센터에서 학생들은 교사들과 함께 수업을 하거나
다. 동료 학생들과 협력학습(협동학습)을 한다.
라. 혼자서 학습(온라인 학습)을 한다.
마. 특정 수학 개념을 학습한다.
바. 배운 개념으로 실세계 문제(real-world problems) 해결 학습한다.
사. 포털에 접속하여 형성평가를 한다.
아. 형성평가 이후 다음 단계의 교수학습 계획 및 시간표를 정한다.

이처럼 교수학습의 방식에 따라서 여러 형태의 교실 공간이 재구조화되어야 한다. 실험실, 과목센터, 프로젝트실 등 학생의 요구에 맞는 공간은 무궁무진할 것이다. 예컨대, 소규모 협력실(Small Group Collaboration), 2인조 학습규모(Peer to Peer), 증강현실(Virtual Instruction), 온라인 교실(On-Line Instruction), 자기주도 학습실(Independent Practice) 등이다.

3. 책임교육

최근 사회정의 철학의 관점, 혁신철학의 관점 등에서 무상교육이 강조되고 있다. 특히 교육청과 지자체 등과의 거버넌스 구축에 의해서 시행되는 복지 정책이 눈에 띄게 증가하였다. 세종교육 역시 도·농 교육력 격차 해소, 보편적 복지에 의한 무상 및 책임교육이 중요한 교육정책 추진방향에 설정되어 있다.

이와 관련하여 교육심리학 측면에서는 교육 사각지대(hidden-handicapped in school setting) 학습자들에 대한 논의가 있어 왔다. 예컨대, 2014년 경기도 난독증 등 학업중단 아동청소년 지원조례, 2015 느린 학습법, 2017 기초학력 보장법안 등이다. 유은혜 교육부총리 역시 임기 내 '돌봄 교실'이나 '기초학력미달 구제' 등에 대한 책임정책을 강조하였다. 이는 정치철학

을 넘어 사회양극화 문제, 학생 한사람 모두 소중한 자원이라는 측면에서 간과해서는 안 될 교육정책이다. 교육심리에서는 학습자들의 수준에 따른 체계적인 지원에도 불구하고 대부분 교육정책은 보편적 교육(1단계)과 집중적 교육(3단계)에 초점을 두고 있었다고 평가하였다. 2단계(판별 및 진단)는 다소 간과했다고 판단한다.

교육 사각지대 학습자 유형에 대한 군집은 크게 5개로 도출된다(김주선, 외, 2018). 군집 1은 낮은 상황인지 및 행동학생, 군집 2는 학습능력 및 태도관련 문제, 군집 3은 역기능적 상호작용 및 가족지지 부족 , 군집 4는 부적응 사회정서문제, 문제 5는 품행 문제 학생 등이다.

따라서 교육력 격차문제 해소나 학교지원시스템 구축과 관련하여 심리적으로 사각지대인 학생들의 문제해결도 간과해서는 안 됨을 암시해 준다.

4. 학습도시

미래 학교교육의 가장 큰 키워드는 유연성이다. 학교는 점점 경계를 허물고 지역사회와 통합되면서 초·중등 교육을 넘어 개인의 전 생애에 걸친 맞춤형 교육을 제공해야 한다는 것이다. 그리고 수업 역시 교실 공간을 초월하여 학교 안팎, 물리적 공간을 넘어 가상공간의 다양한 자원을 활용하는 맞춤형 교수학습으로 변화할 것이라는 점이다.

우리나라 각 지역에는 질 높은 마을교사가 존재한다. 그리고 어느 곳에 가든 학습공간이 존재한다. 예컨대, 아파트에 설치된 마을 도서관, 복합커뮤니티, 청소년 복지시설 등이 많이 존재한다. 우나리나라 전 도시가 온라인 수업으로 가능하도록 노력 중이고 진로체험을 위한 종합지원시스템도 구축할 예정이다. 바야흐로 미래 학교는 학습도시 안에서 이루어진다.

교육심리학회에서 다루지 않아도 이미 인공지능의 시대로 대표되는 제4차 산업혁명 시대는 시작되었다. 시작이 아니라고 우겨대도 가까운 미래일 것이다. 분명한 것은 교육이 길러내야 하는 인재상, 교육내용, 교육방법, 평가 영역에서 이제 혁명적 전환기가 왔다는 사실이다.

교육혁신의 종착점은 결국 교육과정의 혁신에 있다. 교육과정은 추론적 사고 외에도 창의력, 예술적 감성, 자기 성찰력, 타인 공감력 등이 포함되어야 한다. 그리고 그 중심은 학생이다. 학생중심 교육이란 학생의 개별성장이 존재하고 이들의 성장이 미래 사회를 결정하는 소중한 자원이라는 가치가 내재되어 있다. 개인적인 발달의 문제와 사회발달의 모든 문제의 해결의 실마리는 학생의 성장에 있다.

학생 한 사람 한 사람의 성장은 우리나라 교육의 핵심과제이자 역사적인 소명과제가 될 것이다.

학생이 지각하는 학습자중심 수업방법과 민주시민의식의 관계[1)]

< 요 약 >

본 연구는 학생이 지각하는 학습자중심 수업방법, 사고양식과 민주시민의식의 구조적 관계를 분석하기 위해 실시되었다. 연구를 위해 ○○시에 위치한 중학교에 재학 중인 학생 324명의 설문 자료가 SPSS 21.0과 AMOS 21.0을 통해 분석되었다. 연구 결과는 다음과 같다. 첫째, 학생이 지각하는 학습자중심 수업방법은 사고양식에 통계적으로 유의한 수준에서 정적 영향을 미치는 것으로 나타났다. 둘째, 사고양식은 민주시민의식에 통계적으로 유의한 수준에서 정적 영향을 미치는 것으로 나타났다. 셋째, 학생이 지각하는 학습자중심 수업방법은 민주시민의식에 통계적으로 유의한 수준에서 정적 영향을 미치는 것으로 나타났다. 넷째, 사고양식은 학생이 지각하는 학습자중심 수업방법과 민주시민의식의 관계에서 통계적으로 유의한 수준에서 매개변인으로서의 역할을 하는 것으로 나타났다. 본 연구의 결과는 학생들의 사고양식을 매개로 민주시민의식에 영향을 주는 교수학습 방법에 대한 변인을 밝혀서 적성-처치상호작용(ATI)에 기반을 둔 민주시민교육에 대한 방안을 제공할 수 있을 것이다.

주제어 : 민주시민의식, 학생 참여형 수업, 교수학습, 구조방정식모형

Ⅰ. 서론

인간은 태어나면서부터 타인과의 상호작용을 통해 자아를 실현하고자 하는 존재이며, 청소년들은 주로 학교공동체 안에서 성장하고 꿈을 키운다. 그러나 전국적으로 4만 명 이상의 학

1) 이 논문은 세종특별자치시교육청 정책연구 본문을 학술지 특성에 맞게 수정 보완한 것으로, 윤소희 교수와 2018년 교육정치학연구 25(4).203-221. 등재된 논문임

생들이 학업을 중단하고 있고, 그에 대한 원인으로 또래 친구와의 관계, 학교교육 부적응, 학생의 무기력 등이 주로 지적되고 있다(교육부, 2017a). 청소년의 폭력과 범죄는 심각한 실정이며 학교폭력의 급증은 이제 중요한 사회문제로 인식되고 있다. 이와 함께 한국 청소년들의 사회적 상호작용 역량(관계지향성, 사회적 협력)은 OECD 36개국 중 최하위 수준이며, 민주시민에 대한 지식은 높지만 실제 학교 안팎에서 시민활동에 참여하는 비율 역시 최하위 수준인 것으로 나타났다(박현정, 김전옥, 손윤희, 2015). 따라서 많은 교사와 학자들이 건전한 사회 환경의 조성을 위해 학교의 민주시민교육 회복에 대한 관심과 성찰이 필요함을 역설하고 있다.

이와 같은 추세를 반영하고자 최근 교육부는 민주시민교육 및 학생자치활동의 확대를 중요과제로 설정하였다(교육부, 2017b). 이에 따라 각 시도교육청에서도 민주시민교육을 교육비전이나 주요 교육목표로 설정하여 추진하고 있다. 예컨대, 경기도교육청(2018)에서는 학생들이 시민으로서 갖추어야 할 인간의 자질을 함양하도록 돕기 위해 학교 안, 가정 및 지역까지 민주시민의 장으로 여기고 민주주의 교육을 생태·인권·노동·평화교육까지를 포괄하여 추진하고 있다. 세종특별자치시교육청(2018)에서는 「생각하는 사람 참여하는 시민」을 지표로 제시하며 구체적인 실행방안을 마련하고 있다.

민주시민교육은 21세기 교육이 나아가야 할 방향의 필요성과 학습자 역량으로서 인지적 지식과 능력뿐만 아니라 공감, 존중, 의사소통 기술 등 비인지 역량을 중시하는 교육패러다임의 전환이라는 관점에서 매우 중요하다(유제순, 2017). 조찬래(2012)는 민주시민교육의 필요성을 주장하였는데, 이를 구체적으로 정리하면 다음과 같다. 첫째, 민주시민교육을 통하여 민주적 문화를 창출함으로서 정치체제의 안정화에 기여할 수 있고, 정치체제의 효율성이 제고될 수 있다. 둘째, 민주시민교육은 사회를 통합시켜 주는 기능을 한다. 다양한 이념과 가치의 공존을 지향하는 다원적 국가에서 타협과 조정을 통해 분열을 극복할 수 있는 방법이 마련될 수 있다. 셋째, 민주시민교육을 통해 분단을 극복하고 통일에 대비하며, 통일 이후 사회적 통합과정에서의 난제를 해결하려는 호혜적 분위기를 형성할 수 있다.

한편 민주시민교육에 대한 국내의 선행 연구를 살펴보면 주로 청소년의 시민의식 수준을 측정하거나, 그들의 시민의식에 영향을 주는 변인을 개인·가정·학교 차원에서 탐색하려는 시도가 이루어진 것으로 나타났다(김현주, 2015; 박수원, 김샛별, 2016; 함은혜, 백선희, 2016). 반면에 학교 교육 현장에서 실행되는 교수·학습 과정과 민주시민의식의 관계성을 탐색한 선행연구는 아직까지 보고되지 않은 것으로 나타났다. 즉, 지식위주의 기존 수업 상황에서 어떠한 교수-학습 방법이 적절한지에 대한 심층적인 논의는 부족하였다. 학생들의 민주시민의식 함양을 위해 교사들이 권위적이고 일방적인 수업방법을 탈피해야 하고 토론, 참여, 체험, 대화 등의 기법을 수업의 과정에 적극 반영해야 한다는 제언은 선행연구에서 쉽게 발견할 수 있었다(김현주, 2015; 함은혜, 백선희, 2016). 그러나 선행연구들은 교수-학습과정에서의 학생 사고양식을 고려하지 못하였으며, 교사가 지도하는 민주시민의식은 학생들이 지닌 사고 패턴에 의해 다양하게 발현될 수 있다는 점에서 학생 사고양식을 이해하려는 시도 역시 심층적으로 실행되어야 한다.

본 연구는 위와 같은 문제의식에서 출발하여 학생이 지각하는 학습자중심 수업방법, 사고양식과 민주시민의식과의 구조적 관계를 분석하기 위해 실행되었다. 구체적으로 종속변인인 민주시민의식과 관련하여 학생이 지각하는 학습자중심 수업방법과 학생의 사고양식을 독립변인으로 설정하였다. 그 이유는 민주시민의식을 함양하는 주체가 학생이므로 무엇보다도 교사의 수업방법은 학생의 인식에서 출발해야하기 때문이다. 그리고 학생의 사고양식은 학생의 인지와 성격을 연계하는 변인이므로(Sternberg, 1994), 교실에서의 교수-학습 환경으로부터 형성된 다양한 개인차가 민주시민의식과 그 하위 영역에 다양한 양상으로 영향을 줄 수 있기 때문이다. 본 연구를 통해 학생들의 사고양식을 매개로 민주시민의식에 영향을 주는 교수-학습 방법에 대한 변인을 밝혀보는 노력은 학생의 맞춤형 민주시민 교육에 있어서 구체적 방안을 제공할 수 있을 것이다.

Ⅱ. 이론적 배경

1. 민주시민의식

민주시민의식은 국가와 사회가 처한 역사나 문화적 상황에 따른 가치관이 반영되기 때문에 표준화된 정의는 없다(장은주, 2017). 예컨대, 이데올로기 상황에서는 국가에 대한 충성의 가치가 시민의식의 중요한 요소가 될 수 있고, 독재정권 아래에서는 민주화의 항쟁 가치가 그 사회의 핵심적인 시민의식 요소가 될 수 있다. 한편 민주시민의식에 대하여 연구하는 학자들이 내린 정의를 살펴보면 다음과 같다. 첫째, 김은지(2003)는 민주시민의식을 개인으로서 요구되는 자질이 아니라 시민 혹은 특정한 공동체의 구성원이라는 지위에서 시민으로서 요구되는 자질을 지칭하는 개념이라고 설명한다. 이런 측면에서 독립된 개인을 전제하는 것이 아니라, 관계로 형성된 사회의 구성원임을 전제한다고 주장하였다. 둘째, Ross(2007)는 민주시민의식을 참여와 자원봉사 및 모든 시민을 위한 삶의 개선 노력을 통하여 공동체의 개선을 지향하는 것으로 보았다. 이 밖에도 미국사회과교육학회(National Council Social Studies: NCSS, 1989)에서는 민주시민교육을 통해 인간의 존엄성과 민주적인 절차에 의해서 합리적으로 의사결정을 수행하는 능력을 기르고 사회문제에 적극적으로 참여하는 마음을 갖도록 하는 것이 중요함을 지적하였다.

이와 함께 민주시민의식의 구성요소와 관련하여 학자들은 다양한 견해를 제시해왔다. 첫째, 차경수(1991)는 자유와 평등, 애국심, 인간에 대한 존엄성, 의무와 책임완수, 문제해결능력, 타인과의 협력, 민족문화의 이해, 정치참여를 민주시민의식의 핵심요소로 보았다. 둘째, 모경환과 임정수(2010)는 참여의식, 관용의식, 정치효능감, 준법의식, 봉사로 구분하여 설명하였다. 해외의 경우를 살펴보면, NCSS(1989)는 준법, 자유, 통합성, 정의, 평등, 책임, 충성, 권위, 정직, 타인 고려 등을 시민의 자질 덕목으로 제안했다. 그리고 Cogan과 Derricott (2012)는 상호의무, 공동체의식, 정체성, 권리의식, 기본 사회적 가치 준수 등을 민주시민의식의 구성요소로 제시했다.

앞서 제시된 국내·외 학자들의 정의와 구성요소를 종합해보면, 민주시민의식이 사회구성원으로서 필요한 자질을 강조하는 속성을 가지며 인지적, 정의적, 실천적 특성을 모두 포함하는 것으로 나타났다. 따라서 민주시민의식을 함양하는 것은 사회공동체 구성원들과의 관계 속에서 더 나은 사회를 만들어가기 위하여 민주시민으로서 갖추어야 할 지식, 심성, 태도 및 권리와 책임 등의 역량을 모두 포함하는 것으로 이해될 수 있을 것이다. 본 연구에서는 선행연구 분석 결과를 토대로 민주시민의식의 구성 요소를 사회봉사, 연대성, 공정성으로 설정하고 관련 변인으로 활용하였다.

2. 학습자중심 수업방법, 사고양식과 민주시민의식과의 관계

가. 학습자중심 수업방법과 민주시민의식

학습자중심 수업은 교사중심 수업과 대별되는 것으로, 지시적이고 설명위주의 수업에서 탈피하여 교사가 학생들의 수업 주도권을 존중하는 수업이다. 따라서 학습자중심 수업은 학습자들이 협동하고 발견과 탐구를 하면서 문제해결 등의 활동을 강조한다(Moore, 2005). Lang과 Evans(2006)는 학생들이 자발적으로 상호토론, 현장조사 연구, 협동탐구 등의 비지시적 방법 등을 경험하면 과제수행과정에서 나타날 수 있는 실패우려가 감소하는 반면 창의성이 발달하고 타인과의 대인관계 능력이 향상된다고 주장하였다. 국내 연구자들 역시 민주시민의식을 함양하기 위하여 학습자중심 수업이 필요함을 지적하였다. 최고은(2009)은 탐구공동체 수업을 통해 비판적 사고력과 합리적으로 타협하는 태도가 향상되고 문제해결능력이 함양된다고 설명하였다. 허영식(2009)은 민주시민의식을 지적기능과 참여기능을 분류하고, 주입식 교육으로는 시민적 기능 향상에 한계성이 있음을 지적하였다. 또한, 손승남(2014)은 협동학습이 사회적 자아개념의 매개변인을 통해 민주시민의식에 긍정적 영향을 준다고 설명하는 동시에 협동학습과 민주시민교육의 구조와 특징이 비슷함을 주장하였다. 위 선행연구들을 통하여 학습자중심 수업방법이 학습자의 민주시민의식에 직접적으로 영향을 준다고 판단할 수 있다.

나. 학습자중심 수업방법과 사고양식

본 연구는 학습자중심 수업방법과 민주시민의식과의 관계에서 사고양식을 매개변인으로 설정하였다. 사고양식(thinking styles) 변인은 예일대 심리학 교수인 Sternberg와 그의 동료들(Sternberg, Grigorenko, 1995; Zhang, Sternberg, 2001)에 의해서 창안되었고, 국·내외적으로 많은 타당성 연구가 있었다. 사고양식은 인간의 정신도 정부처럼 수준(levels), 범위(scopes), 기능(functions), 형태(forms), 경향성(leanings) 등 다섯 가지 영역에서 통치하는 것으로 보고 하위 변인을 총 13가지로 제시하였다. 본 연구에서는 사고양식이 이론적 타당성에 비해 교육실제에서의 활용성이 다소 제한된다는 판단에 따라 정신자치제의 가장 본질인 기능영역으로 그 범위를 다음과 같이 한정하였다(윤미선, 김성일, 2004). 우선, 입법적(legislative)인 사고양식은 창의성과 관련이 있으며 자신만의 규칙에 의해서 창의적이거나 구조화되지 않은 과업을 선호한다. 예컨대, 학교에서 발명, 시, 소설, 예술 등 창작 활동을 선호한다. 행정적(executive)인 사고양식은 기존 지침에 의해서 수행되는 것을 선호하는 스타일이다. 즉, 자신에게 명확한 역할이 설정되어 주어지며, 구조화된 과제를 선호한다. 사법적(judicial)인 사고양식은 기존 규칙이나 상황과 관련하여 평가, 판단, 비교, 분석하는 선호하는 경향을 갖는다. 사법적 사고양식을 가진 학생들은 타인의 글을 평가하거나 피드백 또는 조언하는 것을 좋아한다.

나동진과 김진철(2003)은 교수·학습과정에서 학생의 사고양식을 이해하는 것이 중요다고 언급하였다. 이와 관련하여 Sternberg와 Zhang(2001)은 교수방법에 적합한 사고양식 유형을 제시하였는데, 이를 기능영역에 한정하여 정리하면 다음과 같다.

〈표 1〉 교수방법과 사고양식

교수방법	가장 적합한 사고양식
강의법	행정적 사고양식
사고에 의한 질문법	사법적/입법적 사고양식
주어진 문제해결법	행정적 사고양식
프로젝트 방법	입법적 사고양식
소집단 토의법	사법적 사고양식
암기법	행정적 사고양식

위에 나타난바와 같이 학생들의 사고를 존중하고 학생들의 학습활동을 존중하는 학습자중심 수업은 입법적 사고양식이나 사법적 사고양식과 관련이 높음을 확인할 수 있다.

다. 사고양식과 민주시민의식

Zhang(2001)은 사고양식을 Type I (입법, 사법)과 Type II(행정)로 분류하면서, Type I은 기준에 도전적이고 복잡한 정보체계를 선호한다고 설명한다. 반면에 Type II는 전통적인 기준을 선호하고 권위 지향적인 성향을 갖는다고 주장했다. Martin(2017)은 입법 및 사법적 사고는 진보적 성향을 갖고, 행정적 사고는 보수적이라고 분류했다. 그리고 Dai와 Feldhusen(1999)은 입법적 사고양식과 사법적 사고양식은 지적 독립성(intellectual independence)의 특성을 지닌다고 주장하였다.

민주시민의식은 표면적 지식의 습득과 같은 표층학습(surface learning)과 성향 및 태도의 체화, 지식의 적용 및 실천 등과 같은 심층학습(deep learning)을 통해 고취될 수 있다(Rao, Janmaat, & McCowan, 2016). 그리고 지식을 바탕으로 심성 및 행동화 단계로 발전한다. 이러한 각각의 단계들을 사고양식과 관련지어 보면, 행정적 사고양식은 시민의식의 단순한 지식 습득에 영향을 줄 수 있다(Sternberg, 2017). 또한 비판적이고 복잡한 정보체계가 요구되는 시민의식의 학습단계에서는 입법적이거나 사법적인 사고양식이 영향을 주는 것으로 나타났다(Sternberg, 2017).

Ⅲ. 연구 방법

1. 연구 대상

연구의 수행을 위해 ○○시에 위치한 중학교에 재학 중인 학생 330명을 대상으로 설문조사를 실시하였다. 회수된 설문지 중 불완전한 자료 6개를 제외하고 총 324명의 자료를 최종 분석하였다. 연구 대상자의 일반적 특성은 다음과 같다.

〈표 2〉 연구 대상자의 일반적 특성

변인명		빈도수	퍼센트
성별	남	179	55.2
	여	145	44.8
남녀공학	공학	281	86.7
	공학 아님	43	13.3
지역	읍면지역	143	44.1
	동지역	181	55.9

2. 연구 모형

본 연구는 이론적 배경을 근거로 학생들의 민주시민의식에 대한 학습자중심 수업방법의 영향에서 사고양식의 매개변인 결정모형을 밝혀보는 것이다. 연구모형은 다음과 같이 설정하였다.

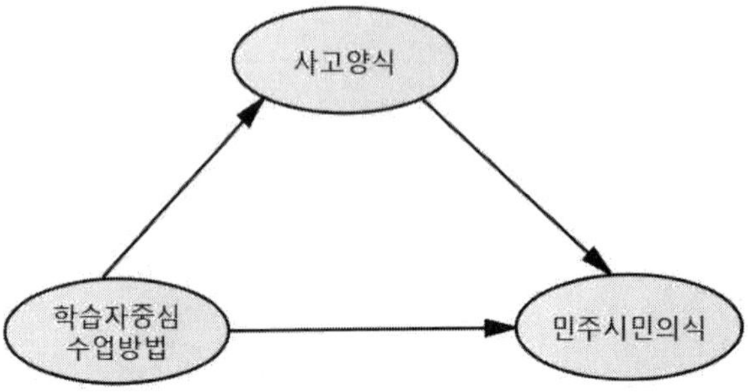

[그림 1] 연구 모형

연구의 목적을 달성하기 위해 설정한 가설은 다음과 같다. 첫째, 학생이 지각하는 학습자중심 수업방법은 사고양식에 영향을 미칠 것이다. 둘째, 사고양식은 민주시민의식에 영향을 미칠 것이다. 셋째, 학생이 지각하는 학습자중심 수업방법은 민주시민의식에 영향을 미칠 것이다. 넷째, 사고양식은 학생이 지각하는 학습자중심 수업방법과 민주시민의식의 관계에서 매개변인으로서의 역할을 할 것이다.

3. 측정 도구

본 연구에서 사용된 검사는 학습자중심 수업방법검사, 사고양식검사, 민주시민의식검사로서 그 구체적인 내용은 다음과 같다.

가. 학습자중심 수업방법 검사

학생이 지각하는 학습자중심 수업방법을 측정하기 위해 이정연 외(2015)가 개발한 검사를 활용하여 측정하였으며, 민주시민교육과 직접적으로 관련이 있는 사회 교사의 수업방법에 대한 인식으로 한정하였다. 이 검사에서 학습자중심 수업방법은 토의법, 발견탐구학습, 협동학습으로 구분하여 측정하였다. 설문지는 10문항으로 작성되었으며, 5점 Likert 척도로 응답하도록 구성되었다. 하위 영역별로 측정문항의 예를 제시하면, 토의는 '선생님은 정해진 주제에 대하여 학생들이 서로의 의견을 통합하여 하나의 결론을 내리도록 안내한다.', 발견탐구학습은 '문제를 해결하기 위하여 스스로 자료를 수집하고 조사한다.', 협동학습은 '학생들은 서로 도움을 주고받으며 공동과제를 해결한다.' 등을 포함한다. 문항 전체 신뢰도는 .91로 나타났다. 하위영역별 신뢰도는 토의법 .87, 발견탐구학습 .85, 협동학습의 경우에는 .81로 나타났다.

나. 사고양식 검사

Sternberg와 Wagner(1992)가 개발한 사고양식 검사도구(Thinking Styles Inventory)를 기초로 박도순·하대현·성태제(2000)에 의해 제작된 사고양식 검사도구가 사용되었다. 이 연구에서는 학교 적용 관점에서의 실용적 측면을 고려하여 정신자치제이론의 여러 사고 양식 유형 중 기능에 따른 입법, 행정, 사법적 양식을 중심으로 학습자의 사고 양식을 총 15문항에서 4점 Likert 척도로 측정하였다. 입법적 양식은 자신의 방식으로 창조하거나 계획하는 경향성을 의미한다. 행정적 양식은 정해진 구조나 지침에 의거하여 업무를 처리하는 경향성이며, 사법적 양식은 사람과 사물에 대해 판단하고 평가하는 경향성을 의미한다. 측정문항의 예를 제시하면, 입법적 양식은 '어려움에 직면했을 때, 나는 내 나름대로의 생각과 전략을 이용해서 문제를 해결 한다', 행정적 양식은 '나는 정해진 규칙에 따라 문제 해결 방법을 구성하는 경향이 있다', 사법적 양식은 '중요하게 해야 할 일이 많을 때, 시간에 상관없이 내가 할 수 있는 만큼 많이 하려고 노력한다.' 등으로 구성되었다. 문항 전체 신뢰도는 .83으로 나타났으며, 하위영역별 신뢰도는 입법 .75, 행정 .79, 사법 .74였다.

다. 민주시민의식 검사

중학생의 민주시민의식을 측정하기 위해 성기선 외(2012)가 개발한 민주시민의식 측정 척도를 활용하였다. 민주시민의식은 사회봉사, 연대성, 공정성의 세 하위영역으로 구분되며, 총 17문항에서 5점 Likert 척도로 측정하였다. 측정문항의 예를 제시하면 다음과 같다. 사회봉사에는 '나는 봉사활동을 할 기회가 생기면 적극적으로 참여한다.', 연대성에는 '나는 주변에 어려운 친구나 이웃을 보면 도와주고 싶다', 공정성에는 '남녀 상관없이 누구나 학생회장이 될 수 있다' 등이 포함된다. 문항 전체에 대한 신뢰도는 .89로 나타났다. 하위영역별 신뢰도는 사회봉사의 경우 .83, 연대성 .87, 공정성 .86이었다.

4. 자료 수집 및 분석

본 설문은 2018년 4월 16일부터 20일까지 실시했다. 교과담임에게 설문에 대하여 설명을 한 후, 교과담임의 주도하에 학생들에게 연구윤리를 안내하고 실시하였다. 자료 분석 방법은 다음과 같다.

첫째, 연구 자료에 대한 기본적 이해를 위해 빈도분석을 실시하고, 각 변인의 신뢰도 검증을 위해 Cronbach's α 값을 산출하였다.

둘째, 중학생이 인식하는 학습자중심 수업유형, 사고양식, 민주시민의식 간에 상호 상관이 있는지 확인하기 위해 IBM SPSS 21을 활용하여 Pearson 상관계수를 산출하였다.

셋째, 앞서 제시된 가설의 검증을 위해 IBM SPSS AMOS 21을 활용하여 구조방정식모형 분석을 실시하였으며, 계수 추정방법으로 최대우도법(Maximum Likehood Method)을 사용하였다. 모형 평가 방법에는 χ^2검증을 활용하거나 적합도 지수를 이용하는 방법이 있다. χ^2 검증은 표본크기에 민감하고, 영가설 내용의 모형이 상당히 엄격하므로 χ^2검증에 전적으로 의존하지 않는 경향이 있다. 따라서 이 연구에서는 표본 크기에 민감하지 않는 동시에 모형의 간명성을 고려하였으며, GRI, TLI, CFI, RMSEA 적합도 지수를 고려하여 모형적합도를 평가하였다. 그리고 가설 모형이 자료에 적합하지 않는 경우에는 교정지수(Modification Index)를 확인한 후 그 값이 4 이상인 교정지수를 나타내는 경로를 추가하는 방식으로 모형 수정을 시도하여 모델의 간명성을 최대한 훼손하지 않는 범위에서 최적합 모형을 탐색하였다.

넷째, 최종모형 확정 후에는 각 변수들 간에 존재하는 경로의 의의도와 설명력(총효과, 직접효과, 간접효과)을 검증하였다. 이때 간접효과와 총 효과의 유의성을 확인하기 위해 부트스트랩(Bootstrap) 방식을 사용하였다. 이 방법은 모수 분포를 알지 못할 때 모수의 경험적 분포를 생성시키는 방법으로 구조모형의 모든 모수추정치들의 표본분포를 추정하여 근사적인 표준오차 및 신뢰구간, 유의확률을 구하는 유용한 방법이다(김계수, 2007).

Ⅳ. 연구 결과

1. 측정 자료의 기술 통계

본 연구에서는 구조방정식의 검증하기 전의 자료에 대한 검토를 하였다. 우선, 각 변인들의 평균, 분산, 왜도와 첨도 값은 다음과 같다.

〈표 3〉 기술 통계

	평균	표준편차	왜도	첨도
토의법	3.77	1.05	−.521	−.304
발견탐구학습	3.79	1.11	−.728	.021
협동학습	3.68	1.27	−.797	−.229
입법	3.13	.61	.619	.860
행정	2.84	.88	−.319	.714
사법	2.96	.83	.840	.588
사회봉사	3.89	.92	−.592	.218
연대성	3.94	.95	−.819	.414
공정성	3.92	.93	−.540	−.192

연구대상자들의 모든 변인들은 평균이상의 값을 나타냈다. 교수·학습 방법에서는 발견탐구학습에 대한 학생 인식이 가장 높았고, 사고양식에서는 입법적 사고양식의 평균이 상대적으로 높았다. 마지막으로 민주시민의식에서는 연대성 평균이 가장 높았다. 또한 측정 자료들의 정규분포성을 확인한 결과, 절대값 1을 넘는 첨도나 왜도는 없는 것으로 나타나 단변인 정규성에 문제가 없는 것으로 나타났다.

한편, 학생이 지각하는 학습자중심 수업방법(토의법, 발견탐구학습, 협동학습), 사고 양식

(입법, 행정, 사법), 민주시민의식(사회봉사, 연대성, 공정성) 간의 상관관계는 다음과 같다.

〈표 4〉 변인간 상관계수

	x1	x2	x3	x4	x5	x6	x7	x8
x2	.619**	–						
x3	.563**	.703**	–					
x4	.088	.310**	.117*	–				
x5	–.097	–.168**	–.124*	–.643**	–			
x6	.066	.228**	.154**	.656**	–.409**	–		
x7	.143**	.222**	.281**	.270**	–.183**	.268**	–	
x8	.077	.199**	.210**	.295**	–.187**	.258**	.771**	–
x9	.090	.194**	.201**	.285**	–.238**	.188**	.589**	.582**
x1: 토의법, x2: 발견탐구학습, x3: 협동학습, x4: 입법, x5: 행정, x6: 사법, x7: 사회봉사, x8: 연대성, x9: 공정성								

*: p<.05, **: p<.01

앞서 제시된 것처럼 토의법은 발견탐구학습, 협동학습, 사회봉사와 통계적으로 유의한 수준에서 정적상관관계를 보였다. 발견탐구학습은 협동학습, 입법, 사법, 사회봉사, 연대성, 공정성과는 통계적으로 유의한 수준에서 정적상관관계를 보였지만, 행정과는 부적상관관계를 보였다. 협동학습은 입법, 사법, 사회봉사, 연대성, 공정성과는 통계적으로 유의한 수준에서 정적상관관계를 보였지만, 행정과는 부적상관관계를 보였다. 입법은 사법, 사회봉사, 연대성, 공정성과는 통계적으로 유의한 수준에서 정적상관관계를 보였지만, 행정과는 부적상관관계를 보였다. 행정은 사법, 사회봉사, 연대성, 공정성과는 통계적으로 유의한 수준에서 부적상관관계를 보이는 것으로 나타났다. 상관계수의 값은 –.643부터 .771까지의 범위에 있어 다중공선성의 문제는 발생하지 않았다(김계수, 2007).

2. 연구모형 검증 결과

본 연구에서 설정한 연구모형의 검증을 위해 인과모형의 적합성을 검증한 결과, 연구모형의 적합도는 다음에 나타난 바와 같이 우수한 것으로 나타났다.

〈표 5〉 모형 적합도

χ^2	p	GFI	TLI	CFI	RMSEA
64.129	.000	.957	.953	.969	.072
기준값		p>.90	p>.90	p>.90	p<.08

이를 좀 더 자세히 살펴보면, p값이 판단기준 .05이상으로 나타났으며, GFI, TLI, CFI 값이 모두 .9이상으로 양호한 수준이었고, RMSEA 값 역시 .08이하인 것으로 나타나 가설적으로 설정한 연구 모형을 최종모형으로 확정하였다(Browne & Cudeck, 1993).

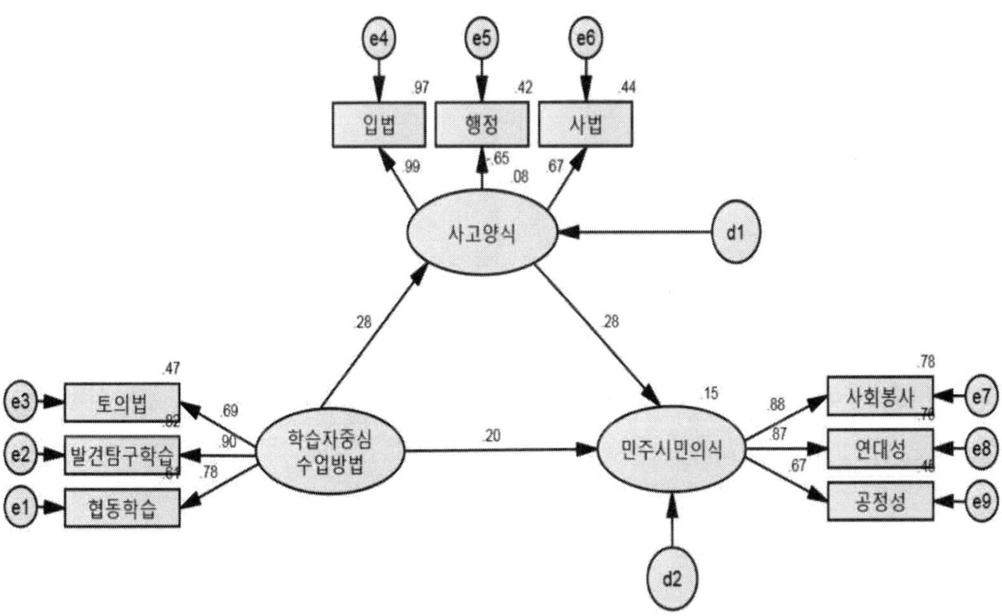

[그림 2] 최종 구조모형

최종 구조모형의 구체적인 경로를 살펴보면, 학생이 지각하는 학습자중심 수업방법이 사고양식에 미치는 효과(.168, p<.001), 학생이 지각하는 학습자중심 수업방법이 민주시민의식에 미치는 효과(.165, p<.01), 사고양식이 민주시민의식에 미치는 효과(.381, p<.001)가 모두 유의한 정적 영향을 미치는 것으로 나타났다. 그리고 사고양식의 하위 변인 중 행정이 부적 관계를 나타냈다. 즉, 행정은 입법이나 사법과 상반된 방향성을 나타내며, 위 모형에서 부적인 영향을 준다고 볼 수 있다.

〈표 6〉 잠재변수간 구조 분석 결과

경로	Estimate	C.R.	P
학습자중심 수업방법 → 사고양식	.277	4.634	.000
학습자중심 수업방법 → 민주시민의식	.203	3.215	.001
사고양식 → 민주시민의식	.284	4.570	.000

앞서 제시된 경로에 대한 구체적인 총효과(직접효과와 간접효과) 분해는 다음과 같다.

〈표 7〉 총효과 분해(표준화된 경로 계수)

경로	직접효과	간접효과	총효과
학습자중심 수업방법 → 사고양식	.277**		.277**
학습자중심 수업방법 → 민주시민의식	.203**	.101**	.304**
사고양식 → 민주시민의식	.284**		.284**

**: p<.01

효과분해 결과 학생이 지각하는 학습자중심 수업방법이 사고양식에 .277의 통계적으로 유의한 직접효과와 총 효과가 있었다. 그리고 사고양식이 민주시민의식에 .284의 통계적으로 유의한 직접효과와 총 효과가 있었다. 마지막으로 학습자중심 수업방법과 민주시민의식 간에 간접효과는 .101이고, 직접효과 .203을 더한 총 효과는 .304로 모두 통계적으로 유의하였다.

Ⅴ. 논의 및 결론

1. 논의

본 연구는 최근 교육부와 전국 시·도교육청의 주요 교육비전으로 부각되고 있는 민주시민교육과 관련하여 학교 교육 현장의 교수·학습 과정에서 매우 중요함에도 불구하고 기존 선행연구에서 제시되지 못한 학습자중심 수업방법의 효과성과 사고양식의 매개효과를 분석하기 위해 실시되었다. 이는 민주시민의식을 함양하는 주체가 학생이므로 무엇보다도 학생의 입장에서 교사의 수업방법을 바라봐야 하고, 교사의 수업방법이 학생 사고양식의 사회화에 영향력을 제공함으로써 민주시민의식을 제고할 수 있다는 점을 가정한 것이다. 연구 결과를 중심으로 논의 점을 정리하면 다음과 같다.

첫째, 학생이 지각하는 학습자중심 수업방법은 사고양식에 통계적으로 유의한 수준에서 정적 영향을 미치는 것으로 나타났다. 이러한 결과는 교수방법과 사고양식 유형의 밀접한 관련성을 설명한 Sternberg와 Zhang(2001)의 주장과 일치한다.

둘째, 사고양식은 민주시민의식에 통계적으로 유의한 수준에서 정적 영향을 미치는 것으로 나타났다. 그리고 학습자중심 수업방법보다 사고양식이 민주시민의식에 상대적으로 더 큰 영향력을 제공하는 것으로 나타났다. 이러한 결과는 민주시민의식과 관련된 교수·학습 과정에서 사고양식에 대한 이해가 필수적임을 설명하는 동시에 Sternberg(2017)가 논의한 사고양식과 민주시민의식간의 관계에 대한 논의가 심층적으로 수행되어야 함을 뒷받침한다.

셋째, 학생이 지각하는 학습자중심 수업방법은 민주시민의식에 통계적으로 유의한 수준에서 정적 영향을 미치는 것으로 나타났다. 이는 학습자중심 수업방법에 대한 지각 수준이 높은 집단이 낮은 집단보다 시민의식이 높게 나타난다고 보고한 선행연구의 연구 결과와 일치한다(손승남, 2014; 이병희, 2015; 최고은, 2009). 그리고 학습자중심 수업이 의사소통능력, 협동심, 사회적 책무성으로 구성된 사회적 역량 함양에 영향을 준다고 설명한 류성창과 라종민(2013)의 연구 결과를 지지한다. 따라서 학교 교실에서 학생이 인식하는 학습자중심 수업방법은 민주시민의식 함양에 대해 중요한 역할을 수행하는 변인임을 확인할 수 있었다.

이와 관련하여 정문성(2002)은 개별학습이나 경쟁학습을 강조하는 교육 구조에서는 학생의 사회성과 학습동기가 낮아질 수 있다고 지적하면서 학습자중심 수업을 적극적으로 도입하고 실행해야 한다고 주장한다. 또한 협동학습과 같은 학습자중심 수업은 민주시민의식과 유사하게 작용하기 때문에 학습자중심 수업을 통해 학생들의 긍정적 상호의존성과 사회적 자아개념이 형성됨으로써 민주시민의식이 제고될 수 있다는 주장도 충분히 고려되어야 한다(정문성, 최현희, 전영은, 2017). Brookfield와 Preskill(2005) 역시 학생중심 수업과정을 통해 학생들은 민주적 절차와 태도를 습득할 수 있다고 역설한다.

넷째, 사고양식은 학생이 지각하는 학습자중심 수업방법과 민주시민의식의 관계에서 통계적으로 유의한 수준에서 매개변인으로서의 역할을 하는 것으로 나타났다. 이러한 결과는 학습자중심 수업방법이 사고양식에 긍정적으로 영향을 주며, 사고양식은 다시 학생들의 민주시민의식에 영향력을 제공하는 과정에서 중요한 역할을 수행하는 것으로 해석될 수 있다. 동시에 학습자중심 수업방법을 적용하는 과정에서 학생의 사고양식을 고려해야 함이 매우 중요하다는 사실을 포함한다.

한편 매개변인으로서의 사고양식 중 입법이나 사법이 연구 모형에서 정적인 영향을 주는 것으로 나타났다. 이러한 사실은 입법적 사고와 사법적 사고의 역할을 정확하게 인지하고, 학교 교육현장에서 학생들의 두 사고양식을 적절히 활용하게 된다면 민주시민의식의 향상에 긍정적 효과를 초래할 수 있음을 시사한다. 이와 관련하여 Sternberg(2017)는 입법적 사고의 향상을 위해 학생들이 스스로 과제를 선택하고 문제해결방안을 설계할 수 있는 기회를 제공함이 중요하다고 설명한다. 또한 사법적 사고 능력 개발을 위해서 동료 학생들의 의견에 대해 평가하고 이에 대한 피드백과 조언을 제시하는 기회를 마련해야 한다고 주장한다.

종합적으로 본 연구를 통하여 볼 때, 민주시민교육은 지적탐구만으로는 한계가 있다. 교실 또는 교실 밖에서 학생들의 의미 있는 참여와 실천을 통해서 이루어져야 할 것이다. 그리고 교사는 민주시민의식 관련 수업을 진행할 경우에 학생의 사고양식을 고려하고 창의적이거나 비판적 사고력을 함양할 수 있는 과제 제시가 중요함을 인식해야 한다.

2. 결론 및 제언

민주시민의식은 타고나는 것이 아니라 전 생애에 걸쳐서 이루어진다. 특히 중학교 시기는 개인의 자아정체성이 형성되는 단계로써 이 때 이루어지는 올바른 민주시민의식의 형성을 위한 교육은 개인 차원뿐만 아니라 사회적으로도 긍정적 효과를 초래할 수 있는 중요한 요인이다(장은주, 2017).

본 연구는 민주시민의식 제고를 위한 교수학습과정에서 활용 가능한 실증적 근거를 마련하기 위해 실행되었다. 그리고 그 과정에서 민주시민의식 향상을 위한 수업은 학생들의 능동적인 참여와 소통을 바탕으로 한 학습자중심 수업으로 진행되어야 함을 확인할 수 있었다. 동시에 학생 사고양식이 중요 변인으로 인식되어야 하는 사실을 새롭게 발견하였다. 따라서 교육 현장에서는 학습자중심 수업과 사고양식에 대한 심층적 이해를 바탕으로 교수학습과정이 진행되어야 함을 인지하고, 이를 실천하기 위한 노력이 필요할 것이다. 그리고 본 연구 결과에 기반하여 학생들의 다양하고 창의적인 사고가 존중받을 수 있도록 학교 현장과 교육청에서 민주시민의식 제고 관련 학술세미나나 현장실천대회 등을 제안한다.

앞서 제시된 결론을 바탕으로 한 후속 연구에 대한 제언은 다음과 같다. 첫째, 학생이 지각하는 학습자중심 수업방법, 사고양식, 민주시민의식의 관계 구조를 다집단 구조방정식 모형 분석을 통해 학생 개인적 특성에 따라 비교 분석할 필요가 있다. 성별, 학업성취도 수준 등에 따라 집단별 분석을 실시한다면 좀 더 의미 있는 결과가 도출될 수 있다. 둘째, 본 연구에서 제시된 연구 모형에 대하여 혁신학교에 재학생과 일반 학교 재학생 사이의 차이를 분석할 필요가 있다. 혁신학교는 학생의 주체적이고 능동적인 자세를 함양하도록 돕는 실험적인 공교육 시스템으로써 교사의 티칭(teaching)이 아닌 학생들 사이의 협력을 바탕으로 한 배움을 중요시한다. 최근 다양하게 등장하고 있는 혁신학교 정책이 민주시민의식 교육에 대한 효과성으로 연결될 수 있는지에 대한 가능성을 파악하기 위한 시도도 필요할 것이다.

참고문헌

경기도교육청(2018). 2018 경기교육 주요업무계획. 경기: 경기도교육청.

교육부(2017a). 2018년도 교육정책. 세종: 교육부.

교육부(2017b). 교육통계연보 2017. 세종: 교육부.

김계수(2007). 구조방정식모형 분석. 서울: 한나래출판사.

김은지(2003). 고등학생의 민주시민성에 대한 연구. 이화여자대학교 대학원 석사학위논문.

김현주(2015). 중학생의 시민의식에 영향을 미치는 학교 요인 분석. 중등교육연구, 63(2), 175-206.

나동진, 김진철(2003). 과학영재의 사고양식과 학업성취의 관계. 열린교육연구, 11(1), 275-291.

류성창, 라종민(2013). 미래역량 교육을 위한 효과적 교수학습 방법 탐구. 제7회 한국교육종단연구 학술대회 자료집, 757-778.

모경환, 임정수(2010). 글로벌 사회 청소년 시민교육의 전략과 방법. 시민청소년학연구, 1(1), 35-57.

박도순, 하대현, 성태제 (2000). 신 종합지능검사. 대한사립중고등학교장회.

박수원, 김샛별(2016). 자기회귀교차지연 모형을 적용한 청소년의 사회적 관계성과 공동체의식 간의 종단적 관계 검증. 한국청소년연구, 27(2), 5-32.

박현정, 김전옥, 손윤희(2015). 청소년기 공동체 의식의 종단적 변화와 영향요인 분석. 아시아교육연구, 16(4), 105-127.

성기선, 김준엽, 박소영, 민병철(2012). 경기교육종단연구 연구설계 및 문항개발 연구. 경기도교육연구원.

세종특별자치시교육청(2018). 2018 세종교육 주요업무계획. 세종: 세종특별자치시교육청.

손승남(2014). 대학 인성교육의 교수학적 고찰. 교양교육연구, 8(2), 11-41.

유제순(2017). 교과와 창의적 체험활동의 통합적 설계를 통한 민주시민교육 방안. 내러티브와 교육연구, 5(3), 109-137.

윤미선, 김성일(2004). 학업성취 및 성취동기 예측변인으로서의 사고양식 프로파일. 교육심리연구, 18(1), 351-366.

이병희(2015). 플립드 러닝(Flipped Learning)을 활용한 과학수업이 과학 학업성취도와 과학적 태도에 미치는 효과. 부산교육대학교 대학원 석사학위논문.

이정연, 장수정, 오재길, 조형대, 김병준(2015). 경기교육종단연구 4차년도 문항 개발. 경기도교육연구원.

장은주(2017). `형성적 기획`으로서의 민주시민교육. 한국학논집, 67, 7-36.

정문성(2002). 홀리스틱 접근에서 본 민주시민 교육. 홀리스틱융합교육연구, 6(1), 357-366.

정문성, 최현희, 전영은(2017). 협동학습이 민주시민의식에 미치는 영향-또래지지, 교사지지, 부모지지 및 사회적 자아개념의 매개효과를 중심으로. 시민교육연구, 49(3), 127-145.

조찬래(2012). 민주시민교육. 한국민주시민교육학회보, 13(2), 71-92.

차경수(1991). 21세기의 전망과 한국사회과 교육의 지향과 과제. 시민교육연구, 15(1), 1-8.

최고은(2009). 영상을 활용한 도덕과 탐구공동체 수업방안 연구. 윤리철학교육, 11, 79-106.

함은혜, 백선희(2016). 고등학생 시민의식에 영향을 미치는 학교 경험 분석. 학습자중심교과교육연구, 16(5), 761-783.

허영식(2009). 기업의 사회적 책임과 기업시민성. 한독사회과학논총, 19(2), 3-28.

Brookfield, S. D., & Preskill, S. (2005). Discussion as a way of teaching: tools and techniques for democratic classrooms. Jossey-Bass.

Browne, M. W., & Cudeck, R. (1993). Alternative ways of assessing model fit. Sage Publications.

Cogan, J., & Derricott, R.(2012). Citizenship for the 21st century: an international perspective on education. London: Routledge.

Dai, D. Y., & Feldhusen, J. F. (1999). A validation study of the thinking style inventory: implications for gifted education. Roeper Review, 21, 302-307.

Lang, H. R., & Evans, D. N. (2006). Models, strategies, and methods for effective teaching. Pearson.

Martin, J. L. (2017). Thinking through methods. The University of Chicago Press.

Moore, K. D. (2005). Effective instructional strategies: from theory to practice. SAGE Publications.

NCSS. (1989). Social studies for citizens of a strong and free nation. Washington, DC.

Rao, N., Janmaat, G., & McCowan, T. (2016). Higher education, learning and citizenship. Compare: A Journal of Comparative and International Education, 46(1), 1-4.

Ross, A. (2007). Multiple identities and education for active citizenship. British Journal of Educational Studies, 55(3), 286-303.

Sternberg, R. J. (1994). Thinking styles: theory and assessment at the interface between intelligence and personality. In R. J. Sternberg & P. Ruzgis (Eds.), Personality and intelligence (pp. 169-187). New York: Cambridge University Press.

Sternberg, R. J. (2017). What universities can be: a new model for preparing students for active concerned citizenship and ethical leadership. Cornell University Press.

Sternberg, R. J., & Grigorenko, E. L. (1995). Styles of thinking in school. European Journal for High Ability, 6(2), 201-219.

Sternberg, R. J., & Wagner, R. K. (1992). Thinking styles inventory. Unpublished test, Yale University.

Zhang, L. F. (2000). Relationship between Thinking Styles Inventory and Study Process Questionnaire. Personality and Individual Differences, 29, 841-856.

Zhang, L. F., & Sternberg, R. J. (2001). Thinking styles across cultures: their relationships with student learning. In R. J. Sternberg, & L. F. Zhang (Eds.), Perspectives on thinking, learning and cognitive styles (pp. 197-226). Mahwah, NJ: Lawrence Erlbaum Associates.

Abstract

The Relationship between Learner-Centered Instructional Methods Perceived by Students and Democratic Citizenship

The purpose of this study was to analyze structural relations among learner-centered instructional methods perceived by students, thinking styles and democratic citizenship. The data were collected from 324 middle school students through a survey and analyzed through statistical software such as SPSS 21.0 and AMOS 21.0. Descriptive statistics analysis was implemented to describe the basic features of the data. Also, correlation analysis and structural equation modeling were adopted to estimate relations among learner-centered instructional methods perceived by students, thinking styles and democratic citizenship. Results were as follows. First, learner-centered instructional methods perceived by students positively predicted thinking styles at the significance level. Second, thinking styles showed positive impact on democratic citizenship at the significance level. Third, learner-centered instructional methods perceived by students positively predicted democratic citizenship at the significance level. Fourth, thinking styles were the mediator variable among the three latent variables at the significance level. Specifically, executive in thinking styles showed negative impact, whereas legislative and judicial were positive impact factors. Results in this study could provide implications on democratic citizenship education based on aptitude-treatment interaction.

[Key words] Democratic Citizenship, Student-participatory Class, Teaching and Learning, Structural Equation Modeling

고등학교 교사의 그릿과 직무 스트레스 대응행동 간의 관계[1)]

The Relationship between High School Teachers' Grit and Job Stress Coping Strategies

< 요 약 >

이 연구는 고등학교 교사들의 그릿과 스트레스 대응행동 간의 관계를 분석하고, 그릿의 군집유형별 직무 스트레스 대응행동의 차이를 알아보기 위해 실시되었다. 교육부 중앙교육연수원에서 실시하는 연수에 참여한 고등학교 교사 226명을 대상으로 설문조사를 실시하였다. 연구 결과는 다음과 같다. 첫째, 그릿의 노력 지속성은 도전적 및 정서완화 대응행동에 정적 예측변인이었고, 흥미일관성은 회피적 대응행동에 부적 예측변인이었다. 그리고 높은 그릿과 높은 노력 군집 유형이 낮은 그릿 군집 유형보다 도전적 대응과 정서완화 대응행동의 평균이 높았다. 연구 결과를 토대로 고등학교 교사들이 직무 스트레스에 효과적으로 대응하도록 지원하기 위해서 교사의 그릿을 강화할 필요성을 시사점으로 제시하였다.

주제어 : 그릿, 직무스트레스 대응행동, 고등학교 교사, 군집분석, 변량분석

Abstract The purpose of this study is to analyze the relationship between high school teachers' grit and stress coping strategies and to understand differences in stress coping strategies by cluster types of grit. 226 in-service teachers participated in the survey who took the professional development program in the national educational training institute. Results are as follows. First, perseverance of effort in grit was the positively independent variable toward task-oriented and emotion-oriented strategies. The avoidance-oriented strategy was negatively influenced by consistency of interest in grit.

Also, the clusters of high grit and high perseverance of effort in grit showed higher means in

1) 산업융합연구, 18(4), 9-14, 장봉석 교수와 공동연구로 등재된 논문임.

task-oriented and emotion-oriented strategies than the cluster of low grit. Finally, researchers discussed the importance of strengthening high school teachers' grit for them to cope with job stress effectively.

Key Words : Grit, Stress Coping Strategy, High School Teacher, Cluster Analysis, Analysis of Variance

1. 서론

OECD 49개국 교수·학습 국제 조사에서 우리나라 교원들의 교직만족도는 90% 이상이지만, 설문에 응답한 교사들의 18%가 직무스트레스를 높게 받고 있으며 24%는 향후 5년 이내에 퇴직을 고려하는 것으로 나타났다. 이 중 대입 및 진로지도에 몰두하는 고등학교 교사들의 직무스트레스는 더욱 높은 실정이다. 적절한 직무스트레스는 개인 및 조직의 활력소가 될 수 있지만, 극심한 직무스트레스 경험은 정신건강의 문제를 일으키며 누적되면 심리적 소진을 일으킨다[1].

Lazarus와 Folkman(1984)은 직무스트레스를 개인이 소유한 자원을 초과함으로써 부담감을 갖고, 자신의 안녕을 해친다고 생각하는 개인과 환경의 관계라고 설명하였다[2]. 동시에 이들은 교사가 직무스트레스를 경험해도 모두 심리적 고통을 느끼는 것은 아니며, 직무스트레스 요인의 통제와 변경을 통해 직무스트레스 상황에서 경험하는 부정적 정서를 경감하려는 시도 등의 노력이 중요함을 주장하였다.

직무스트레스 대응은 자신 또는 외부 환경으로부터 발생한 직무스트레스를 해결하기 위해 시도하는 인지적, 행동적 노력이다[2]. 이는 구체적으로 개인과 환경의 상호작용 측면에서 도전적 대응, 정서완화 대응, 회피 대응 등의 세 영역으로 구분되어 논의되고 있으며[3], 구체적으로 다음과 같이 설명된다. 도전적 대응은 대응 노력이 외부행동으로 투여되는 긍정적이고 적극적인 대응 방법이다. 정서완화 대응은 교사들의 대응 노력이 자신의 감정과 사고 등 내부로 투입된다. 회피 대응은 직무스트레스 문제를 회피하면서 방어하는 행동이다. 직무스트레스 수준이 높은 국내 고등학교 교사들의 경우, 다양한 직무스트레스 대응을 보이는 것으로 나타났다[3].

한편, 교사 직무스트레스 분야에서 심리적 대응 방법으로 주목받는 그릿(grit)의 개념에 대한 연구 필요성이 최근 대두되고 있다[3]. 그릿은 개인의 성과를 예측하는 중요한 지표로 국내에 소개되면서 대중들에게 주목을 받았다[4]. 그릿은 개념적으로 성장, 회복력, 내재적 동기, 끈기를 포함하며, 단순한 열정뿐만 아니라 난관에 직면해도 이겨내는 자질을 의미한다[4]. 이는 두 개의 하위 영역으로 설명되는데, 흥미 일관성(consistency of interest)은 목표를 변경하지 않는 경향이며, 노력 지속성(perseverance of effort)은 역경에 직면해도 열심히 노력하는 성향을 말한다. 그릿 하위변인의 의미와 기능이 다르기 때문에. 다차원적으로 유형을 구분해서 이해해야 할 필요성도 주장되고 있다[4].

이에 본 연구에서는 고등학교 교사들의 그릿과 직무스트레스 대응행동 간의 관계를 분석하고, 그릿의 군집유형별 직무스트레스 대응행동의 차이를 알아보았다. 이 때, 그릿을 직무스트레스 대응행동에 대한 예측변인으로 설정하였는데, 이에 대한 근거는 다음과 같다. 이승주와 박주영(2018)은 그릿이 대학생 생활적응에 유의미한 긍정적인 예측변인이라고 논의하였으며[5], 이슬비와 동료들은(2016)은 그릿이 높을수록 회상시점의 부정정서가 감소하고 동일한 부정 피드백이라도 그릿 수준이 높으면 시간이 흐르면서 긍정적 반응을 보인다고 주장하였다[6]. 또한 그릿이 높으면 직무스트레스를 적게 받고 그릿이 낮으면 부정적인 사건들로 발생하는 직무스트레스를 많이 받는다고 보고했다. 위 내용을 토대로 고등학교 교사들의 직무스트레스 직면 상황에서 그릿이 높으면 직무스트레스를 성장의 기회로 여기고 긍정적으로 대응할 것으로 예측된다.

본 연구는 일반고 교사들이 경험하는 직무스트레스를 생산적으로 대응함에 있어서 그릿의 역할을 검증해보는 데 의의가 있다. 그리고 일반고 교사들의 그릿의 프로파일적 접근은 그릿 이론을 확장하여 이해하는 데도 의의를 갖는다.

연구 문제는 다음과 같다. 첫째, 고등학교 교사의 직무스트레스 대응행동에 대한 그릿은 설명력은 어떠한가? 둘째, 고등학교 교사의 그릿 군집유형별 직무스트레스 대응행동에는 어떤 차이가 있는가?

2. 이론적 배경

2.1 그릿 이론

그릿은 역경에 처하거나 실패를 경험해도 장기적인 목표를 달성하기 위해 인내와 열정을 가지고 열심히 노력하는 긍정적 심리자원이라고 정의된다[4]. 그릿의 하위변인은 흥미 일관성(consistency of interest)과 노력 지속성(perseverance of effort)이다. 흥미 일관성은 열정으로 표현되며 자신의 목적과 흥미를 일관되게 유지하는 것을 말하고, 노력 지속성은 인내로 표현되며 어려움에 직면해도 좌절하지 않고 끈기 있게 노력하는 것을 말한다. 그릿이 높으면 학업성취도 높고 생활적응도도 높았다[7]. 그릿은 숙달지향성, 자기조절학습 효능감, 부정적인 피드백에 대한 정서반응 등에서 긍정적인 역할을 하는 것으로 보고되었다[4, 6].

2.2 직무스트레스 대응행동

Lazarus와 Folkman(1984)은 직무스트레스 대응행동을 자신 또는 외부환경에서 발생하는 스트레스를 해소하기 위해 지속적으로 변화하는 인지적, 행동적 노력이라고 보고[1], 문제해결을 목표로 하거나 스트레스 근원을 변화하는 문제 중심과 부적인 정서적 고통을 감소하거나 관리하는 정서 중심으로 분류하였다.

하위영역으로써 도전적 대응행동은 적극적, 전략적, 긍정적 대응행동이고, 정서 완화적 대응행동에는 자기격려, 긴장완화, 소망적 사고 등이 포함된다[1]. 회피적 대응행동은 자기비난, 일탈행동, 사회적 지지추구 등으로 구성되었다[1]. 선행연구 분석 결과, 박영재(2003)는 교사들은 직무스트레스에 대하여 주로 적극적 대응행동을 하지만 방어기제나 정서완화 등도 종종 사용하고, 남자가 긴장이완을 많이 사용하는 데 비해서 여자들은 정서 순환 대응행동을 많이 한다고 주장했다[1]. 가재경(2006)은 보직교사가 교사보다 회피적 대응행동을 많이 한다고 보고했다[8].

2.3 그릿과 직무스트레스 대응행동

고등학교 교사의 그릿과 직무스트레스 대응행동과의 직접적인 연구는 없으나 그릿의 개념 속성과 선행연구를 살펴보면 직무스트레스의 대응행동에 설명력을 가지는 변인이라고 추측된다[4, 7]. 그릿은 성공적 생활적응을 설명하는 중요 변인이다. 그릿은 주관적 안녕과 관계가 있고, 그릿은 소진위험에서도 완충작용으로 정신건강에도 기여한다[9]. 위 연구들을 종합하면, 그릿은 좌절상황에서도 포기하지 않고 끈기 있는 노력으로 목표달성에 기여하는 속성을 포함한다. 예컨대, 일반 고등학교 상황에서 교사의 높은 그릿은 개인의 목표와 욕구 사이에서 발생할 수 있는 직무스트레스를 배움으로 여김으로서 생산적인 대응이 가능할 것이다.
따라서 고등학교 교사의 그릿은 교사의 직무스트레스 대응행동과 관련이 있을 것으로 추측된다.

3. 연구방법

3.1 연구대상 및 절차

교육부 중앙교육연수원의 전국 고등학교 교사 대상 연수에서 설문 참여를 희망하는 교사의 응답이 분석에 활용되었다. 설문 조사는 모두 2회에 걸쳐 오프라인 형식으로 진행되었다. 1차 설문은 2019년 11월 25일부터 27일까지 교사 108명(남자 69명, 여자 39명)이 응답했고, 2차 설문은 2019년 12월 2일부터 4일까지 118명(남자 73명, 여자 45명)이 응답하여 최종적으로 226명(남자 142명, 여자 84명)의 자료가 수집되었다. 자료 수집이 2회에 걸쳐 실시된 것은 분석에 필요한 샘플수를 최대한 많이 확보하기 위함이었다.

3.2 측정도구

3.1.1 그릿

본 연구에서는 이수란(2014)이 우리나라 상황에 맞게 제작한 Grit 설문조사지를 사용하였다[10]. 하위 영역은 2요인이고 각각 6문항으로 구성되어 있으며, Likert식 5단계 평정 척도이다. 흥미 일관성(consistency of interest)(예: 나의 관심사는 매년 바뀐다.)은 모두 부정문으로 역산 처리했고, 노력 지속성(perseverance of effort)(예: 나는 내가 시작한 것은 뭐든지 끝낸다.)은 답변 그대로 분석에 활용되었다. 본 자료에서의 신뢰도 계수는 흥미 일관성이 .78, 노력 지속성이 .84이었다.

3.1.2 직무스트레스 대응행동

고등학교 교사의 직무스트레스 대응행동 척도는 교사를 대상으로 적합하게 수정한 가재경(2006)의 설문지를 사용하였다[8]. 하위 영역은 3요인(도전, 회피, 정서완화)이며, Likert식 5단계 평정 척도이다. 도전적 대응은 적극적이고 전략적이며 긍정적인 측면에서의 대응이다. 대표 문항으로, "문제에 대해 밝은 면을 보려고 한다.", 회피적 대응행동은 직무스트레스를 직면하면 자기비난이나 일탈행동, 또는 사회적 지지를 추구한다. 대표문항으로 "그 문제의 부담에서 벗어나기 위하여 다른 관심을 쏟는다.", 정서완화 대응행동은 자기격려, 긴장완화 및 소망적 사고를 드러낸다. 예컨대, "시간이 지나면 모든 것이 해결 될 것이라고 생각한다." 등이다[8]. 본 자료의 신뢰도 계수는 도전적 대응행동이 .85, 회피적 대응행동이 .78, 정서완화 대응행동이 .80이었다.

3.3 자료 분석

SPSS 24.0을 이용하여 측정 자료를 검토했다. 그리고 기술통계, 중다회귀분석을 실시하여 독립변인의 설명력을 확인하였다. 다음으로 그릿의 하위변인인 흥미 일관성(consistency of interest)과 노력 지속성(perseverance of effort)에 대한 군집분석을 실시하였으며, Wards 분석과 K-means 분석법을 순차 적용했다. 그 후 그릿의 군집유형별 직무스트레스 대응행동의 차이는 일원변량분석(ANOVA) 및 Scheff□ 사후 검증으로 확인했다.

4. 연구결과

4.1 측정자료 검토

측정변인들의 정규분포성에 대한 가정의 검증 결과, 왜도와 첨도 모두 절대값 1 이하로 정규성을 충족하여 자료의 변환은 없었다. Table 1에서 G1은 흥미일관성, G2는 노력 지속성을 의미한다. S1은 도전적 대응행동, S2는 회피적 대응행동, S3은 정서완화 대응행동을 의미한다.

Table 1. Normality of variables

	Grit		Stress Coping Strategies		
	G1	G2	S1	S2	S3
Skewness	−.950	−.354	.056	.488	−.114
Kurtosis	.960	.516	−.508	−.048	−.008

측정변인들의 상관계수, 평균(M), 표준편차(SD)는 다음과 같다. 흥미 일관성보다 노력 지속성이 높고, 직무스트레스 대응행동은 도전적 대응행동이 가장 높았다. 측정변인들 간의 유의미한 상관계수는 .330부터 .608까지 분포되었다. 노력 지속성은 도전적 대응행동과 정서완화 대응행동과 유의미한 상관관계가 있었다.

Table 2. Results of correlation and descriptive analysis

	G1	G2	S1	S2	S3
G1					
G2	−.079				
S1	−.175	.608*			
S2	−.163	−.014	.046		
S3	−.136	.478*	.605**	.330**	
M	3.23	3.94	4.02	3.13	3.59
SD	.67	.55	.45	.43	.46

*p 〈.05, **p 〈.01

4.2 그릿과 직무스트레스 대응행동 간의 관계

직무스트레스 대응행동에 대한 그릿의 영향력을 알아보기 위해 중다회귀분석(Enter 방식)을 실시하였다. 그 결과, 도전적 대응행동과 정서완화 대응에 대해서 노력 지속성이 정적 예측변인이었다. 회피 대응은 흥미 일관성이 부적 예측 변인이었다. 즉, 흥미 일관성이 낮을수록 회피 대응행동이 증가함을 의미한다.

Table 3. Results of regression analysis

IV	DV	b	SE	Beta	t	F
G1	S1	-.086	.036	-.128	-2.379	67.584**
G2	S1	.489	.044	.598	11.155**	
G1	S2	-.106	.043	-.165	-2.445*	3.121*
G2	S2	-.021	.053	-.027	-.406	
G1	S3	-.067	.041	-.098	-1.645	33.623**
G2	S3	.392	.050	.470	7.878**	

$^{*}p<.05$, $^{**}p<.001$

4.3 그릿의 군집 유형에 따른 직무스트레스 대응행동 차이

그릿의 두 하위 변인을 군집변인으로 설정한 후, Wards방법의 기반인 위계적 군집분석과 K-means 분석을 통해 분석한 후 각 군집별 사례를 결정했다. 본 연구 자료는 3개 군집으로 분류할 때 집단 간 차별화가 뚜렷한 것으로 나타났다. 즉, 높은 그릿(흥미 일관성, 노력 지속성 모두 높음), 낮은 그릿(흥미 일관성, 노력 지속성 모두 낮음), 그리고 노력 지속성이 높은 혼합 유형으로 나타났다.

Table 4. Centroid of type of hope by cluster analysis

Cluster	Group1 High Grit	Group2 High Effort	Group3 Low Grit
G1	4.52	1.98	2.50
G2	4.45	4.48	2.96

4.4 그릿 군집유형별 직무스트레스 대응행동 차이

그릿의 군집유형별 직무스트레스 대응행동 차이를 알아보기 위하여 세 군집 유형을 독립변인으로, 직무스트레스 대응행동을 종속변인으로 일원변량분석(ANOVA)을 실시한 결과는 Table 4와 같다. Scheff□의 사후검증 결과, 낮은 그릿 군집 유형보다 높은 그릿 유형과 높은 노력 지속성 군집에서 도전적 대응행동과 정서완화 대응행동의 평균이 높았으며, 이는 통계적으로 유의한 수준으로 나타났다.

Table 4. Mean differences by type of grit

DV	Group	M	SD	F	Scheffe
S1	High Grit(A)	4.38	.35	18.341***	A,B>C
	High Effort(B)	4.30	.42		
	Low Grit(C)	3.74	.35		
S2	High Grit(A)	3.28	.45	2.209	
	High Effort(B)	3.05	.59		
	Low Grit(C)	3.15	.38		
S3	High Grit(A)	3.93	.41	9.735***	A,B>C
	High Effort(B)	3.78	.44		
	Low Grit(C)	3.35	.42		

***p <.001

5. 논의

본 연구는 일반고 교사들이 경험하는 직무스트레스와 직무스트레스 대응행동 간의 관계를 분석하기 위해 실시되었다. 현재까지 두 변인의 관계에 대한 연구가 수행되지 않은 사실을 고려할 때, 이 연구 결과는 교사 직무 과정에서 참고해야 할 중요한 정보를 제공할 수 있을 것이다.

본 연구결과를 보면 고등학교 교사들은 그릿의 흥미 일관성보다 노력 지속성이 높은 경향성을 보였다. 이는 임효진(2017)이 지적했듯이, 흥미 일관성 변인이 노력 지속성보다 안정성이 떨어지고, 흥미 일관성의 문항들이 모두 부정 진술문에서 기인하는 지에 대한 논쟁과 관련이 있어 보인다[4]. 그리고 고등학교 교사들의 직무스트레스 대응은 도전적, 정서완화, 회피적의 순서로 높게 나타났으며, 이는 박영재(2003)의 연구 결과와 차이가 있는 것으로 나타났다[1]. 직무스트레스에 대하여 초중고 교사들이 적극적 대응행동 외에 방어기제나 정서완화 등도 종종 사용하지만(박영재, 2003) 고등학교 교사들은 직무스트레스를 방어기제나 소극적으로 사용하기 보다는 건강하게 대응행동을 수행하였다. 이는 학교급에 따라서 교사들의 직무스트레스 양상과 대응방법도 다르게 표출될 수 있음을 의미한다.

또한, 도전적 및 정서완화 대응행동에 대하여 노력 지속성이 정적 예측변인이고, 흥미일관성은 회피적 대응행동에 부적 예측변인으로 나타났다. 즉, 그릿의 하위변인들이 고등학교 교사들의 직무스트레스를 통계적으로 유의미하게 설명하는 심리변인임을 의미한다.

이와 함께 그릿의 군집유형에서 노력 지속성이 높으면 낮은 유형보다 도전적 대응행동과 정서완화 대응행동의 평균이 높았다. 이는 고등학교 교사들이 직무스트레스의 근원을 변화하기 위한 꾸준히 노력으로 적극적으로 대응행동을 하게 되거나 직무스트레스 상황과 관련된 부적 정서를 이겨내기 위한 다양한 시도를 하게 됨을 알 수 있다. 반면에 직무스트레스 상황에서의 회피적 대응행동에서는 자기비난, 일탈행동, 타인들에게 지지를 원하는 행동들은 위기극복의 스스로 내면적인 노력과 흥미의 그릿의 본질과는 거리가 먼 대응행동임을 알 수 있다.

한편, 일반계 고등학교 교사들을 대상으로 한 직무스트레스 대응행동과 관련하여 그릿의 하위변인 중 흥미유지에 대한 꾸준한 탐색이 필요하다. 즉, 우리나라 상황에 맞는 문항의 개발, 부정 진술문의 혼합, 흥미 구인과의 차별화 등의 세밀한 타당성 연구가 필요하다. 고등학교 교사들의 직무스트레스를 건전하게 대응하고 감소시키기 위해서는 그릿을 강화시킬 수 있는 학교환경의 조성이 필요하다. 예컨대, 학교관리자는 교사들이 개인목표를 설정하고 열정과 끈기를 가짐으로서 그에 대한 긍정적인 평가를 받을 수 있는 환경을 구축하는 것이 중요하다. 또한, 교사들의 어려움에 처할 경우에도 실패와 도전을 극복할 수 있도록 학교주체들과의 상호작용이 활발하게 이루어지는 학교공동체 문화형성이 이루어져야 할 것이다.

6. 결론 및 제언

본 연구는 고등학교 교사의 그릿과 직무스트레스 대응행동 간의 관계를 분석하기 위해 실시되었다. 연구 결과, 그릿의 노력 지속성은 도전적 및 정서완화 대응행동에 정적 예측변인이었고, 회피적 대응행동은 흥미 일관성이 부적 예측변인이었다. 그리고 높은 그릿과 높은 노력 군집 유형이 낮은 그릿 군집 유형보다 도전적 대응과 정서완화 대응행동의 평균이 높았다.

따라서 고등학교 교사의 직무스트레스 대응행동에 대하여 그릿 이론의 설명력은 유의미하였으므로, 고등학교 교사들이 직무스트레스에 효과적으로 대응하도록 지원하기 위해서는 학교 환경에서 교사의 그릿을 강화할 필요성이 있다.

REFERENCES

Y. Park. (2003). *Teacher' s Job Stress Level and Coping Methods.* Master' s Thesis. Jeonbuk National University, Jeonju.

R. S. Lazarus & S. Folkman (1984). Stress, appraisal, and coping. Springer Publishing Company.

L. Kim & Y. Hong. (2013). The Influence of Ego-resilience, Psychological Well-being and Job Stress on Professional Recognition of Childcare Teachers. *Journal of Childcare Policy, 7*(2), 263-282.

H. Lim. (2017). An Exploratory Study on Grit' s Factor Structure and its Validity. *Asian Journal of Education, 18*(2), 169-192.

S. Lee & J. Park. (2018). The Effects of Grit and Stress on Nursing Student' s Adjustment to College Life. *Journal of Digital Convergence, 16*(2), 269-276.

S. Lee, Y. Bea, Y. Son, & S. Lee. (2016). Grit as a Buffer against Negative Feedback : The Effect of Grit on Emotional Responses to Negative Feedback. *Journal of Psychology, 30*(3), 25-45.

Y. Yoo. (2015). A Relationship among Grit, Objective Reasoning, and Self-Regulated Learning Efficacy of High-school Student. *Korean Journal of Youth Studies, 22*(10), 367-385.

J. Ga. (2006). *(A) Study on Stress Acceptance Level and Problem Solving Method with an Elementary School Professional Counselor-teacher Certificate.* Master' s Thesis. Duksung Women' s University, Seoul.

I. Hye. (2018). *The Relationship between Novice counselor' s GRIT and Burnout; The Mediation Effects of Mindfulness.* Master' s Thesis, Catholic University, Seoul.

S. Lee. (2016). *Effects of Grit, Deliberate Practice and Contingencies of Self-worth on Academic Achievement.* Doctoral Dissertation, Yonsei University, Seoul.

기초학력진단평가(Evaluation of Basic Academic Assessment) 정책 고찰[1]

< 요 약 >

교육부가 2019년 3월 28일「기초학력 지원 내실화 방안」발표함에 따라 일제고사 성격의 평가 부활, 교육자치와 학교자치에 대한 부담 등 부정적인 목소리가 나오고 있어, 이에 대한 정확한 진단과 고찰이 필요한 시점이다.

교육부가 매년 중3과 고2를 대상으로 실시하는 학업 성취도 평가 결과를 보면 일부 과목을 제외하고 기초학력 미달 비율이 높아지는 추세이다.

미국의 경우 연방정부 차원에서는 1969년 이후 매년 전국 단위의 성취도 평가를 표집방식으로 실시하고 있으며, 아이다호 주는 3~11학년 전체 학생을 대상으로 영어와 수학 과목의 기초학력을 진단해오고 있다.

우리교육청은 혁신 2기 4대 정책방향 중 책임교육 실현을 위하여 기초학력 진단 및 향상에 노력하고 있으며, 한글책임교육을 강화, 학습종합클리닉센터 운영, 개별성장발달지원 학습 확대 운영 등을 추진하고 있다.

한편 선행 연구의 기초학력 미달 영향 변인을 학교급별로 살펴보면, 초등의 경우 기초생활수급자, 남학생, 결손가정, 가정돌봄부족이 부(−)의 영향을, 학부모의 높은 지원과 협조, 교사 연수 비율, 학생의 학교에 대한 자부심, 여학생, 학교생활 만족도, 수업태도 등이 정(+)의 영향을 미치는 것으로 나타났다.(김태은 외, 2012)

중학교의 경우 학업에의 부정정서, 시험 불안, 높은 무기력, 자기조절 학습전략(학습동기, 인지)이 낮을수록 기초학력 미달 비율이 높고(전명남 외, 2015), 고등학생의 경우 학생 1인당 대출자료 수, 학생동아리 참여율, 방과후학교 참여율이 낮을수록 기초학력 미달 비율이 높다.(장선희 외, 2018)

기초학력 지원에 대한 교육청 차원의 제안사항으로는

1. 기초학력 대상 학생들에 대한 종합적이고 내실 있는 지원 방안 마련
2. 교육과정 재검토를 통한 평가 방식의 변경(토론, 협동학습, 역량 등)

1) 세종교육 이슈페이퍼(2019.4.9.)를 요약함

3. 시청과 협력 네트워크 구축으로 학습부진학생 지원 센터 설립 추진
4. 지역교육공동체의 기초학력 향상 돌봄 내실화 방안 마련
5. 「세종형 학력」 현장 적용 활성화를 통한 기초학력 향상 방안 마련이다.

끝으로 교육부의 「기초학력 지원 내실화 방안」 발표에 대한 정확한 이해, 「기초학력 보장법」 제정 추진에 대한 면밀한 검토를 바탕으로 세종시교육청의 기초학력 지원 정책 수립이 필요하다고 할 것이다.

주제어 : 국가수준 학업성취도 평가, 기초학력 진단·지원 및 평가체제

관련 부서 : 정책기획과, 유초등교육과, 중등교육과, 교육협력과

1. 시작하면서

□ 우려 사항

○ 교육부의 기초학력 진단 · 지원 및 평가체제 개편(교육부 2019.3.28자 보도)

○ 교육부 전 학령 대상 기초학력 평가(2020년 3월) 사실상 일제고사로 간주 시각

○ 일제고사가 부활한 것 같다는 진단평가에 대한 여러 시각 존재*

※ 교육부: 기초학력 향상시키기 위해서 전수방식의 진단평가 불가피

※ 반대 논리: 서열화, 경쟁만 심화시킴

○ 특히, 일제고사와 비슷한 진단평가 학교, 학생에게 부담된다는 시각

□ 기초학력 미달자 개념(양명희, 2004)

○ 기초학력 미달자

- 해당 교과의 학습 능력이 부족한 학생으로 학습 부진아와 개념적으로 차이가 있음. 학습부진아는 '교과 학습의 학업 성취도'에 근거, 일반적으로 성취기준이 매우 낮은 편.
- 기초학력 미달자는 범교과적으로 필요한 기초적인 언어 및 연산 능력이 떨어짐
- 타 교과의 학습에 기초가 되는 최소한의 기능을 학습하지 못한 학생을 의미

- 기초학력 미달자는 '기초학력 도달 정도'에 근거하며 일반적인 교과 학습 및 사회생활을 하는 데 필요한 능력이 부족

□ 정리 필요성

○ 교육부 기초학력지원 내실화 방안에 대한 정확한 이해

○ 교육청의 실시현황 및 과제

○ 같은 방향으로 의사소통 지향을 위한 토론 자료 제공

2. 2018 국가수준 학업성취도 평가 결과 분석(교육부)

□ 평가 개요

○ (시행) '18. 6. 19.(화) (6월 4주 화요일)

○ (표집규모) 전체 학생(중3, 고2 학생 총 887,582명)의 약 3%

○ (표집인원) 총 473개교 / 26,255명

※ (중3) 237개교/13,049명, (고2) 236개교/13,206명

□ 평가결과

○ 교과별 성취수준 비율(%)

보통학력 이상						기초학력 미달					
중3			고2			중3			고2		
국어	수학	영어	국어	수학	영어	국어	수학	영어	국어	수학	영어
81.3 (0.58)	62.3 (0.91)	65.8 (0.96)	81.6 (0.94)	70.4 (1.27)	80.4 (1.03)	4.4 (0.26)	11.1 (0.41)	5.3 (0.29)	3.4 (0.35)	10.4 (0.66)	6.2 (0.51)

※ 표집시행에 따라 ' 18년 결과는 모집단 추정치이므로 ( )에 표준오차 제시(이하 동일)

※ 수학 기초학력 미달 비율 중학교 11.1%, 고교 10.4%. 중고교 모두 수학 성취도 낮음

○ 교과별 성취수준 비율(%) 추이

연도 \ 구분	보통학력 이상						기초학력 미달					
	중3			고2			중3			고2		
	국어	수학	영어	국어	수학	영어	국어	수학	영어	국어	수학	영어
'17	84.9 (0.50)	67.6 (0.85)	72.6 (0.88)	75.1 (1.13)	75.8 (1.20)	81.5 (1.04)	2.6 (0.17)	7.1 (0.32)	3.2 (0.22)	5.0 (0.47)	9.9 (0.70)	4.1 (0.37)
'18	81.3 (0.58)	62.3 (0.91)	65.8 (0.96)	81.6 (0.94)	70.4 (1.27)	80.4 (1.03)	4.4 (0.26)	11.1 (0.41)	5.3 (0.29)	3.4 (0.35)	10.4 (0.66)	6.2 (0.51)

※ 1. 표집시행에 따라 '17~'18년 결과는 모집단 추정치이므로 ( )에 표준오차 제시(이하 동일)
2. 모집단 분포와 유사하도록 '17년 결과에 대해 '18년과 동일방식으로 가중치 적용(이하 동일)

○ 기초학력 미달 비율 추이

방식/연도 \ 구분		중학교			고등학교		
		국어	수학	영어	국어	수학	영어
표집	'03	6.0	11.5	5.2	8.7	10.0	6.6
	'04	6.1	8.7	3.5	6.4	9.3	5.0
	'05	4.4	3.6	3.6	4.0	8.2	2.7
	'06	7.4	6.9	4.9	4.3	10.4	4.9
	'07	5.8	7.2	3.6	5.7	7.1	3.2
전수	'08	9.0	12.9	6.6	5.5	8.9	6.1
	'09	4.6	10.9	5.0	2.3	6.1	3.7
	'10	3.2	6.1	3.9	4.0	4.3	3.7
	'11	1.4	4.0	1.3	2.0	4.4	3.6
	'12	1.0	3.5	2.1	2.1	4.3	2.6
	'13	1.3	5.2	3.4	2.9	4.5	2.8
	'14	2.0	5.7	3.3	1.3	5.4	5.9
	'15	2.6	4.6	3.4	2.7	5.6	4.5
	'16	2.0	4.9	4.0	3.3	5.3	5.2
표집	'17	2.6(0.17)	7.1(0.32)	3.2(0.22)	5.0(0.47)	9.9(0.70)	4.1(0.37)
	'18	4.4(0.26)	11.1(0.41)	5.3(0.29)	3.4(0.35)	10.4(0.66)	6.2(0.51)

※ 고교 국어를 제외하고 중 · 고교 모두 기초학력 미달 비율이 높아짐

○ 성취수준별 학교생활 행복도 비율(%)

구분 / 연도	중3			고2		
	높음	보통	낮음	높음	보통	낮음
'15	54.6	44.2	1.2	47.3	51.2	1.5
'16	59.9	39.1	1.0	52.4	46.4	1.2
'17	64.2(0.71)	34.8(0.69)	1.0(0.10)	54.0(0.78)	44.8(0.74)	1.2(0.10)
'18	61.3(0.66)	37.3(0.64)	1.4(0.11)	58.9(0.70)	39.9(0.68)	1.2(0.11)

※ 리커트 척도(0~3점) 1점 미만 '낮음', 1점 이상 2점 미만 '보통', 2점 이상 '높음'

※ 중 · 고교 전 교과에서 보통학력 이상 학생들이 기초학력 미달 학생들보다 학교 생활 행복도의 '높음' 비율이 높음

○ 국가수준 학업성취도평가(1986년부터 시작) 방식 및 대상

구분	03~07	08~12	13~16	17~18
평가방식	표집	전수	전수	표집
대상학년	초6, 중3, 고1	초6, 중3, 고2*	중3, 고2	중3, 고2

□ 기초학력 진단·지원 및 평가체제 개편 방향

○ 단위학교 초1~고1 전 학생 기초학력 진단

○ 기초학력 진단 전 학교 의무화

※ 「기초학력 보장법」 제정을 통해 기초학력 진단에 대한 법적 근거 마련('19)

○ 진단도구나 방법은 학교 자율적 선택

※ 다양한 진단도구 및 시·도교육청 사례를 소개하는 안내 자료 보급

※ 기초학력 진단·보정시스템 온라인 활용률('18) : 58.9%

○ 진단결과는 보호자에게 통지, 학생별 학습 지원

□ 국가수준 학업성취도평가 개선·보완

○ 학생들의 성취수준 경향성 파악, 교육과정 개선의 참고자료 등으로 활용

○ 2015 개정 교육과정을 반영, 교과내용과 교과역량을 종합적으로 평가 문항 도입

○ 평가방식도 컴퓨터기반 평가*(CBT: Computer-Based Test)체제 적용

□ 국가–시·도교육청–학교 책무성 강화

○ 진단결과에 따른 학습부진 실태를 파악, 결과를 기초학력 정책수립 자료 활용

○ 기초학력이 부족한 학생들에 대해서는 지속적으로 관리하고 지도 및 관리

○ 「기초학력 진단·보정 시스템」을 2015 개정 교육과정에 맞춰 개선, 교사 연수 확대

3. 미국 연방정부의 기초학력 진단

□ 미국 연방정부 기초학력 진단(National Assessment of Educational Progress: NAEP)

○ 1969년 이후 지속적으로 실시된 미국 유일의 전국단위 성취평가 제도

- 4, 8, 12학년을 대상으로 실시
- 평가 영역: civics, economics, geography, mathematics, music and visual arts, reading, science, technology and engineering literacy, U.S. history, and writing
- 학생 개인별 성적은 공개되지 않으며, 집단별 특성에 따라 구분된 성적만 구분됨(성별, 인종별, 학교 위치별)
- 지필고사가 아닌 컴퓨터 기반 시험으로 진행
- Basic, Proficient, and Advanced로 결과가 구분되며, 점수와 앞서 제시된 3단계에 해당하는 학생 비율이 포함됨
- 모든 학생이 응시하는 것은 아니며, 연방정부에 의해 각 학교에 시험응시 대상자로 통보된 학생들만 응시함

□ 설문활용

○ 4, 8, 12학년 0.4% 시행하고 학생들의 학업 성취 수준의 추이 분석

- 한 명의 학생은 하나의 교과 시험에만 응시하며, 시험시간은 90분 ~ 120분이며 시험 이외에 설문조사 응답 시간도 포함됨
- 시험에 필요한 노트북, 태블릿 등은 NAEP 진행 요원이 직접 준비하여 각 학교 방문
- 시험에 응시하는 학교 혹은 학생 신상 정보 비공개

- 학생 설문조사: 교실 내외의 교육 경험, 사회경제적 수준(SES) 등
- 교사 설문조사: 교사 능력 개발 및 교수법 실행 등
- 관리자 설문조사: 학교 정책 및 특성

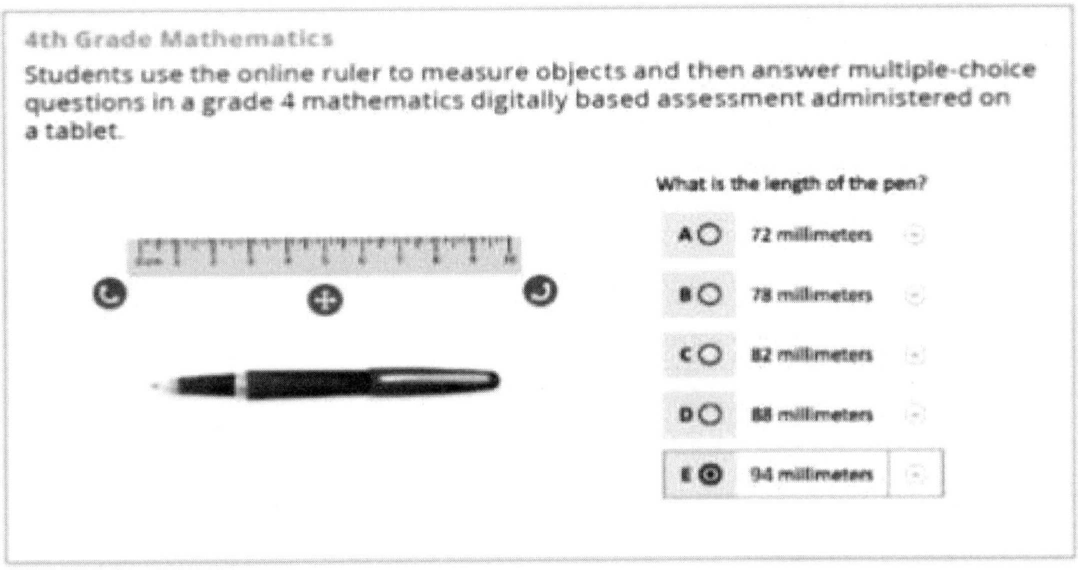

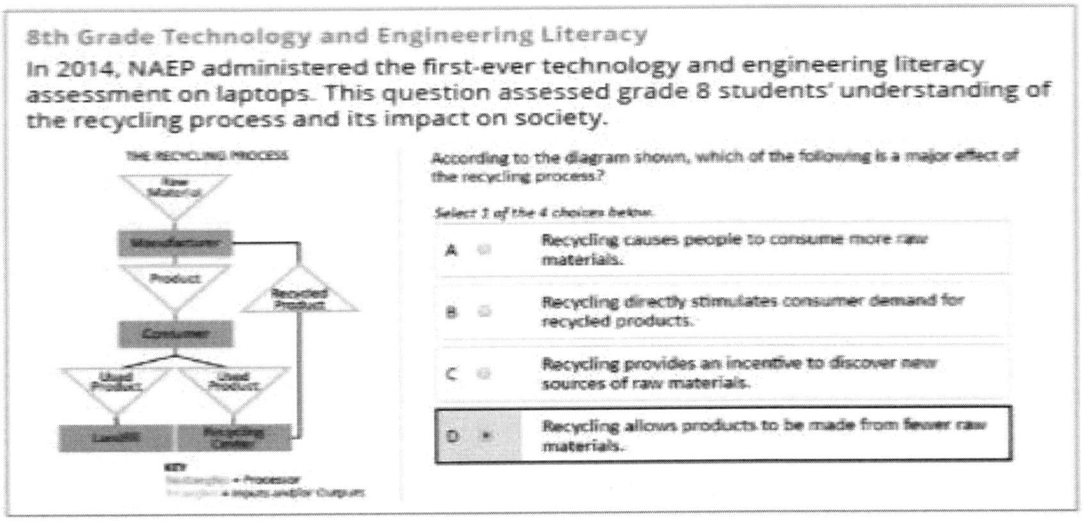

※ 출처: https://nces.ed.gov/nationsreportcard/about http://www.eduinnews.co.kr

□ 미국 주 정부의 기초학력 진단: Idaho 주의 경우

○ 진단 개요

– 3학년~11학년 실시, 모든 학생들이 참여

– 성적은 학생 개인별, 학교별로 보고됨

– 시험과목: 영어, 수학

– 컴퓨터 기반 시험

– 학생 수준은 4단계로 구분

· Standard Not Met(2001–2366), Standard Nearly Met(2367–2431), Standard Met(2432–2489), Standard Exceeded(2490–2811)

※ 출처: http://testscoreguide.org/id/about/

4. 교육청(책임교육)의 기초학력 향상 노력 및 과제

□ 초·중학생 학습부진 예방을 위한 지원

○ 기초학력 진단과 보정

– 3월 초3학년~중3학년 대상 기초학력 부진학생 진단

– 기초학력 보정 지도와 향상도 검사(3회)

○ 기초학력부진 학생 지도 역량 강화와 책임지도

○ 전체 초·중 학습부진학생 특별지도 지원 사업 추진(73교, 사업선택제)

□ 한글책임교육 강화

○ 한글책임교육 프로그램 운영

– 담임교사의 한글 미 해득 학생 집중 지도를 위한 프로그램 운영비 지원*

* ('19년) 초등 1 ~ 2학년 50학급(학년 포함)이상 지원 예상

○ 한글책임교육 역량 강화 연수와 컨설팅

– 초기 문해력 연수 운영(세종교육원 교육연수부 협조)

– 읽기 부진 지도 역량 강화를 위한 교실로 찾아가는 컨설팅 실시

□ 학습부진 학생을 위한 학교 지원

○ 기초학력 교육자원봉사자 배치

- 초기 학령기부터 학습부진 예방과 지원을 위해 담임교사가 교수·학습 활동에 전념할 수 있는 환경 조성 강화*

※ ('19년) 초등학교 1~2학년 180명 예상

○ 학습동기와 자존감 향상을 위한 두드림학교 운영(7교, 사업선택제)

○ 학습종합클리닉센터 운영 강화

- 학습부진의 원인 진단, 맞춤형 학습상담과 코칭
- 찾아가는 학습지원단과 심리치료 지원 운영 확대
- Wee센터와 연계한 학습부진 학생 정서치유와 학습 지원 병행*

※ 학습상담사 1명, 학습지원단 9명 활용 ('18년 기준)

□ 개별 성장지원 운영 확대

○ 학생 개별성장 발달 지원 학급 확대 운영

- 학생 개개인이 가지고 있는 탁월한 능력을 최대한 발현시켜 성장발달을 촉진하는 학급단위 지원*

* ('19년) 초등학교 350학급 운영

○ 개별 학생에 대한 맞춤형 지원을 위한 통합지원 시스템 구축

- 담임이 학생 지원을 위한 교육 자원을 쉽게 사용할 수 있도록 홈페이지 구축

5. 연구로 살펴본 기초학력 미달 영향 변인

□ 초등학생 : 김태은·이화진·오상철·노원경(2012)

○ 초등 기초학력 미달 영향 변인

○ 학교의 기초생활수급자 비율이 높을수록 해당 학교의 학생이 기초학력 미달이 될 확률은 높아졌으며, 교사연수 비율이 높고, 학부모의 지원과 협조를 많이 얻어낼수록, 학생의 학교에 대한 자부심이 높을수록 기초학력 미달 확률은 낮음

○ 남학생이 여학생보다, 결손가정의 학생일수록, 가정에서의 돌봄이 부족할수록 기초학력이 미달될 확률이 높았음. 학교생활에 대한 만족도나 수업태도가 긍정적일수록 기초학

력 미달 확률은 낮아짐

□ 중학생 : 전명남 · 양명희(2015)
○ 중학교 기초학력미달 학생의 학습실태
○ 기초학력 미달 중학생은 일반 중학생들에 비해, 자기조절 학습전략(학습동기, 인지, 행동)이 전반적으로 낮음
- 특히, 학업에서 긍정정서가 낮고 부정정서가 높으며, 시험 불안이 높고, 무기력 점수 높음
○ 학생들에게 사회정서학습이론에 근거한 접근과 학습전략 지원이 요구

□ 고등학생 : 장선희 · 정제영(2018)
○ 국가수준학업성취도 기초학력 미달 비율에 대해 학교 교육 활동 변인 영향력
○ 일반고 교과별 기초학력미달 비율을 낮추는 것으로 나타난 핵심 요인
- 학생 1인당 대출자료 수, 학생동아리 참여율, 방과후학교 참여율
○ 교육 정책적 시사점
- 고등학생 독서활동 장려 및 지원, 학생동아리 활동 내실화, 방과후학교의 운영 활성화 노력

6. 제안 사항

□ 교육부의 기초학력 발생의 본질적 문제(원인, 분석) 검토
○ 기초학력 대상 학생들의 학습, 정서·문화적 결손 종합적인 지원 방법 제시 필요
○ 진단이 능사이기 보다는 해당 학생들에 대한 내실 있는 지원 필요

□ 교육과정 재검토
○ (평가 방식의 변경) 2015 개정교육과정, 자유학기제가 지향하는 토론, 협동학습, 디지털 교과서 구축 등 변화에 맞는 역량적 사고체계 평가

- 디지털 시스템(크롬북, 태블릿 등)을 통한 평가 보완
- 현행 단답형, 숫자 주관식 형식 문제는 매우 협소한 평가.
- PISA : 친구와 협력하여 문제해결 문항
- 미 SAT : 선택한 답에 대한 근거(Evidence) 묻기

□ 시도교육감협의회 정책연구 용역

○ 학교에서 담임교사가 자율적으로 수시평가를 통하여 학생들의 전국적인 학습 수준을 정확하게 파악할 수 있는 진단시스템 연구

□ 교육청-시청 협력 네트워크 구축 제안

○ 세종특별자치시 학생성장 센터(가칭) 설립 및 운영

- 학교와 지역사회 연계하여 학습부진 학생을 지원하는 네트워크

□ 지역교육공동체 형성을 통한 기초학력 향상 돌봄 내실화 방안

○ 돌봄의 공동체를 통한 기초학력 미달 학생들의 통합적이고 다면적인 지원 기대

○ 기초학력 미달 학생의 성장을 위한 복합적 공동체. 돌봄과 교육 공동체 성격

□ 「신학력」 활성화를 통한 기초학력 향상 방안

○ 「세종형 신학력」학교급별 현장 적용을 위한 워킹그룹* 활동 제안

* 특정 문제해결을 위한 실무자 및 전문가 집단

- 학교급(초·중·고) 집단 구성
- 성취기준 및 성취수준에 따른 평가기준의 검토 및 재정리
- 신학력의 준거 타당도 입증(신학력의 성취역량으로서 가치 입증)
- 담론수준을 넘어 선 학교상황 적용의 구체화 및 정책화 시급성

7. 나가면서

□ 교육부 발표에 대한 정확한 이해

○ 기초학력지원 내실화 방안 2020년 3월부터 초1 ~ 고1까지 기초학력진단 의무화

○ 현행 세종시교육청 소속 전 학교 평가도구를 자율적으로 정해서 실시하고 있음

□ 교육부 「기초학력 보장법」 제정

○ 단위학교에서 모든 학생에게 실시, 학교 여건에 따라 진단방법 등은 자율 선택 이해

– 다양한 진단도구 및 시·도교육청 사례를 소개하는 안내 자료 보급 예정

– 지역·학교별 진단 결과 비공개 원칙, 기초학력 정책 수립 자료 활용

□ 더불어민주당 의원들이 발의했던 법 제정까지 할 필요가 있는지?

❖ 「초·중등교육법」 제28조 및 동법 시행령 제54조 개정('16.2.3./ '16.8.2.)

※ 학습부진아 등의 학습능력 향상을 위한 교원 연수 의무화, 국가 및 지방자치 단체의 학습부진아 등에 대한 정책에 필요한 예산 지원근거 등 신설

❖ 「기본학력 보장법안」('16.6.20, 박홍근 의원 대표발의)

❖ 「기초학력 보장법안」('17.5.19, 박경미 의원 대표발의) 및 공청회('17.11.23) 등

○ 법 제정 취지는 진단평가 의무화(2019년 법적 근거 마련)

– 학교자치 자율성 훼손 가능성

– 학교 단위 및 교육청 단위로서 시행근거가 충분한 상황임

학교 단위	❖ '학력향상 중점학교'(기초학력 미달학생 밀집학교, '09~'10) 및 '학력 향상형 창의경영 학교'(학력향상 중점학교, '11~'14) 지정 · 지원 ❖ 학교 내 다중지원팀 구성·운영을 위한 "두드림학교" 사업 추진('14~) ❖ 기초학력 교수·학습 모델 확산을 위한 기초학력 보장 선도·시범학교 운영('18~)
교육청 단위	❖ "학습종합클리닉센터" 설치('12. 5개 교육청→'13. 17개 교육청) ❖ 기초학력 진단-보정시스템 구축·운영 지원('12, 5개→'15. 17개 교육청)

참고자료

기초학력 지원 내실화 방안. 교육부 보도자료, 2019.3.28.

세종특별자치시교육청 2019년 주요업무계획

김태은 · 이화진 · 오상철 · 노원경 (2012). 초등학생의 기초학력 미달 여부에 영향을 미치는 변인들의 효과 분석. *교육심리연구, 26*(2), 505-521.

양명희(2004). 초등학교 3학년 기초학력 진단평가에 대한 몇 가지 고찰: 개념, 평가 및 활용 방법을 중심으로. *초등교육연구, 17*(2), 253-267.

장선희 · 정제영 (2018). 학교 교육 활동이 일반고등학교의 기초학력 미달 비율에 미치는 영향 분석. *중등교육연구, 66*(2), 551-573.

전명남 · 양명희 (2015). 중학교 기초학력미달 학생의 학습실태와 요구 조사. *교육학논총, 36*(2). 21-39.

http://testscoreguide.org/id/about/

https://nces.ed.gov/nationsreportcard/about/

http://www.eduinnews.co.kr

교사들이 인식하는 갈등 유형과 대응 방법 분석[1)]

Analyses of Types of Conflict Perceived by Teachers and Coping Methods

< 요 약 >

본 연구는 교사들이 인식하는 갈등 유형과 대응 방법을 분석하기 위해 실시되었다. 연구를 위해 초·중등 교사 561명의 설문 결과를 독립표본 t-검증과 일원변량분석을 통해 분석하였다. 연구결과는 다음과 같다. 첫째, 동료교사, 학부모, 교육정책에 대한 갈등과 관련하여 담임 여부, 전입 여부, 근무 지역에 따라, 학생과의 갈등과 관련하여 담임 여부와 전입 여부에 따라, 관리자와의 갈등과 관련하여 근무 지역에 따라, 행정직원과의 갈등과 관련하여 담임 여부와 근무 지역에 따라 평균 차이가 있었으며, 이는 통계적으로 유의미한 수준이었다. 둘째, 학생 갈등 대응과 관련하여 성별과 전입 여부에 대한 응답의 차이가, 교육정책 갈등 대응과 관련하여 성별과 담임 여부에 대한 응답의 차이가 통계적으로 유의미한 것으로 나타났다. 연구 결과를 토대로 학교장의 조직 갈등 이해와 관리 역량 제고, 갈등 해소를 위한 교사들의 전략 학습이라는 시사점을 제시하였다.

주제어 : 교사 갈등, 대응 방법, 독립표본 t-검증, 일원변량분석, 초·중등교육

This study aims to implement analyses of types of conflict perceived by teachers and coping methods. Researchers analyzed 561 survey responses of elementary and secondary teachers using independent t-test and ANOVA. Results are as follows. First, regarding perception of teacher conflict, there were statistically significant mean differences by teacher role, status, and location for conflict toward colleague, parents, and policy, by teacher role and status for conflict toward students, by location for conflict toward administrators, and by teacher role and location for conflict toward staff. Second, in regard to coping methods, gender and teacher status in coping methods for students and gender and teacher role in coping methods for policy showed different aspects in the number of responses. Researchers

1) 2021년 산업융합연구 19(1)에 윤소희 교수와 공동연구로 등재예정 논문임

suggested principals' understanding organizational conflict and enhancing conflict management skills and teachers' discussing strategies for conflict resolution.

Key Words : Teacher Conflict, Coping Methods, Independent Samples T-Test, One-way ANOVA, Elementary and Secondary Education

1. 서론

학교는 전인교육이라는 목표 달성을 위해 다양한 구성원들이 서로 협력하는 조직이다[1]. 이 때, 교사는 학교 조직의 중요한 구성원이며, 교육활동 전개를 위한 다양한 상호작용의 과정에서 여러 주체들과 많은 문제에 직면하게 된다. 교사가 학교에서 경험하는 갈등은 교사와 교사, 교사와 학생 등의 개인적 갈등뿐만 아니라 교사가 소속된 집단이나 부서 등 조직과의 갈등도 포함된다. 갈등에 대한 교사의 지속적 노출이나 심화는 학교 조직에서의 교사 역할을 고려할 때 간과되어서는 안 될 중요한 변인이며, 학교 조직의 효율성과 효과성에도 심각한 영향을 줄 수 있는 요인이다. 따라서 학교 조직에서의 핵심적 구성원인 교사 갈등과 적절한 대응 방식에 대한 논의는 학교 교육의 발전을 위해 실행되어야 하는 중요한 과제이다[2].

S시의 경우 출범 이후 2019년도까지 100개 학교가 신설되었고, 2030년까지 74개교가 추가될 예정이다. 그러나 학생 수 증가 추세를 고려한다면, 2021년을 고점으로 일부 과대지역의 학생 수가 감소할 것으로 예측된다. 이와 함께 면단위 지역 농촌학교로 전·입학을 희망하는 도시 지역 학부모의 교육 수요를 반영하여, 도시 지역 내 학교 과대화 및 농촌 학교의 소규모화 방지 등 교육 불균형 해소를 위한 노력도 이루어지고 있다. 앞서 제시된 사실들은 교사 갈등이 영역-일반적인(domain-general) 특성도 보이고 있지만, 지역마다 다르게 나타나는 영역-특수적인(domain-specific)인 특징도 나타내고 있음을 의미한다. 즉, 타 시·도와 달리 S시교육청만이 갖는 특성과 학교 환경으로부터 나타나는 교사 갈등의 양상이 발견될 수 있는 것이다.

또한 학교 현장의 갈등에 대하여 전통적 관점에서는 조직의 부적응, 일탈적 현상으로 파악하였으나 현대적 관점에서는 물리적, 구조적 요인으로 발생하는 불가피한 현상으로 바라본다. 이는 학교 갈등은 관리가 가능하며, 갈등을 극복하면 교육주체 간의 이해가 촉진되고, 갈등

해결의 과정에서 학교조직의 창의성과 혁신 제고를 통해 구성원들의 동기를 부여하는 긍정적 기능이 있음을 암시한다. 그러나 학교 갈등이 지속되고 정도가 심화되면 조직의 에너지가 소모되고 교육주체 간 심리적 스트레스의 원인이 되어 교육력이 약화된다.

이에 본 연구는 S시교육청 소속 교사들이 인식하는 갈등 유형과 대응 방법을 분석하기 위해 실시되었다.

연구문제는 다음과 같다.

첫째, 교사의 갈등 인식 수준은 배경 변인(성별, 학교급, 담임교사 여부, 전입 여부, 근무지역)에 따라 차이가 있는가?

둘째, 교사의 갈등 대응 방법은 배경 변인(성별, 학교급, 담임교사 여부, 전입 여부, 근무지역)에 따라 차이가 있는가?

2. 선행연구 분석

2.1 갈등 유형

갈등 유형은 네 영역으로 구분되며, 개인 내 갈등, 개인 간 갈등, 집단 간 갈등, 조직 간 갈등으로 나뉘어 요약된다[3].

첫째, 개인 내 갈등은 개인의 목표와 조직 내의 경쟁적 욕구를 비교하여 경험하는 갈등이며, 목표, 역할 갈등과 좌절 등이 이에 해당된다.

둘째, 개인 간 갈등은 학교 구성원 간의 상호작용의 과정에서 가치관이나 사고의 불일치로 인해 발생하는 갈등이며, 교사 상호간, 교사와 관리자, 교사와 학생 간의 갈등 등이 이에 해당된다.

셋째, 집단 간 갈등은 학교조직에 포함되는 하위 집단 내에서 발생하는 갈등이며, 부서 간 갈등, 상하 계층 사이의 갈등 등이 이에 해당된다.

넷째, 조직 간 갈등은 조직 자체와 그것을 포함하는 외부의 환경 사이에서 생기는 갈등이며, 상위 기관, 이익 단체, 압력단체와의 갈등 등이 이에 해당된다.

2.2 갈등 대응

갈등에 대응한다는 의미는 조직에서 갈등의 역기능을 해결하거나 완화시키는 소극적인 것만을 의미하는 것이 아니라 갈등을 수용하고 이에 대하여 적절하게 대응하는 조치, 그리고 개인이나 조직의 차원에서 유익하게 갈등을 조장하는 포괄적인 활동을 뜻한다[3]. 즉, 갈등 대응은 단순히 갈등을 해소하는 차원보다는 갈등이 악화되는 것을 방지하고 긍정적 효과가 나타나도록 갈등을 다루는 능력을 말한다[4].

교사 갈등에는 순기능과 역기능이 동시에 포함된다. 다만 학교 조직의 생산성 제고를 위하여 갈등의 역기능을 줄이고 순기능을 활용해야 한다. 갈등은 조직의 건강성과 안정성에 영향을 주기 때문이다. Owens(2014)는 갈등의 순기능과 역기능의 영향 과정을 설명한 바 있다[5]. 효과적인 갈등 반응 풍토는 갈등이 발생했을 때, 긍정적 반응을 보이고 협동적·지원적 분위기를 형성하며, 생산적 갈등 관리를 통해 조직 건강을 증진하도록 지원한다. 그러나 비효과적인 갈등 반응 풍토는 갈등이 발생했을 때, 부정적 반응을 보이고 경쟁적·반항적 분위기를 형성하며, 파괴적 갈등 관리를 통해 조직 건강을 쇠퇴하게 한다.

한편, 갈등 대응과 관련된 대표적인 이론으로 Thomas와 Kilmann(2010)의 갈등 대응 방법이 있으며, 이는 두 차원(자기주장/협력)의 조합에 따라서 다섯 가지 갈등 대응 접근을 도출하였다[6].

경쟁(Competition)은 필요하다면 남을 무시하고 희생해서라도 자신의 관심사를 만족시키기 위하여 경쟁적이고 비협조적인 행동으로 대응한다. 매우 경쟁적이고 비협조적 태도로 갈등해결을 하는데, 갈등 해결에는 승자와 패자가 불가피하게 존재한다고 본다.

적응(Accommodation)은 원만한 관계를 유지하기 위하여 자신의 관심사는 버려두고 상대방의 관심사를 충족시키기 위하여 상대 주장을 존중하는 대응이다. 양보가 주된 대응 방법이다. 자신보다는 타인의 관심과 욕구를 충족시키기 위해 노력하는 태도를 갖는다.

타협(Compromise)은 다수의 이익을 위하여 자신과 상대방의 관심사에 대해 서로 양보해서 부분적인 만족, 즉 합의를 얻기 위한 과정으로 대응한다. 경쟁적 대응과 순응적 대응의 중도적인 대응 태도이다. 온건한 태도를 지향하고, 지배(경쟁)적 지향과 양보(적응)적 태도의 중간 수준이라고 볼 수 있다. 이것은 온건한 태도를 선호하고 타협하는 자세로 상호 영향을 주고받는 관계를 설정한다.

협력(Collaboration)은 상호 협동적으로 문제해결을 시도하여 자신과 상대방의 관심사를 모두 만족시키고 상호 협력하는 대응이다. 양측 모두 만족하는 방향으로 갈등을 해결하고자

하는 태도를 갖는다. 문제 해결을 위한 유익한 해결방안을 찾는다.

회피(Avoidance)는 갈등 문제를 벗어나기 위하여 자신과 상대방 양쪽의 관심사를 모두 무시하고 무관심하게 대응하는 것이다. 운명에 의지하거나 회피, 냉담, 도피의 태도를 갖는 것은 표면적으로 갈등이 없어 보이지만 항상 갈등은 잠재하고 있음을 의미한다.

2.3 교사의 갈등 유형 및 대응

신범철(2017)은 초등 교사가 관리자 및 동료 교사와의 관계에서 보이는 갈등관리 유형과 배경 변인에 따른 차이를 분석하였다[7]. 그 결과, 초등 교사는 관리자와의 갈등에서 순응, 타협, 협력, 경쟁의 순서로 높게 대응하였으나, 동료 교사와의 갈등에 대해서는 협력, 타협, 회피, 경쟁, 양보의 순으로 높게 대응하였다. 또한 교사의 성별에 따른 갈등관리 유형의 경향성으로 남교사는 협력적 경향, 여교사는 회피적 경향이 높음을 확인하였다.

이상철과 주철안(2007)은 중학교 교사의 동료교사에 대한 갈등관리에 대한 현황을 분석하였다. 그 결과, 통합형이 가장 빈도가 높았으며 다음은 절충형, 양보형, 지배형, 회피형의 순이었다[8]. 이와 함께 배경변인에 따른 분석 결과, 남교사가 여교사에 비해 통합형과 양보형을, 40대 이상 교사가 30대 이하 교사보다 통합형을 높게 활용하는 것으로 나타났다.

김태훈, 이규녀와 박기문(2008)은 고등학교 교사의 갈등관리 유형에 대해 조사한 결과, 인간관계 측면에 대해 회피형, 타협형, 순응형, 협력형, 경쟁형의 순으로 높게 나타났다[9].

앞서 제시된 바와 같이 교사의 갈등 유형과 대응방법에 대한 분석이 선행 연구에서 시도되었지만, 교사 갈등을 동료교사 갈등, 학부모 갈등, 학생 갈등, 관리자 갈등, 행정직원 갈등, 교육정책 갈등 등의 구체적인 하위 영역으로 구분하여 심층 분석한 시도는 이루어지지 않은 것으로 나타났다.

3. 연구방법

3.1 연구대상

S시교육청 소속 초·중·고 교사들을 대상으로 설문조사를 실시하였으며, 모두 561명의 응답을 최종 분석에 활용하였다.

3.2 측정도구

3.2.1 교사 갈등

갈등 측정 설문지는 권용의(2007)의 연구를 참고하여 작성하였다[10]. 교사 갈등에 대한 하위 영역으로 동료교사 갈등, 학부모 갈등, 학생 갈등, 관리자 갈등, 행정직원 갈등, 교육정책 갈등이 포함되었으며, 전혀 그렇지 않다~부터 매우 그렇다 까지 모두 5단계 Likert 척도로 구성되었다.

3.2.2 교사 갈등 대응 방법

교사 갈등 대응 방법은 교사들이 각 갈등 상황을 지각했을 때 선택하는 일반적인 대응 형태를 의미한다.

본 연구에서는 Thomas와 Kilmann(2010)가 제시한 갈등 대응 방법을 사용하여 측정하였으며, 경쟁(Competition), 적응(Accommodation), 타협(Compromise), 협력(Collaboration), 회피(Avoidance)가 있다[6]. 교사 갈등 대응 방법에 대한 조사를 위해 권용의(2007)의 연구를 참고하여, 동료교사 갈등, 학부모 갈등, 학생 갈등, 관리자 갈등, 행정직원 갈등, 교육정책 갈등 수준을 측정하는 각 문항 우측에 갈등 대응 방법 다섯 개를 표시하고, 각 진술문과 부합하는 응답자의 갈등 대응 방법을 직접 선택하도록 안내하였다.

3.2.3 배경 변인

연구 참여자의 배경 변인을 조사하기 위해 교사의 성별(남자, 여자), 학교급(초, 중, 고), 담임교사 여부(담임, 비담임), 전입 여부(임용, 타시도로부터 전입), 근무 지역(읍면, 동)이 포함되었다.

3.3 자료 분석

설문 자료 분석을 위해 SPSS 24.0을 활용하였으며, 구체적인 과정은 다음과 같다[11].

첫째, 교사의 갈등 인식 수준을 성별, 담임교사 여부, 전입 여부, 근무 지역에 따라 비교 분석하기 위해 독립표본 t-검증을 실시하였다. 또한, 학교급에 따라 비교 분석하기 위해 일원변량분석을 실시하였으며, 사후검증을 위해 Scheffe 검증을 실시하였다.

둘째, 교사의 갈등 대응 방법의 차이를 비교하기 위해 배경 변인에 따라 χ^2 검정을 실시하였다.

4. 연구결과

4.1 교사의 갈등 인식

4.1.1 두 집단 평균차이 분석

교사의 갈등 인식 수준을 성별, 담임교사 여부, 전입 여부, 근무 지역에 따라 비교 분석한 결과는 다음과 같다.

Table 1. Results of independent t-test of conflict by group

Variable	Group		M(SD)	t	Sig.
Colleague	Gender	Female	2.43(.739)	−.985	.326
		Male	2.50(.841)		
	Homeroom teacher	Yes	2.32(.764)	−4.559	.000
		No	2.62(.745)		
	Status	New	2.34(.789)	−3.577	.000
		Transfer	2.57(.729)		
	Location	Suburban	2.29(.737)	−3.493	.001
		Urban	2.53(.774)		
Parents	Gender	Female	2.90(.910)	.162	.872
		Male	2.88(.973)		
	Homeroom teacher	Yes	2.74(.921)	−4.734	.000
	Status	No	3.10(.896)	−4.883	.000
		New	2.72(.935)		
		Transfer	3.10(.878)		
	Location	Suburban	2.52(.795)	−7.351	.000
		Urban	3.08(.934)		
Students	Gender	Female	2.53(.868)	.301	.763
		Male	2.52(.930)		
	Homeroom teacher	Yes	2.40(.908)	−4.016	.000
		No	2.70(.826)		

Variable	Group		M(SD)	t	Sig.
Students	Status	New	2.42(.859)	−3.043	.002
		Transfer	2.65(.903)		
	Location	Suburban	2.42(.873)	−1.908	.057
		Urban	2.57(.889)		
Administrators	Gender	Female	2.44(.951)	1.344	.169
		Male	2.32(.927)		
	Homeroom teacher	Yes	2.37(.992)	−.899	.369
		No	2.44(.877)		
	Status	New	2.39(.958)	−.450	.653
		Transfer	2.42(.930)		
	Location	Suburban	2.16(.862)	−4.551	.000
		Urban	2.53(.961)		
Staff	Gender	Female	2.40(1.027)	−.180	.857
		Male	2.42(1.151)		
Policy	Homeroom teacher	Yes	2.23(1.001)	−4.538	.000
		No	2.64(1.100)		
	Status	New	2.33(1.043)	−1.956	.051
		Transfer	2.50(1.080)		
	Location	Suburban	2.15(.993)	−4.060	.000
		Urban	2.53(1.07)		
	Gender	Female	2.72(1.056)	−.065	.948
		Male	2.72(1.157)		
	Homeroom teacher	Yes	2.58(1.064)	−3.640	.000
		No	2.91(1.086)		
	Status	New	2.59(1.090)	−2.990	.003
		Transfer	2.87(1.063)		
	Location	Suburban	2.52(1.07)	−3.103	.002
		Urban	2.82(1.07)		

첫째, 동료교사에 대한 갈등과 관련하여 담임 여부(t=−4.559, p=.000), 전입 여부(t=−3.577, p=.000), 근무 지역(t=−3.493, p=.001)에 따라 평균 차이가 있었으며, 이는

통계적으로 유의미한 수준이었다. 구체적으로 동료교사, 학부모, 교육정책에 대한 갈등 수준이 비담임 교사가 담임교사보다 높고, 전입 교사가 임용 교사보다 높았으며, 동지역이 읍·면 지역보다 높게 나타났다.

둘째, 학부모에 대한 갈등과 관련하여 담임 여부(t=−4.734, p=.000), 전입 여부(t=−4.883, p=.000), 근무 지역(t=−7.351, p=.000)에 따라 평균 차이가 있었으며, 이는 통계적으로 유의미한 수준이었다. 구체적으로 동료교사, 학부모, 교육정책에 대한 갈등 수준이 비담임 교사가 담임교사보다 높고, 전입 교사가 임용 교사보다 높았으며, 동지역이 읍·면 지역보다 높게 나타났다.

셋째, 학생과의 갈등과 관련하여 담임 여부(t=−4.016, p=.000)와 전입 여부(t=−3.043, p=.002)에 따라 평균 차이가 있었으며, 이는 통계적으로 유의미한 수준이었다. 구체적으로 학생과의 갈등 수준이 비담임 교사가 담임교사보다 높고, 전입 교사가 임용 교사보다 높게 나타났다.

넷째, 관리자와의 갈등과 관련하여 근무 지역(t=−4.551, p=.000)에 따라 평균 차이가 있었으며, 이는 통계적으로 유의미한 수준이었다. 구체적으로 관리자와의 갈등 수준이 동지역이 읍·면 지역보다 높게 나타났다.

다섯째, 행정직원과의 갈등과 관련하여 담임 여부(t=−4.538, p=.000)와 근무 지역((t=−4.060, p=.000))에 따라 평균 차이가 있었으며, 이는 통계적으로 유의미한 수준이었다. 구체적으로 행정직원과의 갈등 수준이 비담임 교사가 담임교사보다 높고, 동지역이 읍·면 지역보다 높게 나타났다.

여섯째, 교육정책에 대한 갈등과 관련하여 담임 여부(t=−3.640, p=.000), 전입 여부(t=−2.990, p=.003), 근무 지역(t=−3.103, p=.002)에 따라 평균 차이가 있었으며, 이는 통계적으로 유의미한 수준이었다. 구체적으로 동료교사, 학부모, 교육정책에 대한 갈등 수준이 비담임 교사가 담임교사보다 높고, 전입 교사가 임용 교사보다 높았으며, 동지역이 읍·면 지역보다 높게 나타났다.

4.1.2 세 집단 평균차이 분석

교사의 갈등 인식 수준을 학교급에 따라 비교 분석한 결과는 다음과 같다.

Table 2. Results of ANOVA of conflict by group

Variable	School Level	M(SD)	F	Sig.	Scheffe
Colleague	Elementary	2.41(.809)	.338	.713	
	Middle	2.47(.755)			
	High	2.47(.747)			
Parents	Elementary	2.86(1.00)	4.698	.009	M−H
	Middle	3.06(.861)			
	High	2.78(.888)			
Students	Elementary	2.31(.890)	9.958	.000	M−E H−E
	Middle	2.72(.857)			
	High	2.55(.868)			
Administrators	Elementary	2.26(.994)	3.417	.033	M−E
	Middle	2.50(.953)			
	High	2.46(.875)			
Staff	Elementary	2.18(1.097)	6.590	.001	M−E H−E
	Middle	2.49(1.034)			
	High	2.55(1.025)			
Policy	Elementary	2.59(1.126)	2.165	.116	
	Middle	2.80(1.035)			
	High	2.77(1.083)			

첫째, 학부모와의 갈등과 관련하여 평균 차이가 있었으며, 이는 통계적으로 유의미한 수준이었다(F=4.698, p=.009). 사후검증 결과, 중학교 교사의 갈등 수준이 고등학교 교사보다 높게 나타났다.

둘째, 학생과의 갈등과 관련하여 평균 차이가 있었으며, 이는 통계적으로 유의미한 수준이었다(F=9.958, p=.000). 사후검증 결과, 중학교와 고등학교 교사의 갈등 수준이 초등학교 교사보다 높게 나타났다.

셋째, 관리자와의 갈등과 관련하여 평균 차이가 있었으며, 이는 통계적으로 유의미한 수준이었다(F=3.417, p=.033). 사후검증 결과, 중학교 교사의 갈등 수준이 초등학교 교사보다 높게 나타났다.

넷째, 행정직원과의 갈등과 관련하여 평균 차이가 있었으며, 이는 통계적으로 유의미한 수준이었다(F=6.590, p=.001). 사후검증 결과, 중학교와 고등학교 교사의 갈등 수준이 초등학교 교사보다 높게 나타났다.

4.2 교사의 갈등 대응 방법

교사의 갈등 대응 방법을 성별, 담임교사 여부, 전입 여부, 지역, 학교급에 따라 비교 분석한 결과는 다음과 같다.

4.2.1 동료교사 갈등

동료교사 갈등에 대한 대응 방법의 차이를 비교하기 위해 배경 변인에 따라 χ^2 검정을 실시한 결과는 다음과 같다.

Table 3. Results of Chi-Square tests on colleague

Group		Competition	Adaptation	Compromise	Collaboration	Avoidance	Total	χ2
Gender	Female	6	71	160	121	41	399	1.792
	Male	3	29	56	54	20	162	
Homeroom teacher	Yes	4	55	127	103	32	321	1.777
	No	5	45	89	72	29	240	
Status	New	4	50	124	90	34	302	2.517
	Transfer	5	50	92	85	27	259	
Location	Suburban	2	33	72	64	16	187	2.716
	Urban	7	67	144	111	45	374	
Level	Elementary	4	37	65	63	19	188	13.871
	Middle	0	37	67	56	14	174	
	High	5	26	84	56	28	199	
Total		12	118	199	167	65	561	

*<.05, **p<.01, ***p<.001

분석 결과, 동료교사 갈등과 관련하여 배경변인에 따른 응답의 차이는 통계적으로 유의하지 않은 것으로 나타났다.

4.2.2 학부모 갈등

학부모 갈등에 대한 대응 방법의 차이를 비교하기 위해 배경 변인에 따라 χ^2 검정을 실시한 결과는 다음과 같다.

Table 4. Results of Chi-Square tests on parents

Group		Competition	Adaptation	Compromise	Collaboration	Avoidance	Total	χ2
Gender	Female	5	69	167	123	35	399	9.085
	Male	7	18	64	55	18	162	
Homeroom teacher	Yes	5	48	131	108	29	321	2.363
	No	7	39	100	70	24	240	
Status	New	7	41	124	99	31	302	2.365
	Transfer	5	46	107	79	22	259	
Location	Suburban	3	26	90	54	14	187	5.993
	Urban	9	61	141	124	39	374	
Level	Elementary	4	39	74	57	14	188	8.843
	Middle	4	21	74	53	22	174	
	High	4	27	83	68	17	199	
Total		12	118	199	167	65	561	

*<.05, **p<.01, ***p<.001

분석 결과, 학부모 갈등과 관련하여 배경변인에 따른 응답의 차이는 통계적으로 유의하지 않은 것으로 나타났다.

4.2.3 학생 갈등

학생 갈등에 대한 대응 방법의 차이를 비교하기 위해 배경 변인에 따라 χ^2 검정을 실시한 결과는 다음과 같다.

Table 5. Results of Chi-Square tests on students

Group		Competition	Adaptation	Compromise	Collaboration	Avoidance	Total	χ2
Gender	Female	12	42	144	161	40	399	9.882*
	Male	15	15	55	62	15	162	
Homeroom teacher	Yes	14	33	108	133	33	321	1.743
	No	13	24	91	90	22	240	
Status	New	19	23	107	118	35	302	9.343*
	Transfer	8	34	92	105	20	259	
Location	Suburban	9	19	68	79	12	187	3.784
	Urban	18	38	131	144	43	374	
Level	Elementary	11	22	65	78	12	188	6.318
	Middle	7	14	67	67	19	174	
	High	9	21	67	78	24	199	
Total		12	118	199	167	65	561	

*<.05, **p<.01, ***p<.001

학생 갈등과 관련하여 성별과 전입 여부에 대한 응답의 차이가 통계적으로 유의미한 것으로 나타났다. 구체적으로 성별에서는 여자의 경우 협력이 가장 높았으며, 다음은 타협, 적응, 회피 등의 순으로 나타났다. 남자의 경우 협력이 가장 높았으며, 다음은 타협으로 나타났으나 경쟁, 적응, 회피는 같은 횟수로 대응하였다. 전입 여부에서는 신규 임용 교사의 경우 협력이 가장 높았으며, 다음은 타협, 회피 등의 순으로 나타났다. 전입 교사의 경우 협력이 가장 높았으며, 다음은 타협, 적응 등의 순으로 나타났다.

4.2.4 관리자 갈등

관리자 갈등에 대한 대응 방법의 차이를 비교하기 위해 배경 변인에 따라 χ^2 검정을 실시한 결과는 다음과 같다.

Table 6. Results of Chi-Square tests on administrators

Group		Competition	Adaptation	Compromise	Collaboration	Avoidance	Total	χ2
Gender	Female	4	106	135	130	24	399	2.562
	Male	3	39	50	56	14	162	
Homeroom teacher	Yes	2	88	96	113	22	321	6.161
	No	5	57	89	73	16	240	
Status	New	2	79	89	107	25	302	7.469
	Transfer	5	66	96	79	13	259	
Location	Suburban	3	52	60	62	10	187	1.613
	Urban	4	93	125	124	28	374	
Level	Elementary	3	63	56	57	9	188	10.156
	Middle	2	39	61	58	14	174	
	High	2	43	68	71	15	199	
Total		12	118	199	167	65	561	

*<.05, **p<.01, ***p<.001

분석 결과, 관리자 갈등과 관련하여 배경변인에 따른 응답의 차이는 통계적으로 유의하지 않은 것으로 나타났다.

4.2.5 행정직원 갈등

행정직원 갈등에 대한 대응 방법의 차이를 비교하기 위해 배경 변인에 따라 χ^2 검정을 실시한 결과는 다음과 같다.

Table 7. Results of Chi-Square tests on staff

Group		Competition	Adaptation	Compromise	Collaboration	Avoidance	Total	χ2
Gender	Female	4	77	139	140	39	399	6.161
	Male	6	24	57	60	15	162	
Homeroom teacher	Yes	4	57	106	124	30	321	3.953
	No	6	44	90	76	24	240	
Status	New	4	49	103	113	33	302	3.772
	Transfer	6	52	93	87	21	259	

Group		Competition	Adaptation	Compromise	Collaboration	Avoidance	Total	χ2
Location	Suburban	3	34	64	72	14	187	2.069
	Urban	7	67	132	128	40	374	
Level	Elementary	5	39	62	66	16	188	3.483
	Middle	2	28	61	65	18	174	
	High	3	34	73	69	20	199	
Total		12	118	199	167	65	561	

*<.05, **p<.01, ***p<.001

분석 결과, 행정직원 갈등과 관련하여 배경변인에 따른 응답의 차이는 통계적으로 유의하지 않은 것으로 나타났다.

4.2.6 교육정책 갈등

교육정책 갈등에 대한 대응 방법의 차이를 비교하기 위해 배경 변인에 따라 χ^2 검정을 실시한 결과는 다음과 같다.

Table 8. Results of Chi-Square tests on policy

Group		Competition	Adaptation	Compromise	Collaboration	Avoidance	Total	χ2
Gender	Female	5	92	143	118	41	399	9.879*
	Male	7	26	56	49	24	162	
Homeroom teacher	Yes	4	71	101	108	37	321	10.405*
	No	8	47	98	59	28	240	
Status	New	7	57	104	96	38	302	3.203
	Transfer	5	61	95	71	27	259	
Location	Suburban	5	41	66	54	21	187	.589
	Urban	7	77	133	113	44	374	
Level	Elementary	6	48	60	53	21	188	7.596
	Middle	2	35	69	48	20	174	
	High	4	35	70	66	24	199	
Total		12	118	199	167	65	561	

*<.05, **p<.01, ***p<.001

교육정책 갈등과 관련하여 성별과 담임 여부에 대한 응답의 차이가 통계적으로 유의미한 것으로 나타났다. 구체적으로 성별에서는 여자와 남자 모두 타협이 가장 높았으며, 다음은 협력, 적응 순으로 나타났다. 담임 여부에서는 담임교사의 경우 협력이 가장 높았으며, 다음은 타협, 적응 등의 순으로 나타났다. 전입 교사의 경우 타협이 가장 높았으며, 다음은 협력, 적응 등의 순으로 나타났다.

5. 결론 및 제언

본 연구는 S시 교사들의 갈등 지각과 대응 방법에 대하여 분석하였으며, 연구 결과는 다음과 같다.

첫째, 동료교사, 학부모, 교육정책에 대한 갈등과 관련하여 갈등 수준이 비담임 교사가 담임교사보다 높고, 전입 교사가 임용 교사보다 높았으며, 동지역이 읍·면 지역보다 높게 나타났다. 학생과의 갈등과 관련하여 갈등 수준이 비담임 교사가 담임교사보다 높고, 전입 교사가 임용 교사보다 높게 나타났다. 관리자와의 갈등과 관련하여 갈등 수준이 동지역이 읍·면 지역보다 높게 나타났다. 행정직원과의 갈등과 관련하여 갈등 수준이 비담임 교사가 담임교사보다 높고, 동지역이 읍·면 지역보다 높게 나타났다. 위 내용을 종합적으로 살펴보면, 비담임 교사는 기존의 과도한 업무로 인해 소진된 경우, 학교 구성원 간 대인관계에서의 피로가 누적된 경우, 초임인 관계로 경험이 풍부하지 않는 경우에 해당할 수 있기 때문에 갈등 수준이 담임교사보다 더 높게 나타날 수 있다. 타시도 교육청으로부터 전입한 교사의 경우, S시 특성 및 지역수준 교육과정에 대한 이해도 부족으로 인해 임용된 교사보다 갈등 수준이 더 높게 나타날 수 있다. 동지역 학교에 근무하는 교사의 경우, 인구 밀집 지역에 위치한 관계로 높은 경쟁 심리 및 사교육 비율 등으로 인해 읍 · 면 지역 학교 교사에 비해 상대적으로 갈등 수준이 더 높게 나타날 수 있다.

둘째, 교사의 갈등 대응 방법에서 학생 갈등과 관련하여 성별에서는 여자의 경우 협력이 가장 높았으며, 다음은 타협, 적응, 회피 등의 순으로 나타났다. 남자의 경우 협력이 가장 높았으며, 다음은 타협으로 나타났으나 경쟁, 적응, 회피는 같은 횟수로 대응하였다. 이는 여교사 집단의 경우 인간관계 측면의 갈등에 대해 회피형의 경향이 높게 나타났으나, 남교사 집단에서는 협력형이 높게 나타난 신범철(2017) 연구 결과와는 대조적인 것이다[7]. 협력이 자신과 타인의 관심을 모두 만족시키는 대응 방식임을 고려할 때, 이 연구의 결과는 교사들이 학생과의 갈등 상황에서 교사 자신과 학생의 욕구를 모두 충족시키는 방법으로 갈등을 해결하려는 의지를 가진 것으로 해석될 수 있다.

또한, 교육정책 갈등과 관련하여 성별에서는 여자와 남자 모두 타협이 가장 높았으며, 다음은 협력, 적응 순으로 나타났다. 타협이 갈등 상황에서 양자가 조금씩의 희생을 통해 부분적인 만족을 선택하는 방식임을 고려할 때, 남녀 교사 모두 교육정책을 실행하는 과정에서는 갈등 상황에서 가장 일반적으로 사용되는 방법인 타협을 선택함으로써 갈등을 최소화하는 방안을 중요시함을 확인할 수 있다[6].

연구 결과를 기반으로 한 시사점을 다음과 같다. 첫째, 학교장이 조직 갈등 이해와 관리 전략에 대한 역량을 제고할 수 있도록 지원되어야 한다[12]. 이 연구 결과를 통해 학교 갈등의 실태는 다양한 양상으로 나타날 수 있음을 확인하였다. 따라서 학교장이 갈등의 의미와 원인 파악, 학교갈등의 실태 분석, 갈등 해결의 일반적 원리 이해, 학교갈등 해결방안 도출 등의 능력을 함양할 수 있도록 교육 프로그램이 제공되어야 한다. 또한 학교갈등과 그에 부합하는 해결방안에 대한 사례 연구를 실시하여, 공유하는 것도 바람직할 것이다.

둘째, 교사가 갈등 해소를 위한 전략을 학습할 수 있는 기회가 마련되어야 한다. 학교 조직이 효과적으로 목표를 달성하기 위해서는 교육 운영의 주체인 교사들의 역할이 매우 중요하다. 따라서 교사가 갈등 상황에 효과적으로 대처할 수 있도록 갈등의 대상과 서로 간의 이해 차이를 확인하고, 이해의 차이를 줄일 수 있는 협상 기술들을 습득하는 기회가 마련되어야 할 것이다[9]. 이와 함께 교사들이 업무 경감을 체감할 수 있도록 실효성 있고 근본적인 대책이 필요하다[13]. 학교 행정과 교육 정책의 수행 과정에서 비담임 교사들의 갈등 수준이 상대적으로 높게 나타난 점을 고려하여, 교육과정 중심의 업무개편을 위한 워킹 그룹 발족도 고려되어야 한다. 그리고 담임 순환 보직제 선도학교 운영 역시 이루어져야 한다. 특정 인원들의 비담임 교사 역할이 지속적으로 발생하지 않도록 단위학교의 민주적 환경 속에서 순환으로 보직교사 및 담임교사가 구성되는 선도학교를 운영하여 효과성을 살펴보고 확대해 볼 필요가 있다[12].

마지막으로 후속 연구에 대한 제언을 제시하면 다음과 같다.

첫째, 교원 갈등에 대해 승진 가산점, 근무학교 급지 등의 교원 인사와 관련된 변인들과의 관계성 분석이 시도되어야 한다. 신범철(2017) 역시 교원 갈등은 대부분 승진 등의 인사이동과 관련된 경쟁 상황에서 더 심화되는 측면이 있음을 확인하고, 이에 대한 심층적 논의가 필요함을 주장한 바 있다[7].

둘째, 교원 갈등에 대한 본질은 설문조사 분석을 통해 이루어지는 양적 연구와 함께 추가적으로 질적 연구 방법을 통해 심층적인 분석을 통해 이해 가능하기 때문에 후속 연구에서는 이에 대한 시도가 이루어져야 할 것이다.

REFERENCES

A. Harris, & N. Bennett (2001). School Effectiveness and School Improvement: Alternative Perspectives. Continuum International Pub Group.

E. M. Hanson (1991). Educational Administration and Organizational Behavior. Boston: Allyn and Bacon.

K. H. Chung, & L. C. Megginson (1981). Organizational Behavior: Developing Managerial Skills. New York: harper & Row.

R. Tanner (2014). Organizational Conflict: Get Used to It and Use It. Robert Tanner Publisher.

R. Owens (2014). Organizational Behavior in Education: Leadership and School Reform.

K. W. Thomas, & R. H. Kilmann (2010). Thomas-Kilmann Conflict Mode Instrument. CPP, Inc.

B. Shin (2017). An Analysis of the Conflict Management Style of Korean Elementary School Teachers. The Journal of Research in Education, 30(2), 79-102.

S. Lee, & C. Joo (2007). A Study on Empirical Classification and Applied Inclination of Conflict Management Styles about Peers of Middle School Teachers. The Journal of Korean Teacher Education, 24(3), 29-54.

T. Kim, K. Lee, & K. Park (2008). An Analysis on the Conflict Management Types and Job Satisfaction of Teachers in Technical High School. The Korean Journal of Technology Education, 8(2), 127-142.

Y. U. Kwon (2007). A Study on the Main Factor of troubles and Dealing with them among Secondary School Teachers, Master' s Theis, The Graduate School of Aju University, Suwon.

R. Ravid (2020). Practical Statistics for Educators. Rowman & Littlefield Publishers.

A. Saiti (2015). Conflicts in Schools, Conflict Management Styles and the Role of the School Leader: A Study of Greek Primary School Educators. Educational Management Administration & Leadership, 43(4), 582-609.

S. Dogan (2016). Conflicts Management Model in School: A Mixed Design Study. Journal of Education and Learning, 5(2), 200-219.

학교 조직에서의 교사 갈등에 대한 영향 요인 분석1)

Analyses of Factors Affecting Conflict of Teachers in School

< 요 약 >

이 연구는 학교 조직에서의 교사 갈등에 대한 영향 요인을 탐색하기 위해 실시되었다. 연구를 위해 학교조직 구성원, 교육 수요자, 교육정책에 대한 갈등의 영향 요인을 분석하였으며, 독립변인은 개인, 학교, 지역 수준으로 구분하여 설정하였다. S시교육청 소속 교사 561명의 응답 자료가 분석에 활용되었으며, SPSS 24.0 프로그램을 활용하여 위계적 중다회귀분석을 실시하였다. 연구결과, 교사 갈등 전체에 대해 개인 수준에서는 경력, 학교 수준에서는 담임 여부와 전입 여부, 지역 수준에서는 근무 지역이 통계적으로 유의한 변인으로 나타났다. 연구 결과를 토대로 교육청과 단위학교 수준으로 구분하여 교사 갈등에 대한 지원 방안을 제시하였다.

주제어 : 교사, 갈등, 위계적 회귀분석, 초중등교육, 교사 연수

Abstract The purpose of this study is to investigate factors affecting conflict of teachers in school. Researchers selected independent variables in personal, school, and local levels and analyzed their influence on conflict of faculty and staff, students and parents, and educational policy. We used 561 survey responses of teachers working in S City Office of Education and conducted hierarchical multiple regression analysis using SPSS 24.0. For results, we found out that variables such as career in the level of person, homeroom teacher and status in the level of school, and location in the level of region were statistically significant. Researchers suggested possible solutions which can be considered by school district and school officials.

Key Words : Teacher, Conflict, Hierarchical Regression Analysis, Elementary and Secondary Education, Professional Development

1) 2021년 산업융합연구, 19(1)에 장봉석 교수와 공동으로 등재예정 논문임.

1. 서론

모든 조직은 운영상의 목적을 가지고 있으며, 조직에 속한 개인들은 조직 내에서 개인과 조직의 목적을 달성하기 위해 노력한다. 이 때, 다양한 이해관계와 특성을 가진 여러 개인들이 동일 집단 내에서 활동함을 고려한다면 정도의 차이는 다르지만 갈등이 존재하는 것은 부정할 수 없는 사실이다.

학교 조직의 경우 교장, 교감, 교사, 학생, 학부모 등의 다양한 구성원들이 활동하는 장소이며, 교육 목표 달성을 위해 각자 주어진 임무와 역할을 수행하고 있는 공간이다. 이 역시 다양한 특성들을 지닌 구성원들의 시각 차이로 인해 여러 갈등 상황이 발생하는 공간으로 인식된다. 교장과 교사 간, 교사와 교사 간 등 다양한 구성원 간에 많은 갈등이 존재한다. 이러한 갈등의 요인들은 교사의 성별이나 경력 등의 개인적 배경 요인뿐만 아니라 각 교사가 근무하는 학교의 특징 및 지역적 특성에 따라 다르게 갈등을 경험하고 인식하는 것으로 나타났다[1].

학교 조직에서 교사들의 갈등연구는 2000년대 이후 크게 증가하는 양상을 보여 왔으며, 주로 갈등의 원인, 갈등관리 유형 등을 중심으로 진행되었다. 특히 대학원 학위 논문에서 학교 조직 관련 갈등과 변인들에 대한 양상을 파악하기 위해 현장교사들을 중심으로 연구가 많이 보고된 사실은 학교현장에서 교사 갈등에 대한 연구가 많은 관심을 받는 주제임을 반증하는 것으로 인식되고 있다.

선행 연구 분석 결과, 현재까지 교사 갈등에 대한 영향 요인을 분석하기 위한 시도는 이루어지지 않은 것으로 나타났다. 앞서 논의된 바와 같이 교사들이 인식하는 갈등의 종류는 다양하게 나타나고 있으며, 이러한 양상은 개별 교사의 개인, 학교, 지역 특성에 따라 다르게 나타날 수 있기 때문에 이에 대한 실증적 연구를 통해 교사 갈등을 해소하기 위한 방안들에 대한 논의는 반드시 이루어져야 한다.

본 연구는 교사들의 갈등에 대한 영향 요인을 종합적으로 정리하여 새로운 교원문화의 시사점을 얻을 수 있을 것이다. 연구 문제는 다음과 같다.

첫째, 교사 갈등 전체에 대한 영향 요인은 개인, 학교, 지역 수준에서 어떻게 나타나는가?

둘째, 교사 갈등의 하위 영역인 동료 교사, 학부모, 학생, 관리자, 행정직원, 교육정책에 대한 영향 요인은 개인, 학교, 지역 수준에서 어떻게 나타나는가?

2. 이론적 배경

2.1 갈등 이론

2.1.1 개념

갈등은 조직 혹은 집단 내의 사회적 관계 속에서 발생하는 현상으로써, 개인의 내적인 요인으로 발생하는 스트레스와 대비되어 사용된다. 다시 말하면, 스트레스는 개인과 환경 사이의 부조화에 따라 나타난 결과이며, 갈등은 공식적 또는 비공식적 조직 내에서 발생하는 부조화를 뜻한다[1].

심리학적 측면에서 정의된 갈등의 개념을 살펴보면, 김용재(1998)는 개인의 관심사를 타인이 좌절시키려고 시도하거나 또는 결과적으로 좌절시킨 상황을 개인이 인지할 때 나타나는 과정을 갈등이라고 설명하였다[1]. Rahim(1986)의 경우 갈등을 개인, 집단, 조직의 내부의 모순 혹은 이들 간의 의견 불일치에 따른 상태라고 기술하였다[2].

2.1.2 유형

갈등은 수준에 따라서 크게 네 개의 하위 영역으로 구분된다[3]. 첫째, 개인 내 갈등으로써, 개인이 조직에 참여하는 과정에서 인식하는 경쟁적 욕구와 역할이 개인 목표와 비교하여 독립적으로 경험하는 갈등으로 좌절, 목표, 역할 갈등 등이 있다. 둘째, 개인 간 갈등으로써, 학교조직 내에서 교장과 교사, 교사 상호간, 교사와 학생, 학생 상호간의 대인관계에서 가치관, 인성 등의 의견이 불일치되는 경우가 많다. 셋째, 집단 간 갈등으로써, 학교조직 내 부서(집단) 간 일어나는 갈등이 해당된다. 크게 상하 계층 간 발생하는 갈등, 부서 기능 간 갈등, 계선조직과 참모조직 간의 갈등, 공식조직과 비공식조직 간에서 발생하는 갈등으로 분류된다. 넷째, 조직 간 갈등으로써, 조직이 처해있는 외부 환경과의 관계에서 발생하는 갈등을 말한다. 외부환경은 상위의 조직 뿐 아니라 유관기관·압력단체·이익단체 등이 포함된다.

2.2 선행연구 분석

교사 갈등에 대한 선행연구 분석 결과는 다음과 같다. 첫째, 권혁제(2001)는 고등학교 교사의 경우, 대상에 따른 갈등 지각 정도가 학생, 관리자, 동료 교사, 학부모, 행정직원과의 갈등 순으로 높게 표출된 것으로 보고하였다[4]. 둘째, 임미경(2017)의 연구에서는 초등 교사들의 경우 갈등을 극복하는 과정에서, 불합리한 학교문화와 부딪히며 받은 상처에서 벗어나기 위해 마음을 추스르고 다양한 전략들을 통하여 자기, 관계, 학교문화를 조정하여 전문가로 성장해 나가는 과정임을 발견하였다[5]. 셋째, Robbins(1983)는 갈등의 수준이 최적일 때 조직은 생동적이고 자기 비평적이고 혁신적이어서 조직의 효과성이 높게 나타난다고 설명하였다[6]. 또한, 갈등수준이 높으면 조직분열, 무질서하고 비협조적인 내적 특성을 가지게 되어 조직의 효과성은 낮아지게 됨을 주장하였다.

위 선행연구들을 통해 학교조직에서 교사가 처할 수 있는 갈등 상황은 관리자와의 갈등, 교사 동료 간의 갈등, 학부모나 학생과의 갈등, 행정실 직원 등 다양한 교육주체들 간의 인간관계에 있음을 확인할 수 있다.

교사는 교원능력개발평가, 만족도 조사(학생, 학부모) 등으로 인한 심리적 부담과 변화를 요구받고 있다[7]. 또한 교육 현장에서 새로운 교육구조를 맞이하고 있으며, 구체적으로 수요자중심 교육, 학습자 중심수업 강조, 잦은 교육과정의 변경으로 새로운 교수·학습방법의 연구 외에도 새로운 업무가 가중되었다[8]. 그리고 학교교육에서 학부모와 지역사회 주민들이 의사결정에 깊숙이 참여하는 새로운 환경들은 교사갈등에 새로운 요소들로 작용할 수 있을 것이다[9].

3. 연구방법

3.1 연구대상

연구를 위해 S시교육청 소속 교사들을 대상으로 설문조사를 실시하였다. 설문 결과, 모두 572부를 회수하였는데 불완전한 응답지 11개를 제외한 총 561명(초등학교 188명, 중학교 174명, 고등학교 199명)의 설문 자료를 최종적으로 분석하였다.

3.2 측정도구

3.1.1 교사 갈등

권용의(2007)가 제작한 갈등 측정 설문지를 활용하여 측정하였다[10]. 교사 갈등 설문지는 크게 동료교사 요인 8문항, 학부모 요인 4문항, 학생 요인 4문항, 관리자 요인 4문항, 행정직원 요인 3문항, 교육정책 요인 2문항으로 분류되었으며, 자기 지각에 의한 5단계 척도로 구성되었다. 각 하위 요인에 따른 대표문항을 기술하면, 동료교사 요인으로써 '업무과중으로 동료교사와 상호 관심과 대화가 부족하다.', 학부모 요인으로써 '학급 학부모가 자기 아이에게만 특별히 관심 갖기를 원한다.', 학생 요인으로써 '학생들의 소극적 학습태도로 교사 가르침 의욕이 상실된다.', 관리자 요인으로써 '업무추진 시 결재과정에서 어려움이 많다.', 행정직원 요인으로써 '행정직원들은 학교교육에 대한 이해는 낮다.', 교육정책 요인으로써 '교육기관 운영 시스템으로 인하여 갈등을 경험한다.' 등이 해당된다.

3.1.2 독립 변인

교사 갈등에 대한 영향 요인과 관련하여 독립변인을 개인, 학교, 지역 수준으로 구분하여 설정하였다. 개인 수준에는 교사의 성별(남자, 여자)과 교직 경력이 포함되었다. 학교 수준에는 학교급(초, 중, 고), 담임교사 여부(담임, 비담임), 고용 형태(정규, 기간제, 강사), 전입 여부(임용, 전입)이 포함되었다. 마지막으로 지역 수준에는 지역(읍·면, 동)이 포함되었다. 한편, 독립변인이 범주형인 경우에는 더미변인으로 변환 후 중다회귀분석을 수행하였다.

3.3 자료 분석

자료 분석을 위해 SPSS 24.0을 활용하였으며, 종속변인으로써 교사갈등에 대한 영향 요인 분석은 개인수준, 학교수준, 지역수준을 고려한 중다회귀분석(Multiple regression analysis)을 실시했으며, 수준별 설명량의 증가를 알아보기 위하여 단계별(Stepwise) 투입 방법을 통하여 알아보았다.

4. 연구결과

4.1 측정자료 검토

측정변인들의 정규분포성에 대한 가정의 검증 결과는 Table 1과 같다. 왜도 및 첨도는 모든 영역에서 절대값 1을 벗어나지 않아 정규분포성을 가정하였다. 그리고 하위영역별 Cronbach α값이 .861~.954의 범위를 가짐으로서 안정적인 신뢰도를 확보했다.

Table 1. Results of descriptive analysis

	M	SD	Skewness	Kurtosis	Reliability
Colleague	2.45	.770	.179	.015	.861
Parents	2.89	.928	.066	−.337	.883
Students	2.52	.886	.336	−.228	.874
Administrators	2.52	.945	.468	−.183	.894
Staff	2.40	1.063	.668	−.001	.954
Policy	2.41	1.085	.107	−.728	.884

한편, 다변량 통계분석을 위한 가정의 검토로써 잔차의 독립성을 검증하는 Durbin-Watson 측정치는 교사 갈등 전체 1.366, 동료교사 갈등 1.562, 관리자 갈등 1.722, 행정직원 갈등 1.866, 학생 갈등 1.891, 학부모 갈등 1.405, 교육정책 갈등 1.667이었다. Durbin-Watson 검증의 자기상관(autocorrelation) 지수는 0~4의 범위를 갖는데, 0에 가까우면 예측오차들이 정적 상관을 지니며, 4에 가까우면 사례들의 예측오차들이 부적 상관을 갖는다. 지수 크기가 2에 가까우면 잔차 간 자기상관은 존재하지 않는다[11]. 따라서 본 자료는 잔차의 독립성(r=0)을 의미하는 준거인 2에 접근하고 있어 비교적 독립적이었다.

4.2 교사 갈등에 대한 영향 요인 분석

4.2.1 교사 갈등 전체

교사갈등(종속변인)에 대한 영향 요인의 분석은 개인수준, 학교수준, 지역수준을 고려하여 중다회귀분석(Multiple regression analysis)의 단계별(Stepwise) 투입방법을 통하여 알아보았다. 개인 수준의 독립변인은 성별(남자 1, 여자 2)과 경력이며, 학교 수준의 독립변인은 학교급(초 1, 중 2, 고 3), 담임 여부(담임 1, 비담임 2), 고용 형태(정규 1, 기간제 2, 강사 3), 전입 여부(임용 1, 전입 2)이다. 지역 수준의 독립변인은 근무지(읍·면 1, 동 2)이다.

우선, 교사갈등 전체에 대한 중다회귀분석 결과는 다음과 같다.

Table 2. Regression for the total of teacher conflict

Level	Variable	Model 1	Model 2	Model 3
		Standardized β(t)	Standardized β(t)	Standardized β(t)
Person	Gender	.006(.086)	−.012(−.188)	−.006(−.093)
	Career	.012(3.522)**	.003(.806)	.002(.538)
School	Level		.056(1.515)	.036(.982)
	Homeroom teacher		.235(3.614)**	.225(3.523)**
	Employment		−.145(−1.641)	−.153(−1.773)
	Status		.142(1.899)	.162(2.211)*
Region	Location			.301(4.812)**
	R^2	.022	.062	.099
	$\triangle R^2$	.022	.040	.038

*p<.05, **<.01

분석 결과, 세 모형 모두 통계적으로 유의한 것으로 나타났다. 구체적으로 개인 수준의 변인들을 투입한 모형 1에서는 경력이 교사 갈등 전체에 대해 정적 영향을 주는 변인이었으며, 설명력은 전체 변량 중 2.2%였다. 이와 함께 학교 수준의 변인들을 추가적으로 투입한 모형

2에서는 비담임교사가 담임교사보다 교사 갈등 전체에 대해 정적 영향을 주는 변인이었으며, 설명력은 전체 변량 중 6.2%였다. 이 때, 학교 수준의 변인들이 추가 투입된 이후 경력은 통계적으로 유의하지 않은 것으로 나타났다. 이는 담임 여부가 경력보다 교사갈등 전체에 대해 더 큰 영향을 주는 것으로 해석될 수 있다. 마지막으로 지역 수준의 변인을 추가적으로 투입한 모형 3에서는 비담임교사가 담임교사보다, 타시도에서 전입한 교사가 임용된 교사보다, 동 지역 학교에 근무하는 교사가 읍·면 지역에 근무하는 학교의 교사 보다 교사 갈등 전체에 대해 정적 영향을 주는 변인이었으며, 설명력은 전체 변량 중 9.9%였다.

4.2.2 동료교사 갈등

동료교사 갈등에 대한 중다회귀분석 결과는 다음과 같다.

Table 3. Regression for conflict between colleague

Level	Variable	Model 1	Model 2	Model 3
		Standardized β(t)	Standardized β(t)	Standardized β(t)
Person	Gender	.079(1.115)	.063(.901)	.068(.980)
	Career	.012(3.524)**	.002(.542)	.002(.346)
School	Level		.016(.396)	.000(.006)
	Homeroom teacher		.254(3.662)**	.246(3.580)**
	Employment		−.211(−2.252)*	−.218(−2.344)*
	Status		.161(2.017)*	.176(2.231)*
Region	Location			.230(3.418)**
	R^2	.024	.061	.080
	$\triangle R^2$	.024	.037	.019

*p<.05, **<.01

분석 결과, 세 모형 모두 통계적으로 유의한 것으로 나타났다. 구체적으로 개인 수준의 변인들을 투입한 모형 1에서는 경력이 동료교사 갈등에 대해 정적 영향을 주는 변인이었으며,

설명력은 전체 변량 중 2.4%였다. 이와 함께 학교 수준의 변인들을 추가적으로 투입한 모형 2에서는 비담임교사가 담임교사보다, 타시도에서 전입한 교사가 임용된 교사보다 동료교사 갈등에 대해 정적 영향을 주는 변인이었으나, 정규직 교사가 비정규직 교사보다 동료교사 갈등에 대해 부적 영향을 주는 변인이었으며, 설명력은 전체 변량 중 6.1%였다. 이 때, 학교 수준의 변인들이 추가 투입된 이후 경력은 통계적으로 유의하지 않은 것으로 나타났다. 이는 담임 여부, 고용 형태, 전입 여부가 경력보다 동료교사 갈등에 대해 더 큰 영향을 주는 것으로 해석될 수 있다. 마지막으로 지역 수준의 변인을 추가적으로 투입한 모형 3에서는 비담임교사가 담임교사보다, 타시도에서 전입한 교사가 임용된 교사보다, 동 지역 학교에 근무하는 교사가 읍 · 면 지역에 근무하는 학교의 교사보다 동료교사 갈등에 대해 정적 영향을 주는 변인이었으나, 정규직 교사가 비정규직 교사보다 동료교사 갈등에 대해 부적 영향을 주는 변인이었으며, 설명력은 전체 변량 중 8%였다.

4.2.3 관리자 갈등

관리자 갈등에 대한 중다회귀분석 결과는 다음과 같다.

Table 4. Regression for conflict between administrators

Level	Variable	Model 1	Model 2	Model 3
		Standardized β(t)	Standardized β(t)	Standardized β(t)
Person	Gender	-.120(-1.367)	-.130(-1.475)	-.122(-1.409)
	Career	-.005(-1.182)	-.011(-1.976)*	-.012(-2.255)*
School	Level		.091(1.847)	.067(1.373)
	Homeroom teacher		.087(1.001)	.075(.872)
	Employment		-.163(-1.390)	-.174(-1.500)
	Status		.144(1.444)	.168(1.711)
Region	Location			.359(4.283)**
R^2		.006	.021	.052
$\triangle R^2$		.006	.015	.031

*p<.05, **<.01

분석 결과, 모형 2와 모형 3이 통계적으로 유의한 것으로 나타났다. 구체적으로 학교 수준의 변인들을 투입한 모형 2에서는 경력이 관리자 갈등에 대해 부적 영향을 주는 변인이었으며, 설명력은 전체 변량 중 2.1%였다. 이와 함께 지역 수준의 변인을 추가적으로 투입한 모형 3에서는 경력은 관리자 갈등에 대해 부적 영향을 주는 변인이었고, 동 지역 학교에 근무하는 교사가 읍·면 지역에 근무하는 학교의 교사 보다 관리자 갈등에 대해 정적 영향을 주는 변인이었으며, 설명력은 전체 변량 중 5.2%였다.

4.2.4 행정직원 갈등

행정직원 갈등에 대한 중다회귀분석 결과는 다음과 같다.

Table 5. Regression for conflict between staff

Level	Variable	Model 1	Model 2	Model 3
		Standardized β(t)	Standardized β(t)	Standardized β(t)
Person	Gender	.021(.209)	−.015(−.151)	−.008(−.078)
	Career	.007(1.529)	.000(.964)	−.001(−.166)
School	Level		.153(2.807)**	.131(2.404)*
	Homeroom teacher		.339(3.532)**	.328(3.447)**
	Employment		−.022(−.170)	−.032(−.247)
	Status		.119(1.074)	.141(1.293)
Region	Location			.337(3.619)**
	R^2	.004	.052	.074
	$\triangle R^2$	.004	.048	.022

*p<.05, **<.01

분석 결과, 모형 2와 모형 3이 통계적으로 유의한 것으로 나타났다. 구체적으로 학교 수준의 변인들을 투입한 모형 2에서는 학교급이 높을수록, 비담임교사가 담임교사보다 행정직원 갈등에 대해 정적 영향을 주는 변인이었으며, 설명력은 전체 변량 중 5.2%였다. 이와 함께 지역 수준의 변인을 추가적으로 투입한 모형 3에서는 학교급이 높을수록, 비담임교사가 담임교사보다, 동 지역 학교에 근무하는 교사가 읍·면 지역에 근무하는 학교의 교사 보다 행정직원 갈등에 대해 정적 영향을 주는 변인이었으며, 설명력은 전체 변량 중 7.4%였다.

4.2.5 학생 갈등

학생 갈등에 대한 중다회귀분석 결과는 다음과 같다.

Table 6. Regression for conflict between students

Level	Variable	Model 1	Model 2	Model 3
		Standardized β(t)	Standardized β(t)	Standardized β(t)
Person	Gender	−.019(−.237)	−.042(−.520)	−.040(−.490)
	Career	.015(3.674)**	.010(1.890)	.009(1.803)
School	Level		.115(2.520)*	.107(2.340)*
	Homeroom teacher		.204(2.551)*	.200(2.503)*
	Employment		−.056(−.513)	−.059(−.543)
	Status		.093(1.008)	.100(1.091)
Region	Location			.114(1.450)
	R^2	.024	.054	.057
	$\triangle R^2$	.024	.030	.004

*p<.05, **<.01

분석 결과, 세 모형 모두 통계적으로 유의한 것으로 나타났다. 구체적으로 개인 수준의 변인들을 투입한 모형 1에서는 경력이 학생 갈등에 대해 정적 영향을 주는 변인이었으며, 설명력은 전체 변량 중 2.4%였다. 이와 함께 학교 수준의 변인들을 추가적으로 투입한 모형 2에서는 학교급이 높을수록, 비담임교사가 담임교사보다 학생 갈등에 대해 정적 영향을 주는 변인이었으며, 설명력은 전체 변량 중 5.4%였다. 이 때, 학교 수준의 변인들이 추가 투입된 이후 경력은 통계적으로 유의하지 않은 것으로 나타났다. 이는 학교급, 담임 여부가 경력보다 학생 갈등에 대해 더 큰 영향을 주는 것으로 해석될 수 있다. 마지막으로 지역 수준의 변인을 추가적으로 투입한 모형 3에서는 학교급이 높을수록, 비담임교사가 담임교사보다 학생 갈등에 대해 정적 영향을 주는 변인이었으며, 설명력은 전체 변량 중 5.7%였다.

4.2.6 학부모 갈등

학부모 갈등에 대한 중다회귀분석 결과는 다음과 같다.

Table 7. Regression for conflict between parents

Level	Variable	Model 1	Model 2	Model 3
		Standardized β(t)	Standardized β(t)	Standardized β(t)
Person	Gender	-.005(-.059)	-.015(-.179)	-.003(-.039)
	Career	.024(5.780)**	.014(2.572)**	.011(2.260)*
School	Level		-.047(-.998)	-.084(-1.862)
	Homeroom teacher		.286(3.474)**	.267(3.387)**
	Employment		-.101(-.904)	-.117(-1.095)
	Status		.162(1.706)	.199(2.196)*
Region	Location			.558(7.210)**
	R^2	.057	.083	.234
	$\triangle R^2$	.057	.016	.151

*p<.05, **<.01

분석 결과, 세 모형 모두 통계적으로 유의한 것으로 나타났다. 구체적으로 개인 수준의 변인들을 투입한 모형 1에서는 경력이 학부모 갈등에 대해 정적 영향을 주는 변인이었으며, 설명력은 전체 변량 중 5.7%였다. 이와 함께 학교 수준의 변인들을 추가적으로 투입한 모형 2에서는 경력이 높을수록, 비담임교사가 담임교사보다 학부모 갈등에 대해 정적 영향을 주는 변인이었으며, 설명력은 전체 변량 중 8.3%였다. 마지막으로 지역 수준의 변인을 추가적으로 투입한 모형 3에서는 경력이 높을수록, 비담임교사가 담임교사보다, 타시도에서 전입한 교사가 임용된 교사보다, 동 지역 학교에 근무하는 교사가 읍·면 지역에 근무하는 학교의 교사보다 학부모 갈등에 대해 정적 영향을 주는 변인이었으며, 설명력은 전체 변량 중 23.4%였다.

4.2.7 교육정책 갈등

교육정책 갈등에 대한 중다회귀분석 결과는 다음과 같다.

Table 8. Regression for conflict between policy

Level	Variable	Model 1	Model 2	Model 3
		Standardized β(t)	Standardized β(t)	Standardized β(t)
Person	Gender	.013(.130)	−.012(−.122)	−.006(−.064)
	Career	.017(3.446)**	.007(1.163)	.006(1.001)
School	Level		.089(1.587)	.070(1.260)
	Homeroom teacher		.259(2.631)**	.249(2.551)*
	Employment		−.288(−2.162)*	−.296(−2.235)*
	Status		.157(1.388)	.175(1.560)
Region	Location			.273(2.855)**
	R^2	.021	.049	.063
	$\triangle R^2$	.021	.028	.014

*p<.05, **<.01

분석 결과, 세 모형 모두 통계적으로 유의한 것으로 나타났다. 구체적으로 개인 수준의 변인들을 투입한 모형 1에서는 경력이 교육정책 갈등에 대해 정적 영향을 주는 변인이었으며, 설명력은 전체 변량 중 2.1%였다. 이와 함께 학교 수준의 변인들을 추가적으로 투입한 모형 2에서는 비담임교사가 담임교사보다 교육정책 갈등에 대해 정적 영향을 주는 변인이었으나, 정규직 교사가 비정규직 교사보다 교육정책 갈등에 대해 부적 영향을 주는 변인이었으며, 설명력은 전체 변량 중 4.9%였다. 이 때, 학교 수준의 변인들이 추가 투입된 이후 경력은 통계적으로 유의하지 않은 것으로 나타났다. 이는 담임 여부, 고용 형태가 경력보다 교육정책 갈등에 대해 더 큰 영향을 주는 것으로 해석될 수 있다. 마지막으로 지역 수준의 변인을 추가적으로 투입한 모형 3에서는 비담임교사가 담임교사보다, 동 지역 학교에 근무하는 교사가 읍 · 면 지역에 근무하는 학교의 교사 보다 교육정책 갈등에 대해 정적 영향을 주는 변인이었으나, 정규직 교사가 비정규직 교사보다 교육정책 갈등에 대해 부적 영향을 주는 변인이었으며 설명력은 전체 변량 중 6.3%였다.

5. 논의

이 연구는 학교 조직에서의 교사 갈등에 대한 영향 요인을 탐색하기 위해 실시되었으며, 연구 결과는 다음과 같다.

첫째, 교사 갈등 전체에 대해 비담임교사가 담임교사보다, 타시도에서 전입한 교사가 임용된 교사보다, 동 지역 학교에 근무하는 교사가 읍 · 면 지역에 근무하는 학교의 교사 보다 정적 영향을 주는 변인으로 나타났다.

둘째, 동료교사 갈등에 대해 비담임교사가 담임교사보다, 타시도에서 전입한 교사가 임용된 교사보다, 동 지역 학교에 근무하는 교사가 읍 · 면 지역에 근무하는 학교의 교사보다 정적 영향을 주는 변인이었으나, 정규직 교사가 비정규직 교사보다 종속변인에 대해 부적 영향을 주는 변인이었다.

셋째, 관리자 갈등에 대해 경력은 부적 영향을 주는 변인이었으며, 동 지역 학교에 근무하는 교사가 읍 · 면 지역에 근무하는 학교의 교사 보다 정적 영향을 주는 변인으로 나타났다.

넷째, 행정직원 갈등에 대해 학교급이 높을수록, 비담임교사가 담임교사보다, 동 지역 학교에 근무하는 교사가 읍 · 면 지역에 근무하는 학교의 교사 보다 정적 영향을 주는 변인으로 나타났다.

다섯째, 학생 갈등에 대해 학교급이 높을수록, 비담임교사가 담임교사보다 정적 영향을 주는 변인으로 나타났다.

여섯째, 학부모 갈등에 대해 경력이 높을수록, 비담임교사가 담임교사보다, 타시도에서 전입한 교사가 임용된 교사보다, 동 지역 학교에 근무하는 교사가 읍 · 면 지역에 근무하는 학교의 교사 보다 정적 영향을 주는 변인으로 나타났다.

일곱째, 교육정책 갈등에 대해 비담임교사가 담임교사보다, 동 지역 학교에 근무하는 교사가 읍 · 면 지역에 근무하는 학교의 교사 보다 정적 영향을 주는 변인으로 나타났으며, 정규직 교사가 비정규직 교사보다 교육정책 갈등에 대해 부적 영향을 주는 변인이었다.

위 결과들을 종합하면, 개인 수준의 독립 변인 중 경력은 관리자 갈등에 대한 부적, 학부모 갈등에 대해 정적 영향을 주는 변인으로 나타났다.

이와 함께 학교 수준의 독립 변인 중 학교급이 높을수록 행정직원 및 학생 갈등에 대해 정적 영향을 주는 것으로 나타났으며, 담임 여부와 관련하여 비담임교사가 담임교사보다 교사 갈등 전체, 동료 교사, 행정직원, 학생, 학부모, 교육정책 갈등에 대해 정적 영향을 주는 것으로 나타났다. 고용 형태에서 정규직 교사는 비정규직 교사보다 동료 교사 및 교육정책 갈등에 대해 부적 영향을 주는 것으로 나타났다. 전입 여부에서 타시도에서 전입한 교사가 임용된 교사보다 교사 갈등 전체, 동료 교사, 학부모 갈등에 대해 정적 영향을 주는 변인으로 나타났다.

마지막으로 지역 수준의 독립 변인에 속하는 근무지와 관련하여 동 지역 학교에 근무하는 교사가 읍 · 면 지역에 근무하는 학교의 교사 보다 교사 갈등 전체, 동료 교사, 관리자, 행정직원, 학부모, 교육정책 갈등에 대해 정적 영향을 주는 변인으로 나타났다.

6. 제언

연구 결과에 기반하여 정책적 제언을 제시하면 다음과 같다.

첫째, 교원갈등을 해소하기 위하여 교원치유지원센터를 확대 개편하여 적극적으로 대처해야 한다. 그리고 이 과정에서 본 연구의 결과에 나타난 바와 같이 교사 갈등의 형태에 따라 다양한 영향 요인이 작용함을 고려하고, 교사 갈등 유형과 특성에 따른 지원 방안을 마련해야 할 것이다.

둘째, 교사들이 새로운 학교 환경에 효과적으로 적응할 수 있도록 지원하는 연수 프로그램이 개발되어야 하며, 관리자 연수에서는 학교장과 교감이 갈등 관리에 대한 역량을 함양할 수 있도록 지원해야 한다[12]. 특히, 관리자는 비담임교사와 동 지역 학교에 근무하는 교사들이 다양한 형태의 갈등에 대한 영향 요인임을 고려하여 갈등 관리 역량을 제고해야 할 것이다.

이와 함께 단위학교 차원에서도 다음과 같은 노력이 필요할 것이다.

첫째, 교육주체 간의 통합된 동아리, 집단상담, 친목활동이 학교상황에 맞게 수시로 진행되어야 한다. 이런 활동들을 통하여 교육주체 간의 활발한 의사소통이 이루어져 상호 이해의 장이 될 수 있기 때문이다. 예컨대, 주중 교육과정을 통한 프로그램, 방과후 프로그램을 통한 의사소통을 위한 전문적학습공동체의 운영은 좋은 대안이 될 것이다.

둘째, 학교에서 교사들이 전문성을 갖고 소신에 따라 직무를 수행할 수 있도록 관리자의 리더십이 발휘되어야 한다[13]. 이와 함께 교사 간 경력 차이가 크고 전입교사 비율이 많은 특성을 고려하여 존중하고 배려하는 교직문화 정착을 위한 인식 개선 연수가 수시로 이루어져야 한다.

후속 연구에 대한 제언은 다음과 같다.

첫째, 학교 조직에서의 교사 갈등에 대한 영향 요인 분석을 위해 후속 연구에서는 관찰과 면담 등의 방법을 적용한 심층적인 분석이 필요할 것이다. 학교 현장에서 한 학기 이상 교사들과의 상호작용을 통해 래포를 형성하고, 이 후 다양하게 나타날 수 있는 갈등 현상과 실체에 대해 질적 연구 자료를 통해 분석한다면, 갈등에 대한 원인과 해결책에 대해 보다 근본적으로 접근이 가능할 것이기 때문이다.

둘째, 교사 갈등과 관련하여 수행된 선행 연구 결과들을 체제적 문헌 분석 등을 통해 종합하는 시도도 의미 있을 것으로 판단된다. 국내에서의 교사 갈등에 대한 양적, 질적 연구가 오랜 기간 동안 이루어졌기 때문에 이를 체계적으로 정리하여 시사점을 도출하는 작업도 고려되어야 한다.

REFERENCES

Y. J. Kim (1998). Conflict Analysis of Female Teachers of Elementary School, Master's Theis, The Graduate School of Dankuk University, Seoul.

M. A. Rahim (2010). Referent Role and Styles of Handling Interpersonal Conflict. The Journal of Social Psychology, 1, 79–86.

E. M. Hanson (1991). Educational Administration and Organizational Behavior. Boston: Allyn and Bacon.

H. J. Kwon (2001). The factors of High school teacher's conflict and its management, Master's Theis, The Graduate School of Donga University, Busan.

M. G. Lim (2017). A Study on the Relationships between the Primary School Principals' Conflict Management Strategies and the Teacher Efficacy, Master's Theis, The Graduate School of Busan National University of Education, Busan.

S. P. Robbins (1974). Managing Organizational Conflict: A Nontraditional Approach. Englewood Cliffs, N.J.: Prentice–Hall.

E. Bae, & C. Joo (2014). An Analysis of Elementary School Teacher Perceptions on the Processing and Utilization of Teacher Evaluation Results. Teacher Education Research, 53(4), 525–544. DOI : 10.15812/ter.53.4.201412.525.

E. Kim, & S. Min (2015). Does the Introduction of Free Learning Semester Policy increase teachers' workload? The Journal of Korean Teacher Education, 32(2), 181–203. DOI : 10.24211/tjkte.2015.32.2.181.

S. Park, & H. Shin (2019). Conflicts and Issues on Parental Participation in School Management. The Journal of Politics of Education, 26(3), 401–421.

Y. U. Kwon (2007). A Study on the Main Factor of troubles and Dealing with them among Secondary School Teachers, Master' s Theis, The Graduate School of Aju University, Suwon.

R. Ravid (2020). Practical Statistics for Educators. Rowman & Littlefield Publishers.

S. Dogan (2016). Conflicts Management Model in School: A Mixed Design Study. Journal of Education and Learning, 5(2), 200–219.

A. Saiti (2015). Conflicts in Schools, Conflict Management Styles and the Role of the School Leader: A Study of Greek Primary School Educators. Educational Management Administration & Leadership, 43(4), 582–609.

저자소개

■ 김 진 철(교육학 박사)

- 관심분야: 인지, 긍정심리, 스타일, 교육과정, 교원교육, 비교교육
- 1985.9.~2013.8. 중등교사
  2013. 9~ 2017.8 범박고등학교, 원종고등학교 교감
  2017.9~2019.8 세종특별자치시교육청 정책기획관 장학관(교육정책연구)
  2019.9~ 현재 교육부 교육연구관(교원능력개발 담당)
- 한국심리학회 정회원
  한국교육심리학회 정회원
  대한산업경영학회 정회원
  한국비교교육학회 정회원
- 영재성, 사고양식, 학업성취 간의 구조적 관계분석(2008)
  긍정성과 다양성에서 바라본 학교교육의 이해(2011)
  교육혁신의 성과와 전망, 연구로 답하다(2018)

미래를 준비하는 학교교육 탐색과 시사점

저자 김진철
발행 2020년 12월 30일

발행인 한은택
발행처 학이당

주소 서울특별시 송파구 송이로 12길 17
전화 02) 420-6228
팩스 02) 424-9036
e-mail book7h@hanmail.net

ISBN 978-89-8420-229-0(93370)
정가 16,000원